건축
수업

건축물로 읽는 서양 근대건축사
건축수업
ⓒ 김현섭·강태웅, 2016

초판 1쇄 펴낸날 2016년 11월 20일
초판 2쇄 펴낸날 2021년 10월 20일
지은이 김현섭, 강태웅
펴낸이 이상희
펴낸곳 도서출판 집
디자인 로컬앤드

출판등록 2013년 5월 7일
주소 서울 종로구 사직로8길 15-2 4층
전화 02-6052-7013
팩스 02-6499-3049
이메일 zippub@naver.com

ISBN 979-11-952334-7-2 03610

건축물로 읽는 서양 근대건축사

김현섭·강태웅 지음

건축
수업

책을 내며

근대건축은 비인간적이므로 실패했다는 주장은
소위 국제주의 양식의 건축과
모더니즘 건축을 동일시하는 시각이다.
재해석의 첫 대상은 모더니즘이다.
여기서 얻은 결론은 비판적 모더니즘이나
비판적 전통건축으로 대응하여야겠다는 생각이었다.
4.3그룹, 1992/1994[1]

---

1 이 인용문은 1990년대 전반 한국의 젊은 건축가 모임이었던 '4.3그룹'의 서로 다른 세 건축가(이종상, 민현식, 우경국)의
말을, 그들이 남긴 공동 출판물인 《이 시대 우리의 건축》(1992)과 《Echoes of an era/ Volume #0》(1994)에서 가져와
조합한 것이다. 서양 근대건축에 대한 당시 우리 젊은 건축가들의 입장을 보여 주는 단면이다. 김현섭, 〈4.3그룹의
모더니즘〉, 《전환기의 한국건축과 4.3그룹》, 현대건축연구회 편, 도서출판 집, 2014, 42~53쪽.

우리가 서양의 근대건축을 공부해야 하는 이유는 자명하다. 바로 '지금 여기(now here)', 우리의 현대건축을 제대로 이해하기 위해서이다. 우리의 지금에 막대한 영향을 준 그들의 그때를 알지 않고는, 지금 여기는 여전히 '미지의 어딘가(nowhere)'일 수밖에 없다. 게다가 그들의 그때가 우리의 지금과 꼭 동떨어진 것만도 아니지 않은가. 복잡다단한 현대건축의 이슈들로부터 한두 걸음 더 거슬러 한 세기 전 서양의 근대를 거닐어 보자.

우선, 이 책에서는 영어 '모던(modern)'이라는 말을 대개 '근대(近代)'로 번역하며 '현대(現代)'와 구분해 사용함을 먼저 밝힌다. 하지만 이러한 번역이 언제나 만족스러운 것은 아니어서 논란거리가 되어 왔음도 인지할 필요가 있다. '모던 아키텍처(modern architecture)'는 관점에 따라 '근대건축'으로도, '현대건축'으로도 모두 번역 가능하다. 그러나 여기에서는 100년가량이 지나 지금 현재의 상황과 거리가 있는 당시를 근대로 부르고자 한다. 따라서 '모더니즘(modernism)', '모더니스트(modernist)' 등을 원어 발음대로 쓰기도 했지만 '근대주의', '근대주의자' 등으로 옮긴 경우가 많다. 단, 예외도 없지 않은데, 1932년 뉴욕 현대미술관(MoMA, The Museum of Modern Art)의 "현대건축 국제전(Modern Architecture: International Exhibition)"이 그렇다. 과거화하기 힘든 고유명사의 본뜻 및 해당 전시회의 시의적 의미 때문이다.

다소 거창한 말로 운을 뗐지만, 이 책의 시작은 대한건축사협회의《건축문화신문》에 연재한 글이었다. 공동저자인 강태웅 교수와 필자는 2012년 7월부터 2014년 5월까지 2년 가까이, 〈서양 근대건축사 산책〉이라는 제목 아래 24회에 걸쳐 번갈아 글을 기고했다. 많은 이들에게 서양 근대건축에 관한 이야기를 다양하고 흥미롭게 들려주자는, 어찌 보면 비교적 가벼운 요청에서였다. 분량은 200자 원고지 15매 내외로 제한되었다. 이렇게 두 사람이 함께 연재하기 위해 각각 12가지의 특정 사례를 선정했다. 여기에는 발터 그로피우스의 바우하우스 신교사나 르코르뷔지에의 빌라 사보아와 같이 너무도 잘 알려진 건물뿐만 아니라, 상대적으로 덜 알려졌지만 그 못지않게 중요한 사례도 여럿 포함되었다. 근대건축이 초기의 역사가들이 그렸듯 그렇게 단순한 그림이 아니었음은 이미 상식이 된 이야기이다. 이 연재물은 24조각의 퍼즐로 그 같은 서양 근대건축의 다양한 측면을 조명하길 원했다.

〈서양 근대건축사 산책〉 시리즈를 그대로 이어받은 이 단행본《건축수업: 건축물로 읽는 서양 근대건축사》도 동일하다. 차이라면 원고 분량을 두 배 가량 확장함으로써 신문의 지면이 담지 못했던 이야기를 더 넓고 깊게 전개시킬 수 있다는 점과 그에 따라 더 많은 도판을 선보일 수 있다는 점일 것이다. 그리고 본문에서 다루기 힘들었던 개념이나 용어에 대해 각 장 끝에 별도로 서술한 것도 눈에 띄는 차이이다(각 장의 저자는 그 장 본문 뒤에 밝혔는데, 개념 및 용어 설명도 물론 그 장의 저자가 맡았다). 그러나 더 중요한 것은 이전 원고에서 간혹 발견되는 미세한 오류를 수정한 점, 스물네 가지 사례를 한 권으로 묶기 위해 전체적으로 최소한의 일관성을 유지하도록 조정한 점이다. 그럼에도 불구하고 각 장은 자체가 '기-승-전-결'의 내적 구조를 갖는 독립된 이야기로서 순서에 관계없이 하나만을 떼어내어 따로 읽을 수 있다. 이 때문에 어떤 장은 다른 장과 부분적으로 중복되는 내용을 담기도 한다.

독자들은 서양 근대건축에 대한 두 저자의 시각과 해석이 온전히 일치될 수 없음을 염두에 두어야 할 것이다. 두 저자는 니콜라우스 페프스너나 지그프리트 기디온 등에 의한 초기 근대건축사서의 단선적 역사관에 대한 비판적 입장을 공유하며 그 동안 간과되었던 측면을 밝히는 데에 관심을 둔다. 하지만 각자의 학습 배경과 관심과 독법이 다른 까닭에 때때로 행간에 불일치하는 견해를 표출할 수 있다. 만약 그렇다면 그것은 이 책의 단점이기보다 오히려 덕목으로 볼 만하다. 서양 근대건축의 현장과 그간의 역사서술에 있었던 모순과 충돌마저 이 책이 은유하는 까닭이다. 때로는 상이하고 그래서 상보적인 두 저자의 장을 비교해 읽고, 독자 스스로 각자의 역사퍼즐을 완성하기 바란다.

이제 책 내용을 잠시 들여다볼까. 이 책은 영국 수공예운동의 출발점으로 간주되는 윌리엄 모리스와 필립 웨브의 레드하우스(1859~1860)로부터 시작해 핀란드의 거장 알바르 알토의 대표작 빌라 마이레아(1937~1939)로 끝을 맺는다. 그 사이의 사례들은 아르누보, 기능주의, 이성주의, 표현주의, 국제주의 등 근대건축의 각종 이슈와 관계하고 있다. 서양 근대건축사를 어느 시점부터 서술할 것이냐는 역사가의 입장에 따라 다르다. 어떤 이는 르네상스까지 거슬러 올라가고, 어떤 이는 편의상 1900년을 기점으로 삼으며, 또 어떤 이는 그 사이의 어느 시점, 일례로 18세기의 계몽주의 시기를 들기도 한다. 그런데 이 책이 산업혁명과 기계화에 반발해 나타난 19세기 영국의 수공예운동에 천착한 점은 결과론적으로, 저자들이 비판적 입장을 견지하는, 페프스너를 따르게 된 셈이다.

그리고 1960, 70년대 포스트모던 논쟁이 일기 훨씬 전의 빌라 마이레아를 책의 마지막 사례로 한 것은 제2차 세계대전의 발발을 중요한 시점으로 잡았기 때문이기도 하고, 이 건물 자체가 이미 포스트모던의 특성을 상당 부분 내포했기 때문이기도 하다. 종전과 포스트모던 논쟁 사이의 작품, 예컨대 미국의 루이스 칸의 사례를 넣지 못함은 아쉬움이지만 칸의 사례는 이 책이 다루는 내용과 상당히 다른 결을 가지고 있는 것이 사실이다. 처음부터 의도한 바는 아니나 자연스레 이 책은, 유럽의 이른바 근대건축운동(The Modern Movement in Architecture)을 핵심 골자로 하여 펼쳐지고 있다. 루이스 설리번과 프랭크 로이드 라이트의 사례도 포함되어 있지만, 그들은 미국에서 뿐만 아니라 유럽 근대건축에 대한 영향으로도 중대한 위치를 점하는 인물들이다.

레드하우스 프로젝트의 시작으로부터 빌라 마이레아의 완공까지 80년에 걸친 기간, 레드하우스를 제외한다면 빅토르 오르타의 민중의 집(1898~1900)이 마무리된 1900년 즈음부터의 40년에 걸친 기간이 이 책이 다루는 범위이다. 그런데 너무 당연하게도, 근대건축운동이 왕성하게 발전하고 절정에 치달았던 1920년대의 사례가 책 전체의 반인 열두 장을 점하고 있다. 전체적으로 책의 각 장은 한 건축가(팀)의 한 건축물을 다루는 것을 기본으로 했다. 그러나 몇몇 예외도 있다. 독일 슈투트가르트의 바이센호프 주택전시회가 대표적이다. 미스 반 데어 로에가 주도한 이 행사에는 모두 열여섯의 건축가(팀)가 유럽 각국에서 참여해 국제적 일치를 표상하는 한편, 서로간의 깊은 불협화음을 내기도 했다. 루이스 설리번과 아돌프 로스를 동시에 다룬 장도 있다. 독특한 것은 일본 건축가 요시다 테츠로의 구미여행에 관한 장이다. 여타와 성격이 완전히 다른 이 장은 이방인의 눈으로 유럽의 근대건축을 보고 증언했다는 점에서 시사하는 바가 크다. 그밖에도 이탈리아 미래주의자인 안토니오 산텔리아의 "라 치타 누오바"는 실현된 건물이 아닌 스케치만을 대상으로 했다는 점에서, 그리고 철학자 루드비히 비트겐슈타인이 설계한 하우스 비트겐슈타인은 철학과의 관계 속에서 근대건축을 조망했다는 점에서 이채를 띤다. 모든 사례는 저자들이 의도한 근대건축의 너른 스펙트럼을 적절히 드러내 줄 것으로 기대한다.

그럼에도 불구하고 독일 건축의 장이 전체의 1/4에 달하고(1929년 스페인에 세워진 미스의 바르셀로나 독일관을 포함해 모두 여섯 사례) 네덜란드 건축의 장이 그 다음으로 많은 것을 보면(모두 세 사례), 이 책도 서양 근대건축에 대한 일반적 인식을 어느 정도 반영하고 있다고 할 수 있다. 르코르뷔지에의 프랑스를 결코 간과할 수 없지만(개인으로서는 그만이 유일하게 이 책의 두 장을 점하고 있다), 공작연맹과 바우하우스의 독일이야말로 20세기 초 근대건축운동의 가장 중요한 발전소와 같았고, 더 스테일의 네덜란드도 그 흐름에 큰 몫을 했다. 1932년 뉴욕 현대미술관의 〈현대건축 국제전〉 카탈로그도 국가 섹션 순서를 독일, 네덜란드, 프랑스 순으로 다루었다. 물론 당시 서양 아방가르드들의 교류는 국경을 뛰어넘어, 우리가 지금 생각하는 것보다 훨씬 활발했다.

앞서 언급했듯, 이 책 대부분의 장은 특정 건축물을 사례로 택해 논지를 전개한다. 실제의 건축물을 역사적 배경에서 시작해 공간, 기능, 형태, 사용, 콘텍스트 등 주요 관점에서 조목조목 따져보고 그로부터 근대건축 전체의 경향을 비판적으로 조망하는 귀납적 접근법을 기본으로 말이다. 당초 신문 연재에 유용했기에 사례 중심의 서술법을 택했지만, 이 책의 '사례 연구(case study)' 방식에는 저자들의 스승인 영국 셰필드대학의 피터 블룬델 존스 교수의 영향이 부지불식간에 스며들게 된 것 같다. 물론 방법론보다 더 중요하게 받은 영향은 근대건축의 '또 다른 전통'에 대한 관심이다. 휴고 헤링을 중심으로 한 근대건축의 유기적 전통이 한 예이다. 이 책이 다룬 서양 건축가들의 동아시아에 대한 관심 역시 그러한 입장의 연장선상에서 이해할 수 있을 것이다. 그저 기능주의나 국제주의로만 환원해 이해하던 서양 근대건축에 아직도 탐구할 만한 흥미진진한 이야기가 무궁무진하다는 사실을 블룬델 존스 교수는 알려 주었다. 제자들의 어설픈 글쓰기가 얼마 전 갑작스런 발병으로 타계한 스승에게 누가되지 않기를 바랄 뿐이다.

책이 세상에 나오기까지 많은 이들에게 덕을 입었다. 먼저《건축문화신문》의 지면을 내어준 대한건축사협회와 연재물에 관심을 표해 준 독자들에게 감사드린다. 또한 블룬델 존스 교수를 비롯해 귀한 사진을 제공하신 여러 분들과 도면 작도를 도와준 제자들에게 깊은 고마움을 표하고 싶다. 그리고 연재물을 단행본으로 출판하기 위해 전체를 기획하고 꼼꼼히 편집해 준 도서출판 집의 이상희 편집장에게도 사의를 표한다. 이 책이 건축을 공부하는 학생들과 현장의 건축가들, 그리고 건축에 관심을 둔 많은 대중에게 서양 근대건축사에 대한 이해를 조금이라도 넓혀 줄 수 있기를 소망해 본다.

2016년 10월
저자를 대표해

김현섭

---

*   2쇄 인쇄를 하면서 오탈자와 참고문헌을 교정하고, 몇 개의 사진과 도면을 교체했습니다. [편집 주]

차례

"역사상 첫 번째 근대주택"

윌리엄 모리스와 필립 웨브의 레드하우스

1859~1860

©김현섭

이 집은 새로운 예술 문화의 첫 번째 개인 주택이고,
건물 안팎을 통합된 하나로 구상해 지은 첫 번째 주택이며,
역사상 가장 앞선 근대 주택 사례이다.

헤르만 무테지우스, 《영국의 주택》, 1904/1905

서양 근대건축사라는 커다란 숲을 거닐기 위해 아무래도 우리는 런던 남동자
락 켄트의 벡슬리히스(Bexleyheath)에 위치한 레드하우스(Red House, 1859~1860)에 먼
저 들러야 할 것 같다. 영국 수공예운동(English Arts and Crafts Movement)의 선구적
작품으로 간주되며 근대건축사 책의 첫머리를 장식하는 그 주택 말이다. 이
집은 갓 결혼한 25세의 청년 윌리엄 모리스(William Morris, 1834~1896)와 다섯 살
어린 신부 제인을 위해 지어졌으니, 얼마나 가슴 설레는 프로젝트였을까? 게
다가 제인은 라파엘전파(Pre-Raphaelite)[1] 화가들의 모델이었을 만큼 아리따운 여
성이었다. 이러한 풋풋함은 건축주뿐만 아니라 건축가에게도 느껴진다. 스물
여덟 살의 신출내기 필립 웨브(Philip Webb, 1831~1915)가 견습생의 신분을 벗고 독
립해 설계한 첫 작업이었기 때문이다. 누가 알았으랴! 이 젊은이들의 공모가
역사의 한 장을 열게 될 줄을……

헤르만 무테지우스(Hermann Muthesius, 1861~1927)는 평한다. 이 집이야말로 "새

---

1   라파엘전파는 19세기 중반 영국 아카데미 미술에 반기를 든 젊은 예술가들의 유파로서, 아카데미즘의 근간인 르네상스
     화가 라파엘의 이전으로 돌아가고자 하는 뜻이 이름에 반영되어 있다. 단테 가브리엘 로세티(Dante Gabriel Rossetti,
     1828~1882), 존 에버렛 밀레이(John Everett Millais, 1829~1896), 윌리엄 홀먼 헌트(William Holman Hunt,
     1827~1910) 등이 주 구성원이었고, 자연에 대한 사실적 묘사나 중세 고딕적 경향을 작품에 짙게 드러냈다.

로운 예술 문화의 첫 번째 개인 주택이고, 건물 안팎을 통합된 하나로 구상해 지은 첫 번째 주택이며, 역사상 가장 앞선 근대 주택 사례"라고. 무테지우스 는 1900년 전후로 수년간 런던에 머물며 영국의 주택에 대해 조사한 독일 건 축가이다. 그가 집필한 《영국의 주택(Das englische Haus)》(1904/1905)은 세 권짜리의 두툼한 연구서로 당대 독일 건축계에서 지대한 반향을 불러일으켰다. 또한 독 일공작연맹(Deutsche Werkbund) 창설(1907)의 배경도 되었다. 레드하우스에 대한 앞 의 호평 역시 이 책에 수록된 내용이다. 물론 여기에는 다소간의 신화적 개입 이 있는 듯하다. 그럼에도 불구하고 그러한 찬사는 건축사가 니콜라우스 페 프스너(Nikolaus Pevsner, 1902~1983)에게 와서 역사적 실효성을 얻게 된다. 서양 근 대건축에 관한 대표적인 초기 역사서인 페프스너의 《근대주의 운동의 선구 자들: 윌리엄 모리스에서 발터 그로피우스까지(Pioneers of the Modern Movement: from William Morris to Walter Gropius)》(1936)에 따르면,[2] 1914년 독일공작연맹의 발터 그로 피우스(Walter Gropius, 1883~1969)가 성취한 근대주의 양식은 실상 레드하우스가 상징하는 모리스 운동으로부터 시작되었다. 부제목이 그러한 계보를 단적으 로 말해 준다.

장인의 손길 회복을 꿈꾼 "예술의 궁전"

모리스 커플의 첫 보금자리였던 레드하우스는 단지 둘만의 신혼집으로 계획 된 것은 아니었다. 모리스는 이 집이 예술과 삶을 융합하는 본격적인 교류의 장이 되길 꿈꾸었다. 모리스는 옥스퍼드 대학시절부터 다양한 문필가와 예술 가 친구들을 곁에 두며 형제단(Brotherhood)을 꾸렸고, 스스로도 건축과 미술에 몰두했다. 특히 그는 라파엘전파의 단테 가브리엘 로세티에게 회화를 배웠는 데, 제인과의 만남도 로세티가 주선했다.

모리스는 고딕부흥주의자였던 조지 스트리트(George Edmund Street, 1824~1881)

---

2   이 책은 개정증보판인 1960년도의 3판부터 제목을 《근대 디자인의 선구자들: 윌리엄 모리스에서 발터 그로피우스까지(Pioneers of the Modern Design: from William Morris to Walter Gropius)》로 바꾼다.

레드하우스의 1층 응접실. ©Peter Blundell Jones

레드하우스의 현관에서 본 계단실. ©김현섭

의 건축사무소에서 함께 견습하며 친구가 된 웨브에게 건물 설계와 여러 가구의 디자인을 맡겼고, 형제단의 단짝이었던 화가 에드워드 번 존스(Edward Burne Jones, 1833~1898)에게는 계단 벽화를 부탁했다. 천장과 벽면의 꽃문양 패턴은 모리스 자신이 직접 디자인했으며, 벽걸이 융단은 아내 제인이 수놓았다. 집의 지극히 사소한 부분까지도 예술적 열정으로 손수 제작한 것이다. 존 윌리엄 맥카일(John William Mackail, 1859~1945)은 《윌리엄 모리스의 생애(The Life of William Morris)》(1901)에서 그의 의도를 다음과 같이 적었다. "의자와 탁자와 침대도, 천이나 종이 벽걸이도, 커튼과 촛대도, 와인 주전자와 잔도, 모두 다시 창조되었다고 할 수 있다. 볼품없는 기성 제품에서 벗어나기 위해서였다." 조금 다른 관점에서지만 이런 입장은 "위대한 교회와 궁궐을 짓고자 한다면 먼저 주택의 문과 다락방의 창을 제대로 만들어야 한다."는 존 러스킨(John Ruskin, 1819~1900)의 경구를 상기시킨다(Lectures on Architecture and Paintings, 1853).

　모리스는 이 집을 "예술의 궁전"으로 불렀다. 그와 친구들은 매 주말을 이곳에서 즐기며 서로의 예술적 이상을 공유해 나갔다. "오, 레드하우스에서 보낸 즐거운 주말들이여!" 한 친구가 되뇌던 말이었다(Mackail, 1938). 그들은 더 나은 미적 수준의 일상용품을 제작해 대중에게 보급한다는 목적으로 1861년 공예회사를 차렸다. 모리스, 마셜, 포크너 컴퍼니(Morris, Marshall and Faulkner & Co.). 이 회사는 1875년 모리스 컴퍼니로 재설립되었다. 그리고 모리스는 이와는 별도로 출판 서적의 예술성을 높이기 위해 1890년 켈름스콧 프레스(Kelmscott Press)를 설립하기도 한다. 이와 같은 상황에는 기계화된 사회와 대량생산 상품의 저급성에 대한 강한 반동이 내재되어 있었다. 우리가 잘 알고 있듯, 18세기 이래 산업혁명으로 인한 공업화와 도시화가 문명의 이기를 가져다주기도 했지만 인간의 삶에 짙은 그림자 역시 드리웠기 때문이다. 특히 공장생산의 표준화와 대량화는 수공예 전통을 파괴하고 인간을 상품으로부터 소외시킬 수밖에 없었는데, 오거스터스 웰비 퓨진(Augustus Welby N. Pugin, 1812~1852)과 러스킨을 위시한 19세기 영국의 윤리주의자들에게, 즉 수공예와 장인들의 노동력에 담긴 정신적 가치를 높게 평가하는 이들에게 기계화는 곧 타락을 의미했다.

이들의 사상적 전통을 이어받은 모리스는 소소한 일상용품으로부터 건축과 도시에 이르는 모든 영역에서 장인의 손길을 회복하길 원했다. 이를 통해서만 소외된 인간 삶이 생명력을 되찾을 수 있으리라 믿은 것이다. 이 같은 활동과 이념이 레드하우스에 담긴 내용이자 사회주의 이상가 모리스의 젊은 시절 배경이다. 모리스 부부는 1860년 여름부터 1865년 늦가을까지 5년여 동안 레드하우스에서 살았다.

기능과 재료의 솔직한 표출, 그리고 고딕의 실루엣

우리의 관심인 건축적 측면은 어떠한가? 우선 레드하우스라는 이름부터 보자. '이 주택의 인상을 가장 잘 표현해 주는 말이다. 외벽은 붉은 벽돌, 지붕은 검붉은 타일로 마감했다. 지금 우리에게는 그저 그렇게 보일지 모르지만, 19

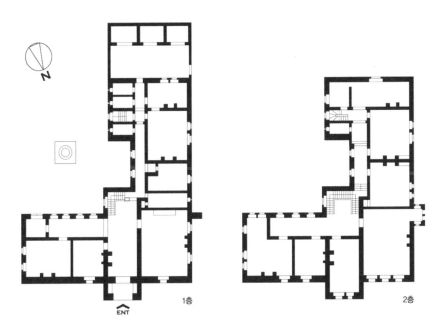

레드하우스 평면도. 김현섭 재작도

세기 중반의 영국에서 벽돌을 그대로 노출시킨 중·상류층 주택 건축은 그리 흔치 않았다. 벽돌을 쌓았다면 회반죽으로 바깥을 마감하는 것이 당시 지배적이던 신고전주의풍 빌라의 당연한 선택이었다. 게다가 이 집은 좌우 대칭이나 비례 같은 규범과는 거리가 멀었다. 평면은 기능에 따라 L자형으로 계획되었다. 이러한 내적 계획은 외관에서도 그대로 드러난다. 불규칙한 매스 구성과 창의 배열은 실내 공간의 솔직한 표출이다. 예컨대 L자형 평면 안쪽 모서리의 계단실은 전체 평면의 중심점이라 할 만한데, 바깥으로 돌출된 매스와 독립된 지붕을 가졌다. 그리고 계단의 오름에 따라 두 면의 창문이 다른 높이에 배치되었다. 건물의 나머지 부분 역시 고전의 규범에 얽매이지 않고 기능에 따라 자유로이 구성되었다. 레드하우스 이래 20세기 초까지 수공예운동 계열의 영국 주택이 당대에 "자유건축(free architecture)"이라 불린 것도 이해할 만하다. 피터 블룬델 존스(Peter Blundell Jones, 1949~2016)가 《아키텍츠 저널(Architect's Journal)》(1989년 1월)에서 지적한 것처럼, 이 집의 형태와 디테일은 매우 기능적일 뿐만 아니라 상징적 중요성도 내포하고 있다. 예컨대 안뜰 우물의 원추형 지붕 및 여러 디테일은 실용적 측면에서만 본다면 디자인이 다소 과하다고 느껴지기 쉽다. 하지만 이 우물은 실내외 전체 구성의 균형점으로서 상징성이 크다. 더구나 실내 벽난로의 존재를 상기시키며 '외부-내부', '물-불'이라는 흥미로운 대칭구도를 만들어 낸다. 또한 현관 포치의 벤치는 '앉기'의 실제적 기능보다 '초청'이라는 상징적 기능이 더 중요하다. 즉 진부한 실용주의를 넘어선 손님맞이의 따뜻한 제스처로 읽힐 수 있다는 것이다.

이 프로젝트를 진행하면서 모리스와 웨브는 이탈리아의 고전 규범이 아닌 영국의 지역적 특성과 역사로 눈길을 돌렸다. 특히 중세 후기는 가장 이상적인 시점으로 참조된다. 그때는 신앙과 삶이 통합된 가운데 예술(공예)의 아름다움이 노동의 기쁨과 조화를 이룬 것으로 여겨졌고, 건축은 이 모두를 담는 그릇이었기 때문이다. 영국은 중세 이래 소박하면서도 기품 있고, 편안한 주택을 발전시켜 왔는데 웨브가 선보인 내부 공간과 외부 형태, 그리고 모리스와 친구들이 제작한 가구나 내부 장식은 그 같은 전통과 관계있다. 무엇보

벽돌의 코벨쌓기가 인상적인 레드하우스의 돌출 창. ⓒ김현섭

다 고딕의 디테일이 그러하다. 건물 내외부 곳곳에서 발견할 수 있는 뾰족아 치나 경사가 급한 지붕이 대표적이다. 더욱이 지붕의 경우는 다양한 프로파일 이 겹쳐지고 그 위로 솟아오른 굴뚝들과 조화를 이룸으로써 중세 고딕 마을 의 불규칙한 실루엣을 연상시킨다. 그렇다고 레드하우스가 고딕양식만을 전 적으로 모방한 결과물은 결코 아니다. 필요에 따라 뾰족아치 개구부에 흰색 프레임의 직사각형 새시 창과 같은 상이한 건축 요소를 차용하기도 했으며, 고딕적 어휘 역시 상당한 주관성을 내포한다. 너무도 당연하지만, 이것은 고 딕의 이상과 소박한 지역 전통에 웨브와 모리스의 창의력이 결합된 결과이다.

그런데 여기서 간과해서는 안 될 사항은 이 젊은이들의 성취 뒤에 내재 한, 당대 영국에서 무르익어 가던 건축적 아이디어다. 이는 앞서 언급한 퓨진 과 러스킨의 영향으로 나누어 볼 수 있다. 퓨진이 1841년에 출판한《기독교 건축의 참된 원칙(The True Principles of Pointed or Christian Architecture)》은 19세기 영국 건 축계에서 가장 영향력 있는 참고서로서, 건축에서의 편의성(convenience), 축조 성(construction), 적절성(propriety)을 강조했고 고딕건축이 이에 가장 합당한 결과 물임을 제시했다. 레드하우스에 나타난 기능적 평면, 정교한 벽돌쌓기의 외적 표출, 부분과 전체의 구성 및 매스의 집합성은 퓨진의 원칙을 잘 드러낸다. 퓨 진이 실천적 측면에서 웨브와 모리스의 합작을 인도했다면, 러스킨의 아이디 어는 사상적 측면을 뒷받침했다고 볼 수 있다. 특히 1850년대 초 출판된《베 니스의 돌(The Stones of Venice)》에서 러스킨은 편만했던 그리스·로마의 고전주의와 르네상스의 건축 원칙에 대항해, 보다 건강한 영국건축, 즉 고딕건축의 부활을 촉구한다. 지중해의 라틴 문화를 등지고 전설 속 북구로의 어렴풋한 근원을 추 구했던 러스킨의 낭만성은 "해가 지지 않는" 빅토리아 왕조의 젊은이들을 고무 하기에 충분했을 것이다. "만약 독자들 가운데 누구든 영국에 건강한 건축을 부활시키고자 결단한다면 …… 우선 그리스, 로마, 르네상스 건축과 관련된 것 은 무엇이든 완전히 던져버려라. …… 그러면 우리의 감옥을 궁전으로 바꾸는 것이 용이해진다. 그리스와 로마의 건축이 생명력 없고, 무익하고, 비기독교적 인 것과 똑같은 정도로 우리의 옛 고딕건축은 활기차고, 쓸 만하며, 신실하다."

이렇게 볼 때, 레드하우스가 함의하는 과거 지향성과 지역성은 근대건축이 내세웠던 시대정신(Zeitgeist)과 크게 배치되는 것 아닌가? 기계를 이용한 대량생산, 보다 국제적인 보편성, 부유한 소수가 아닌 대중을 위한 사회성이 시대적 요청이었다면 말이다. 그러나 역사가 이 건물에서 주시한 바는 과거의 향수를 불러일으키는 측면이 아니었다. 그것이 조명한 바는 그 다른 얼굴인 정직한 노동과 정신의 윤리성에 대한 강조였고, 일상용품의 예술적 가치 회복과 보급을 위한 노력이었으며, 건물 내적 기능의 솔직한 외적 표현이었다. 이런 점 때문에 레드하우스가 촉발한 영국 수공예운동의 정신은 영국뿐만 아니라 유럽대륙과 미국 등 각지로 퍼져 나아가 다양한 방식으로 꽃피게 된다.

특히 독일에 미친 영향은 괄목할 만하다. 영국 건축계가 공업화에 부정적인 보수성으로 인해 20세기의 첫 10년을 보내며 그 선도적 지위를 상실한 반

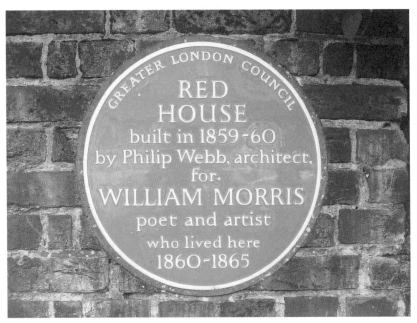

레드하우스의 문패. ©김현섭

면, 후발주자였던 독일은 수공예운동의 가치는 받아들이되 헤겔주의의 진보성을 함께 견지해 나갔다. 즉 영국 수공예운동에서 양분을 섭취한 독일공작연맹은 여기에 기계주의 대량생산 시스템을 적절히 수용하며 역사의 앞길을 모색한 것이다. 1914년 그로피우스와 아돌프 마이어(Adolf Meyer, 1866~1850)의 독일공작연맹 전시관에 표상된 과학기술주의의 신화에서 페프스너는 제1차 세계대전 이전 근대주의 운동의 절정을 보았다. 그리고 그러한 흐름은 전후 바우하우스 신교사(Bauhaus School in Dessau, 1925~1926)[140쪽 참조]와 바이센호프 주택전시회(Weißenhofsiedlung, 1927)[152쪽 참조] 등으로 연계되며 국제적 보편성마저도 넘보게 된다. 역사의 단선적 여정은 단호히 거부해야겠지만, 그 흐름의 뿌리에 모리스와 웨브의 레드하우스가 있음은 부정할 수 없는 사실이다.

김현섭

헤르만 무테지우스와 《영국의 주택》

영국 수공예운동이 독일로 전파되어
근대건축운동을 활짝 꽃피우게 된 배경에
헤르만 무테지우스의 활동 및 그가 출판한
《영국의 주택》이 있다.
무테지우스는 1861년생으로 베를린에서
건축을 전공하고 독일과 일본 등지에서
실무를 익힌다. 그리고 1896년 런던의
독일대사관에 기술·문화 담당관으로
파견된다. 영국의 주택 건축을 조사할
목적에서였다. 1903년까지 약 7년간 영국에
머물며 연구한 그는 세 권짜리 《영국의
주택》을 출판한다. 귀국 이듬해인 1904년
1, 2권이 나왔고, 1905년에 마지막 3권이
나왔다. 이 책은 영국 주택의 역사로부터
시작해 주택의 배치와 거기에 영향을
미치는 지리적, 법규적 인자들, 그리고
주택의 인테리어 및 가구에 이르기까지
모든 요소를 꼼꼼히 집대성한 역작이다.
그런데 그 내용의 근간은 다름 아닌
레드하우스에서 출발한 영국 수공예운동에
있다. 그의 호불호는 분명했다. 1979년
영문판 역자 서문에 데니스 샤프(Dennis
Sharp)가 적었듯, 무테지우스는 고전주의
계열의 팔라디오 추종자들을 표절자로 여겨
거부한 대신 "퓨진의 진정한 고딕주의"를
높이 샀고, 러스킨과 모리스의 중세주의에
찬동했다. 영국 수공예운동 계열의 주택에서

간결함과 편안함과 생동감을 느꼈고, 심지어
영국인들의 "건강한 습성에 대한 문화적
증거"마저도 발견했던 것이다.
《영국의 주택》은 출판되자마자 독일
건축가들에게 큰 인기를 끌었다. 공업화로
피폐된 그들의 디자인을 새롭게 도약시킬
수 있는 계기였기 때문이다. 책이 출판된
1904년 무테지우스는 프러시아의
응용미술교육 담당고문으로 임명된다. 그의
영향력으로 페터 베렌스(Peter Behrens,
1868~1940)가 뒤셀도르프 아카데미에,
한스 포엘치히(Hans Poelzig, 1869~1936)가
브레슬라우 아카데미에 초빙되어
건축가와 디자이너를 근대적 입장에서
교육할 수 있었다. 그 사이 수공예운동에
대한 무테지우스의 입장은 일부 변화해
대량생산의 필요성을 역설하게 되었고, 그의
자극을 받아 1907년에는 베렌스, 테오도르
피셔(Theodor Fischer, 1862~1938), 요제프
호프만(Josef Hoffmann, 1870~1956)을
중심으로 독일공작연맹이 창설된다.
1914년 쾰른의 공작연맹 회합에서 앙리 반
드 벨데(Henry van de Velde, 1863~1957)가
예술가의 개별성을 주장한 것에 대응해
무테지우스가 표준화를 우선시했던 논쟁도
근대건축 역사의 중요한 한 장면이다.

거대 구조물이 도시와 공존하는 방법

베를라헤의 암스테르담 거래소

1885~1904

©Eric de Redelijkheid

네덜란드 건축하면 MVRDV, 렘 콜하스(Rem Kolhaas, 1944~), 헤르만 헤르츠베르 허(Herman Hertzberger, 1932~), 과거로 조금 올라가면 알도 판 에이크(Aldo van Eyck, 1918~1999) 정도 떠올릴 것이다. 여기서 조금만 더 올라가면 화가 피트 몬드리안 (Piet Mondrian, 1906~1944)과 테오 판 두스뷔르흐(Theo van Doesburg, 1883~1931)가 야심 차게 조직한 더 스테일(De Stijl)이라는 근대 예술가 및 건축가 그룹이 있었고 근 대주의 역사가들에게 그리 환영받지 못했던 표현주의 계열의 암스테르담 학 파(Amsterdam School)도 있었다. 로테르담 중심의 더 스테일과 암스테르담 중심의 암스테르담 학파의 입장은 물과 불처럼 태도가 극과 극이었는데, 하나는 차 가운 이성으로 엄정했고 다른 하나는 감성으로 열정적이었다. 그러나 이 둘 의 기원은 하나다. 바로 네덜란드 근대건축의 아버지 헨드릭 베를라헤(Hendrik Petrus Berlage, 1856~1934)다. 베를라헤의 건축사적 위치와 역할은 그다지 많이 알려 진 바 없지만 굳이 비교하자면 독일의 근대건축 선구자로 여겨지는 발터 그 로피우스, "형태는 기능을 따른다."라는 경구로 유명한 미국의 루이스 설리번 (Louis H. Sullivan, 1856~1924)과 동급으로 놓을 수 있다. 그러나 도시를 설계하고 실 제로 지어 본 유일한 20세기 건축가, 거대 구조물을 도시구조에 삽입한 최초

27

의 건축가, 근대건축운동의 중심지 중 하나였던 네덜란드 근대건축운동의 기원으로 베를라헤의 실제 행보는 더 중량감이 있었다.

지역 간 불통을 야기한 암 덩어리

암스테르담 시내 관광코스 중 제일 먼저 가는 장소는 아마도 왕궁과 성당이 있는 담광장(Dam Square)일 것이다. 암스테르담 중앙역에서 담락대로(Damrak)를 거쳐 담광장에 이르는 길 옆 어딘가에 베를라헤가 설계한 암스테르담 거래소(Amsterdam Exchange, 1885~1904)가 있다. 이 거대한 구조물은 중앙역을 향해 북측 입면을 열어 놓고 있지만 누군가 말해 주지 않으면 대부분 이 구조물의 존재를 알아채지 못한다. 설계될 당시 증권, 곡물 그리고 상품 거래소를 각각 북서측, 북동측 그리고 남측에 배치하고 각 거래소 사이와 빈 곳에 텔레텍스 실, 레스토랑, 휴게실 등 각종 편의시설을 둔 일종의 복합업무시설이다. 북측 입면의 길이 53m, 담락대로에 면한 동측 입면의 길이가 140m 그리고 남측 입면의 길이 38m의 그야말로 거대한 벽돌 덩어리다. 건물의 파사드에는 네덜란드의 신화적·역사적 인물들을 부조로 새겨 놓았다. 당시만 해도 궁을 제외하고 도시에서 가장 큰 건물은 성당이었을 터, 이 건물은 일반적인 성당 규모의 1.5배 내지 2배 정도였다. 국가적 관심을 끈 거대 프로젝트였다. 현재는 다양한 행사를 열 수 있는 복합 컨벤션 센터로 활용되고 있다. 그런데 왜 방문자들은 이 거대한 벽돌 덩어리를 쉽게 인지하지 못하는 걸까?

두 투시도를 보자. 하나는[30쪽 위 그림] 1885년에 현상공모에서 3등에 당선된 안이고, 다른 하나는[30쪽 아래 그림] 11년 후인 1896년에 최종안으로 확정된 후의 투시도이다(3등이던 베를라헤의 안이 11년 후에 당선안으로 확정된 것의 이면에는 여러 가지 정치적 사건과 미학적 사건이 버물려 있다. 예나 지금이나 건축은 정치적이다). 1885년 안은 여러 가지 건축 양식들이 뒤섞인 절충적 모습이다. 오브제로서 건물자체가 돋보이는 존재로 표현되었다. 물론 1896년 디자인도 상당히 기념비적인 느낌이지만 1885년의 디자인과 비교하면 많이 간결해졌다. 특이한 점은 1885년의 투시도

중앙역에서 바라본 암스테르담 거래소. ⓒ강태웅

암스테르담 거래소의 담락대로 측 입면. ⓒMtcv

29

암스테르담 거래소 현상공모 3등안이었던 1885년 투시도.

11년 후 다시 있었던 암스테르담 거래소 현상공모에서 당선작으로 선정된 1896년 투시도.

에서는 보이지 않는 주변 건물들이 좀 더 구체적으로 묘사되어 있다는 사실이다. 1896년도 투시도에서는 본 건물을 드러내기보다 주변 건물들의 배경처럼 자리하려는 태도가 보인다. 이번에는 아래 조감도를 보자. 한 건물이라고 볼 수 없을 정도로 파편화되어 있다. 각 거래소들은 독립적으로 기능에 맞춰 배치되어 있고 부속시설들은 거래소들 사이사이에 적절히 끼어 있다. 시각적으로는 많이 다르지만 구성은 1885년의 개념과 비슷하다. 그러나 1896년의 건물은 도시를 대하는 태도가 건물이 면한 도시의 맥락에 따라 다르다. 남측과 서측은 암스테르담의 역사적 장소인 담광장과 담락대로를 향하고 있다. 베를라헤는 거래소가 이 장소들을 압도하기보다는 오히려 장소가 드러나게 배경이 되기를 바랐던 것 같다. 마치 내부의 복잡한 공간 구성을 가리려는 듯 남측과 서측 입면은 2차원의 막에 투영된 이미지와 같이 평편하다. 실제로 담락대로 북측 끝에 서서 남측을 향하면 이 평면성으로 인해 담광장으로 강한 수

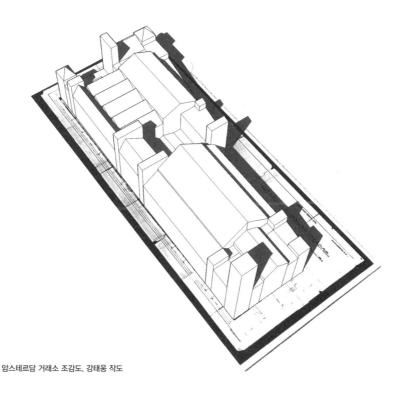

암스테르담 거래소 조감도. 강태웅 작도

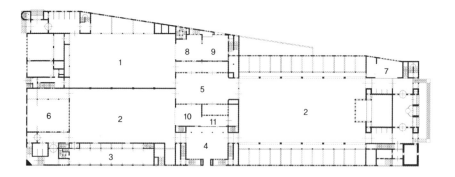

암스테르담 거래소 1층 평면도.
강태웅 재작도

1. 증권 거래소 2. 상품 거래소 3. 커피숍 4. 매도자 교환소 5. 통로
6. 감독관실 7. 사무실 8. 전화 9. 텔레그램 10. 시 당국용 전화 11. 우편국

렴효과가 생긴다. 반면 북측과 동측은 공간 구성을 그대로 드러내어 작은 덩어리들이 옹기종기 모여 있는 기존 암스테르담의 도시 맥락에 반응하고 있다. 입면 요소들은 남측과 서측에 비해 다양하고 불규칙하다. 내부의 기능이 그대로 외부로 투영된다.

이렇게 동서남북 네 입면이 취하는 태도는 각각 다르다. 이는 베를라헤가 거대한 구조물을 기존의 도시 맥락에 어떻게 삽입할 것인가 심각하게 고민했다는 증거다. 이러한 고민은 당시만 해도 그리 흔한 것이 아니다. 이 정도 규모의 건물을 다뤄 본 건축가만이 접할 수 있는 새로운 문제였다. 그러나 단지 존재가 인지되지 않았을 뿐이다. 이게 문제다. 이 거대한 건물은 암 덩어리처럼 도시라는 유기조직에 숨어 있을 뿐이었다. 이 건물이 준공되고 얼마 되지 않아서 베를라헤는 마침 담락대로를 지나는 전철을 타고 있었다. 전철 안에는 관광객들과 해설사가 타고 있었는데 해설사는 베를라헤의 건물을 설명하며 도대체 이처럼 무지막지한 괴물같은 건물을 누가 설계했는지, 지금 이 덩어리가 암스테르담 구 도시에 어울리기나 한 건지 열을 내며 불평하고 있었다. 도시조직에 잘 숨어들어가 있었을 뿐 거래소는 도시조직은 아니었다. 이 엄청난 덩어리는 드러나지 않게 숨어 있었지만 지역 간의 불통을 야기하고 있었다.

도시는 하나의 거대한 유기체다

당시 네덜란드도 여느 유럽의 대도시들과 마찬가지로 급격한 산업화와 더불어 도시화가 빠르게 진행되고 있었다. 급증하는 인구로 거주시설은 부족하고 가구 수 맞추기에 급급해 도시주거는 건축가들이 아닌 시공자들이 사업 주체의 역할을 하고 있었다. 1902년 새로운 주택법이 공포되고 1905년 STSDEA(The Social Technical Society of Democratic Engineers and Architects)[1]는 도심 내 공공주거에 대한 과목을 각 대학에 개설해 주기를 요청했다. 이전에 존재하지 않았던 대단위 공공주거 시설은 그 자체로 거대 구조물이었고 이 구조물을 기존 도시조직에 어떻게 삽입하는지가 이슈였다.

암스테르담 거래소 이후 도시와 건물과의 관계에 골몰한 베를라헤는 1908년부터 암스테르담의 신설 대학에서 강연한 것을 필두로 1913년 도시강연 시리즈를 대중에 선보였다. "도시문화의 주체: 노동자 그리고 민중", "도시와 공간: 가로와 광장", "거대도시와 공공주거", 세 개의 큰 주제이다. 베를라헤는 근대적 도시문화 구축의 주체를 노동자와 민중으로 규정하고 그들의 삶이 도시의 성격을 결정해야 한다고 주장했다. 삶은 거주 방식을 매개로 드러난다. 도시의 삶은 공동의 삶이고 결국 집산적 거주 방식이다. 근대적 도시의 성격은 결과적으로 노동자와 민중의 집산적 거주 방식인 집합공공주거로 도시의 성격을 규정해야 한다는 것이다.

"도시와 공간"을 주제로 한 강연에서 베를라헤는 근대적 도시의 형성과 공간 발생의 요소로 집합공공주거의 물리적 결과인 주거 블록을 제시한다. 그는 이 강연에서 도시의 핏줄인 가로와 광장의 역할을 강조하며 이것의 생성은 주거 블록을 통해서 가능하다고 주장한다. "가로의 생성과 전개는 건물 블록의 디자인에 의한다. 이 건물 블록의 조화에 의해서만 가로는 형성되며 그 조화에 의해서만 공간은 창출된다."

산업화로 인한 거대도시의 출연은 필연이다. 이것은 피할 수 있는 문제가

---

1   기술의 연구와 사용의 진작을 위해 20세기 초 네덜란드에 조직된 단체로 사회주의 이념에 경도되어 있었다.

아니다. 그렇다고 도시를 전혀 다른 방식, 예컨대 기계적 관점이나 이상적인 태도로 조직해서는 안 된다. 도시는 하나의 유기체다. 따라서 그것의 성장 원리는 변함이 없어야 한다. 단지 환경에 반응해야 할 뿐이다. 과거 중세 시기에는 종교적 열망이, 르네상스 시기에는 이성적 열망이, 바로크 시기에는 문화에 대한 열망이 도시 구축을 주도했다면 근대 시기에는 민중의 열망이 형상화되어야 하고 그것은 바로 그들의 거주의 흔적, 즉 공공주거 블록을 통해서다. 베를라헤는 도시를 하나의 거대 유기체로 보고 거주 블록을 단위세포로, 그리고 그 사이를 돌아다니는 움직임, 즉 노동자와 민중을 혈액으로 여겼다. 흥미로운 것은 베를라헤는 자동차도 중요한 움직임 중 하나로 여겼다는 점이다. 이런 생각이 구체화되어 1918년부터 도심 공공주거들을 디자인하기 시작했고 암스테르담 남부 도시계획은 이러한 생각과 실천이 종합적으로 구현된 것이었다.

베를라헤의 도시 vs 근대주의자들의 도시

20세기 초 유럽 대륙에서 자신의 도시 이론을 바탕으로 도시를 설계하고 실현시킨 사람은 베를라헤가 유일하다. 아마도 그런 이유로 르코르뷔지에가 주축이었던 제1회 CIAM(Congrès Internationaux d'Architecture Moderne, 현대건축 국제회의)에서 구세대 건축가 중 유일하게 초청되어 도시에 대한 생각을 발표할 수 있었을 것이다. 그러나 CIAM 운영진이 보인 정치적 태도와 도시를 바라보는 시각 차이 그리고 그들이 드러낸 건축적 의도에 강한 혐오감을 드러내며 베를라헤는 이후 일정에는 참가하지 않는다. CIAM 회의록에 베를라헤의 도시 개념은 언급조차 되지 않았지만 건축이론가 에릭 멈포드(Eric Mumford, 2000)는 CIAM이 내세운 도시와 관련된 여러 가지 이야기에서 베를라헤의 흔적을 발견할 수 있다고 주장한다. 그러나 CIAM은 베를라헤와는 다르게 도시를 기계론적 관점으로 바라보며 도시 안에서 인간의 행태를 거주, 노동, 휴식, 교통, 네 지역으로 나누어 계획하는 도시 조닝의 개념을 주장한다. 도시 조닝의 개념은 기

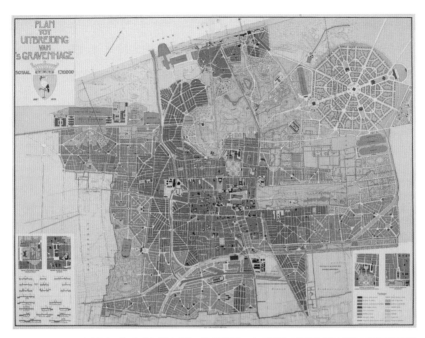

베를라헤의 설계대로 건설된 암스테르담 남부지역의 배치도. 역과 관공서 그리고 광장이 도시의 랜드마크가 되고 이 랜드마크들은 가장 넓은 길로 연결된다. 더 작은 길들이 마치 실핏줄처럼 도시를 연결하며 자동차뿐 아니라 보행자의 동선이 도시를 유기적으로 연결하고 있다. 여기에서 CIAM의 조닝 개념은 보이지 않는다.

계와 같이 도시 각 부분의 역할을 명징하게 규정해 도시의 생산효율과 통제에는 분명히 장점이 있다. 그러나 이것은 마치 혈액의 대부분이 시간대 별로 머리, 손, 다리 등으로 몰리는 기이한 인간에 다름 아니다. 생각해 보라. 시간대 별로 피가 한쪽으로 몰린다면 어딘가는 조직이 서서히 괴사하지 않겠는가. 조직이 괴사하는 현상, 이것을 도시라는 유기체에 적용하면 도심 공동화 현상이다. 도심 공동화는 사용자들이 시간대별로 한 장소에 몰려 이동하면서 사용자가 점유하지 않는 장소가 규칙적으로 발생해 그 장소가 슬럼화되고 낙후되는 현상을 말한다. 자동차가 주인이 되고 지역의 역할이 명징하게 지정된 효율적인 도시의 개념, 베를라헤는 이런 환원적 도시에 동의할 수 없었다. 근대주의자들이 주창한 이 새로운 도시 개념은 시간의 켜와 이야기의 흔적들이 깊은 유럽에서는 차마 적용될 수 없었다.

이 새로운 도시에 대한 실험은 제3세계로 흘러들어갔다. 그리고 돌고돌아 결국 우리에게까지 오고 말았다. 20세기 말에 세워진 우리의 신도시들을 보자. 베를라헤의 도시가 보이는가 아니면 근대주의자들의 도시가 보이는가?

강태웅

CIAM

CIAM(Congres Internationaux d'Architecture Moderne, 현대건축 국제회의)은 1928년에 조직되어 약 31년간 열 번의 모임을 갖고 열한 번째 모임을 끝으로 해체된 건축가 모임이다. 유럽 건축가들의 참여로 출발해 회를 거듭하면서 참여 국가를 늘려 전 세계로 확장했다. 스위스 태생의 프랑스 건축가 르코르뷔지에와 스위스의 건축역사가 기디온의 주도로 스위스의 라 사라즈의 작은 성(Château de la Sarraz)에서 시작되었다. 최초 스물여덟 명의 건축가로 구성되어 개최되었는데, 여기에는 1927년 독일의 바이센호프 주택전시회 초기 기획 단계에서 주도적인 역할을 한 휴고 헤링(Hugo Häring, 1882~1958)이 베를린의 진보적 건축 그룹인 데어 링(Der Ring)의 건축가로 초청되었다. 첫 모임에서 르코르뷔지에는 "근대기술과 건축", "표준화", "건축에서 경제적 시스템", "도시계획 및 디자인", "초등학 교육" 그리고 "공공 발주자와 근대건축"이라는 주제를 제시했고 개최 기간 동안 토론을 통해 첫 번째 모임의 결과로 선언문을 발표했다. 건물 생산의 효율을 위한 경제 시스템의 도입과 함께 표준화를 언급하고 도시의 효율을 위해 도시의 기능을 네 가지로 구분해 지역별로 부여하는 조닝의 초기 개념이 등장한다. 도시 조닝의 개념은 보다 구체화되어서 1933년 모임에서 아테네 헌장으로 발표된다. 표준화와 경제 시스템을 건축과 디자인 분야에 도입하는 것은 사실 1907년에 조직된 독일공작연맹에서도 다루었던 문제인데 독일의 경우 이 시스템이 건축보다도 일상용품의 생산에 더 많은 영향을 주었다. 오히려 표준화에 대한 건축적 논쟁은 네덜란드에서 건축가 베를라헤를 중심으로 더 발전되고 있었다. 당시 네덜란드와 독일에서는 사회주의적 태도에 경도된 건축가가 많았는데 여러 가지 건축적 실험에는 집산적인 가치가 포함되어 있었다. 하지만 CIAM에서는 표준화를 통한 경제적 효율이 사용자들에게 많은 가치와 수익을 제공한다기보다 최소의 노동력을 통한 건축의 생산으로 그 초점이 조금 달랐다. 본문에서 언급한 베를라헤의 분노에는 이러한 배경도 있었을 것이다. 1959년 영국과 네덜란드 건축가를 주축으로 구성된 팀 텐(Team X)이라는 조직에 의해 와해되기 전까지 열 번에 걸쳐 생산된 많은 건축 담론들은 전 세계의 건축에 지대한 영향을 주었다. 1, 2차 세계대전 후 CIAM의 많은 건축가가 미국이나 제3세계로 이민 또는 망명을 하게 되었는데 이때 담론은 널리 전파되었다.

사회주의 이념의 발현

빅토르 오르타의 민중의 집

1895~1900

어제의 슬로건은 오늘의 슬로건이 될 수 없다.
내가 설계한 다른 건물들도 그런 운명을 겪었듯이
이 건물이 철거된다고 해도 난 놀라지 않을 것이다.
빅토르 오르타, 〈민중의 집에 대한 회상〉, 연대 미상

영국 수공예운동은 유럽대륙으로 건너가 건축뿐 아니라 예술 전반의 흐름에 많은 영향을 주었다. 1892년 즈음에 시작해서 약 15여 년[1] 동안 생명을 유지한 아르누보 건축 역시 수공예운동의 영향을 받았다. 아르누보 건축은 일상성의 규칙을 중요하게 여기고 내부의 기능과 재료의 솔직성을 드러내는 수공예운동의 태도에 주목했다. 또한 근대적 재료인 철(iron)에 관심을 두었으며 온건한 사회주의 이념으로 무장한 부르주아 사회주의자들의 전격적인 지지로 탄생했다.[2]

건축역사 개설서에서 아르누보 건축에 해당하는 곳을 찾아 펼쳐보면 많은 책의 첫 장을 장식하는 사진이 있다. 벨기에의 빅토르 오르타(Victor Horta, 1861~1947)가 브뤼셀 자유대학교(Université Libre de Bruxelles)의 에밀 타셀(Emile Tassel, 1838~1879) 교수로부터 수주하고 설계한 타셀 하우스(Hôtel Tassel, 1893~1894)의 계단

---

1   빅토르 오르타에 의해 시작된 건축의 아르누보 경향은 일반적으로 오르타가 고전건축으로 회귀하는 시점에 끝난 것으로 본다.

2   아르누보라는 이름은 독일 출신의 미술상 사무엘 빙(Samuel Bing,1838~1905)이 1895년 파리에 개장한 갤러리 '메종 드 라르누보(Maison de l'Art Nouveau)'의 이름에서 유래되었다. 당시에는 고유명사라기보다는 새로운 흐름을 지칭하는 일반명사였는데, 영국에서는 모리스 양식(Morris Style) 또는 글래스고 양식(Glasgow Style), 독일에서는 유겐트슈틸(Jugendstil), 스페인에서는 모데르니즈모(Mdernismo) 등 이 흐름을 가리키는 명칭은 다양했다.

실 모습이다. 레드하우스가[14쪽 참조] 수공예운동의 대표적 건물이라면 타셀하우스는 아르누보 건축에서 가장 먼저 언급되는 집이다. 이 계단실 사진은 소위 아르누보 건축의 시각적 특징인 유기적 선형 미학을 잘 드러내 보이는 가장 아름다운 화각의 사진이다. 그러나 연립형이라는 유럽 도시주거의 전형적인 형식으로 인해 파사드만 겨우 보이는 집의 외관은 생각보다 평범하다. 식물의 줄기를 연상하게 하는 패턴의 벽지와 계단의 난간이 있지만 정작 밖으로 나가면 평범하기 그지없는 입면을 가진 집. 이 집이 뭐 그리 대단하단 말인가. 그러나 오르타가 추구한 건축의 가치는 단지 시각적 유희에만 있지 않았다.

아르누보 건축의 시작, 타셀 하우스

오르타의 교육적 배경은 흥미롭다. 1873년에 겐트 음악학교에 입학했지만 다음 해에 겐트 아카데미(Royal Academy of Fine Arts in Ghent)에서 건축으로 전공을 바꾸었다. 졸업 후 1878년에 프랑스로 건너가 1880년까지 건축사무소에서 실무를 익혔다. 프랑스 건축의 고전적 전통에 고무됐는지 1881년, 고향인 벨기에로 돌아와 다시 브뤼셀의 아카데미 데 보자르(Académie Royale des Beaux-Arts)에 입학해 1885년 최우등상인 그랑프리를 받으며 졸업한다. 그가 철이라는 근대적 재료에 관심을 가지게 된 배경은 분명하지 않다. 학창시절 약 1년간 그리고 1886년부터 1890년까지 알폰스 발라(Alphonse Balat, 1819~1895)라는 건축가의 사무실에서 근무한 경험이 새로운 재료의 가능성과 디테일에 대한 인식에 눈을 뜨게 했을 개연성은 있다. 발라는 당시 양식적으로는 고전건축을 추구했지만 빈번하게 철이라는 신 재료를 사용했고 브뤼셀 근교의 공원에 왕립온실을 설계하고 시공할 만큼 철을 사용한 조립식 공법의 기술적인 부분에도 능수능란했다고 한다.

본격적으로 개인 사무실을 시작한 것은 오르타의 나이 스물아홉이 되었을 때다. 건축설계는 예나 지금이나 수주를 해야만 할 수 있는 일이다. 발라의 사무실에서 경력을 쌓았지만 이제 갓 자신의 이름을 걸고 하는 새내기 건축가에게 선뜻 일을 주는 사람은 흔치 않다. 이런 이유로 대부분의 건축가가

아르누보 건축의 대명사로 여겨지는 타셀 하우스의 계단실. 출처: Jean-Luc vazyvite.com

가족을 제물로 첫 작품을 시작하기 마련이다. 오르타는 인복이 있었던 것 같다. 구두수선공의 아들이었던 오르타는 박애주의자의 모임이라는 의미의 아미 필란도르프(Amis Philanthropes)라는 사회주의 단체에 1888년 가입하게 된다. 이 단체는 중세의 프리메이슨을 본떠 노동의 신성함과 합리성을 바탕으로 신분체계와 그 문화가 만들어 내는 여러 가지 사회모순을 비판하고 개혁하려는 진보성향의 지식인 모임이다. 오르타의 건축적 고민, 예컨대 신·구 재료의 조화, 전통적인 방식의 제조와 산업혁명에 의한 기계생산의 공존처럼 피해서는

41

연립형으로 파사드만 겨우 보이는 타셀
하우스의 외관. ©Karl Stas

안 되지만 그렇다고 무조건 추종할 수도 없는 근대성에 대한 고민이 그 모임
의 일원들에게 환영을 받았다.

　근대성의 이런 측면을 피하지 않고 대면하는 것, 이 지점이 수공예운동과
의 다른 점이다. 산업 발상지에서 가장 먼저 그 폐해를 인지할 수 있었기에 민
감한 알레르기 반응이 나왔겠지만 기계로 인한 대량생산 그리고 새로운 재료
에 대한 보수적 태도가 산업화 시대의 논의에서 영국을 스스로 배제하는 결
과를 가져왔고 그 논의로부터 파생될 여러 가지 건축적 담론도 생산을 못했
다. 건축역사의 흐름에서 수공예운동 이후 영국의 건축 행보가 비중 있게 등
장하는 시기는 20세기 중반 팀 텐[3]부터라고 해도 과언이 아닐 것이다.

　다시 돌아와서, 아미 필란도르프의 일원인 타셀 교수는 당시 유행했던 건

3　팀 텐(Team X)은 제10회 CIAM을 준비하면서 1953년에 첫 모임을 가진 젊은 건축가의 모임이다. 결과적으로 팀 텐은
　CIAM의 해체를 촉발하고 근대주의에서 브루탈리즘(Brutalism)과 구조주의(Structuralism)로 건축적 패러다임의 전환을
　유도했다. 팀 텐이라는 이름을 정식으로 사용한 것은 1960년 모임부터인데, 네덜란드의 알도 판 에이크와 영국의 스미슨
　부부(Alison and Peter Smithson)가 주도적인 역할을 했다.

타셀 하우스의 아트리움. ©Martin Ehrenhauser

축 경향과는 조금 다른 새로운 형식의 주거를 요구했을 것이다. 그러나 고전
적 학교에서 교육받고 역시 고전적인 성향의 발라 밑에서 실무를 익힌 오르
타에게 자신의 첫 주택 프로젝트에서 진보적인 설계를 기대하기는 다소 무
리가 있다. 사실 첫 주택 프로젝트는 1893년에 지어진 메종 오트리크(Maison
Autrique)이다. 그러나 대부분의 역사학자는 아르누보의 첫 시작을 타셀 하우스
로 보는 데 이견이 없다. 일반적으로 건축가의 태도 변화는 점진적이거나 특
별한 계기 후 등장하는데 오르타의 경우 특별한 전조 없이 어느 날 갑자기 이
주택에서 등장한다. 타셀 하우스는 비슷한 크기의 집이 어깨를 맞대고 늘어
서 있는 연립주택이다. 유일하게 시각적으로 드러낼 수 있는 건물의 정면은 심
하게 좁다. 발라의 영향으로 철이라는 신 재료를 간간이 건물의 파사드에 사
용했지만 그다지 눈에 띄지는 않는다.

　　타셀 하우스의 고갱이는 사실 내부 공간의 구성에 있다. 다소 심심한 듯
보이는 파사드에 비해 내부 공간은 심상치 않다. 앞뒤로 두 개의 덩어리가 중

요한 기능을 수용하고 있고, 이 두 개의 덩어리는 위로부터 채광되는 밝은 볼
륨(Volume)[4]으로 연결되어 있다. 구불대는 선형의 패턴이 벽으로부터 튀어나와
밝은 볼륨의 공간 속에서 빛과 어울린다. 이 구불대는 패턴은 비어 있는 곳과
채워진 곳의 경계를 명확히 정의하고 있음과 동시에 공간을 인지하게 하는 중
요한 매개 요소로 작동하고 있다. 아마도 이것은 비슷한 시기에 알버트 에리
히 브링크만(Albert Erich Brinckmann, 1881~1958)의 공간 발생의 요소와 원리 그리고
그 인지에 대한 이론이 구체화되어 건축계에 처음 등장한 것과도 무관하지 않
을 것이다.[5]

아르누보 건축의 진면목, 민중의 집

타셀 하우스가 아르누보 건축의 시작을 알리는 건축물이라면 민중의 집
(Maison du Peuple, 1895~1900)은 그야말로 아르누보 건축의 진면목을 보여 주는 건축
물이라고 할 수 있다. 타셀 하우스에서는 오르타의 내재된 열정과 생각을 내
부에서 수줍게 드러냈다면 민중의 집에서는 확신을 갖고 대담하게 드러냈다
고나 할까? 오르타가 1888년에 가입한 사회주의 노동당(Belgische Werkliedenpartij)
으로부터 수주한 이 건축물은 당시 귀족과 왕정의 대척점에 서 있었던 사회
주의가 표방한 투명성과 명징성 그리고 역동성의 이미지를 건물의 외부와 내
부에서 잘 드러내고 있다. 건물은 불규칙한 대지의 경계와 주변 맥락에 그대
로 반응했다. 이로 인해 고전적 건축에서 중요하게 여겨졌던 정면성은 사라졌
다. 벨기에의 전통적 재료인 벽돌과 석재가 새로운 생산 방식 덕에 저렴해진

---

4   채워져 있는 덩어리라는 의미가 더 강한 매스와 구별하기 바란다.

5   A. E. 브링크만은 공간에 대한 최초의 인지이론을 주장한 예술사학자다. 공간의 인지는 발생과 같은 개념으로 볼 수 있다.
    이유는 공간은 우주의 시작부터 존재한 물리적 실체이고 우리는 무엇인가로 그 공간을 규정함으로써 그것을 인지할 수
    있고 인지는 우리에게 그것의 발생으로 인식되기 때문이다. 브링크만에 의하면 공간의 인지를 위해 중요한 것은 경험
    주체의 움직임이다. 여기서 움직임이란 촉각적인 움직임인데 여기에는 시선적 이동도 포함된다. 결국 우리가 공간의 인식을
    위해서는 빛과 더불어 시선 또는 신체의 움직임을 유발할 3차원 상에 존재하는 오브제가 필요한데 아르누보 건물의 선형
    요소는 다른 어떤 건축적 양식에 비해 이러한 오브제가 많았다. Cornelis Van De Ven, *Space in Architecture: The
    Evolution of a New Idea in the Theory and History of the Modern Movements*, Van Gorcum, 1978 참조.

민중의 집 집회장.

철 그리고 유리와 함께 유기적으로 얽히고 있다. 입면은 철재 멀리온(mullion)시 스템과 유리를 사용해 극도의 투명성을 추구한 듯하다. 이러한 투명성으로 인 해 집회장, 사무실, 세미나실, 카페테리아와 같은 건물의 내부 프로그램이 건 물의 외피를 통해 가감 없이 드러난다. 이것은 수공예운동의 건축에서 보이는 내부 이야기의 솔직한 표출에 다름 아니다. 철재 골조로 그리드가 만들어지 고 이에 따라 같은 크기의 창이 반복된다. 철 재료의 단가를 낮추기 위한 필 연적 방법인 모듈의 개념이 보이기 시작한다. 이 개념은 이후 판 에트벨데 하 우스(Hôtel van Eetvelde, 1895~1900)에서 더 발전한 모습으로 등장한다.

  이제 민중의 집의 가장 중요한 부분인 집회장으로 들어가 보자. 집회장의 특성상 건물은 넓은 경간을 지탱해야 했다. 오르타는 중세 이후 대규모 공간 을 위해 많이 사용되어 온 목재 외팔들보(Wooden Hammered Beam)를 철 구조물로 번안했다. 철이라는 재료가 가진 물성을 십분 활용해 아르누보 건축의 시각적 특징 중 하나인 선형 미학이 구축적 합리성을 통해 표출된 근대 시기 구조설 계의 수작이 아닐 수 없다. 과거의 정치적·사회적 패러다임은 버리고 새로운

45

집무중인 빅토르 오르타.
©Gustave Deltour

사회를 창출하고자 했던 사회주의 부르주아 엘리트들에게 오르타의 이 모든 건축적 제스처는 그야말로 자신들의 이념을 구상화한 민중의 전당이었을 것이다. 그러나 1965년, 민중의 집은 수많은 건축가의 반대에도 불구하고 노후되었다는 이유로 안타깝게 철거되었다. 이 사건은 20세기의 가장 의미심장한 건축적 범죄로 기록되고 있다. 데이빗 와트킨(David J. Watkin, 2000)에 의하면 집회장은 음향적으로 문제가 있었으며 위치상 활용도가 많이 떨어졌다고 한다. 또한 근대 시기에 철이라는 재료를 주요한 내외장재로 사용한 건물에서 항상 언급되는 내구·내화성에 대한 문제 제기도 있었다.

아쉽게도 오르타는 짧은 진보적 행보를 마감하고 다시 보자르풍의 고전주의 건축(Beaux-Arts classicism)으로 회귀했다. 그가 급격하게 고전주의 건축으로 회귀한 것에 대해서는 여러 가지 이유와 논란의 여지가 많지만 중요한 건축적 후원단체였던 사회주의 단체의 쇠퇴가 컸을 것이다. 아마도 오르타는 정치적 변화에 민감하지 못했던 것 같다.

강태웅

46

철

인류가 철(Iron)을 사용하게 된 것은 기원전 12세기부터라고 한다. 고대 그리스나 로마시대에 석재 간 긴결재로 간간이 사용했지만 건축의 주요 재료로 사용하기 시작한 것은 산업혁명 이후다. 재료를 생산하는 방법에 따라 사용도 변화된다. 대량생산이 가능해지자 재료의 단가가 떨어지고 자연스럽게 철의 사용은 늘게 된다. 철은 철도 선로의 제작에 사용되다가 서서히 건물의 구조 및 장식 부재로 사용되기 시작했다. 철의 특성은 자유로운 소성(plasticity) 그리고 재료의 단위 면적당 높은 강도에 있다. 철은 석재보다 가늘게 만들어도 더 많은 하중을 견딜 수 있었고 구부리거나 늘려서 자유로운 성형이 가능했다. 또한 같은 형상을 반복적으로 만들어 낼 수도 있었다. 철 구조를 사용한 최초의 공공건축은 프랑스의 건축가 앙리 라브루스트(Henri Labrouste, 1801~1875)가 설계한 생 주느비에브 도서관(Bibliothèque Sainte-Geneviève, 1838~1850)이다. 1년 후 영국에서 경쟁적으로 수정궁(Crystal Palace, 1851)이 단 6개월 만에 지어졌다. 수정궁은 런던 대박람회((The Great Exhibition)를 위해 세워진 것으로 행사가 끝나고 해체되어 다른 장소에 다시 지어졌다. 세워진 건물을 해체하고 다시 다른 장소에 세운다는 것은 당시에 상상도 할 수 없는 일이었다. 건물

대량생산의 시작이다. 기성제품으로 건축이 가능할 수도 있다는 것으로, 이것은 또 다른 중요한 의미가 있다. 건축 행위가 엘리트 건축가뿐 아니라 기술자의 영역으로도 내려왔다는 의미다. 세장한 비례와 재료에 대한 선입견 그리고 열에 취약한 것이 이유였겠지만 철로 지어진 건물은 기존의 건물에 비해 미학적으로 인정을 받기가 쉽지 않았다. 아르누보 건축가가 철이라는 재료에 관심을 가진 것에는 이러한 철의 특성 때문일 수 있다. 철은 귀족의 재료가 아닌 새롭게 부상하는 계급과 민중의 재료라고 여겼을 수 있다.

강철(steel)은 철과 탄소의 합금으로 강도를 높인 철이다. 높은 온도와 고도의 합금기술로 생산단가가 높아서 일반적으로 검이나 창 등에 사용되었다. 1855년 영국에서 대량생산 기술이 개발되면서 대량생산이 가능해지자 점차 건축 재료로 사용되었다. 마천루라는 고층건물이 탄생하게 된 배경 중 하나다. 강철은 압축력에도 강하지만 단위 면적 대비 인장력에 탁월한 특성을 보여 날렵한 건축을 가능하게 했다. 강철과 콘크리트는 열에 의한 팽창 계수가 같아 압축에 강한 콘크리트에 인장력에 대응하는 강철근을 삽입할 수 있어 철근콘크리트라는 최고의 구조 재료가 탄생했다.

"형태는 기능을 따른다"와 "장식과 범죄"

루이스 설리번의 카슨피리스콧 백화점

1898~1904

아돌프 로스의 골드만과 잘라취 스토어

1909~1911

위: 루이스 설리번의 카슨피리스콧 백화점. ©김현섭, 아래: 아돌프 로스의 골드만과 잘라취 스토어. ©김석철

> **고층건물은 그리스의 사원, 고딕성당 그리고 중세의 요새와 같이**
> **건축이 삶을 담는 예술의 역할을 할 때 등장한다.**
> 루이스 설리번, 〈예술적 관점에서의 고층건물〉, 1896

> **문화의 진화는 일상용품에서 장식을**
> **멀리하는 것과 같은 의미다.**
> 아돌프 로스, 〈장식과 범죄〉, 1908

폭군으로 여겨져 왕으로서 묘호조차 받지 못하고 군으로 강등된 조선의 왕, 이혼이 2012년 〈광해, 왕이 된 남자〉라는 영화로 재조명되었다. 역사적 인물의 평가는 입체적이어야 한다. 광해군을 폭군이며 패륜아만으로 기록한 것은 인조반정 후 권력을 잡은 자들이 실록을 수정했기 때문일 수 있다. 역사는 승리자의 기록이다. 건축역사도 예외는 아니다. 건축의 역사는 운 좋게 건물이 남아 있는 경우 그 진의의 파악이 어느 정도 가능하다는 점이 다른 점이라면 다른 점이다.

근대주의자들이 오해한 두 건물

시카고학파의 거두 루이스 설리번(Louis H. Sullivan, 1856~1924)의 카슨피리스콧 백화점(Carson Pirie Scott Store, 1898~1904)은 근대주의를 옹호한 건축역사가 지그프리트 기디온의 《공간 시간 건축》에 근대적 기능주의 건물의 한 예로 등장한다. 장식 없는 명징한 구조적 표현이 근대주의 건축이 표방하는 기능적 순수성을 대표하기에 적합한 것으로 판단한 것이다. 게다가 설리번은 "형태는 기능을 따른다(Form follows function)."는 기가 막힌 경구를 만들어 내지 않았던가. 시카고 창을 박아놓은 명징한 하얀 구조체와 형태가 기능에 좌우된다는 이 경구. 뭔가 딱 들어맞지 않은가!

오스트리아의 건축가 아돌프 로스(Adolf Loos, 1870~1933)의 골드만과 잘라취 스토어(Goldman & Salatsh Store, 1909~1911), 일명 로스하우스(Looshaus)는 당시 보수적인 건축가로부터는 맨홀 뚜껑 같은 건물로 혹평을, 르코르뷔지에와 같은 진보적인 건축가로부터는 새 시대 양식의 전조로 극찬을 받았다. 1908년에 로스는 〈장식과 범죄(Ornament and Crime)〉라는 짧은 글을 발표했다. 그 이듬해에 사각형의 창이 가지런히 배치된 백색의 순수한 입면의 건물을 설계해 마치 1908년 글을 증명이라도 하는 듯 했으니 진보적인 반 역사주의자들이 좋아할 수밖에.

그런데 저층부를 보면 두 건물에서 흥미로운 공통점을 발견할 수 있다. 설리번 건물의 저층부는 상층부의 명징한 구조적 표현과는 달리 마치 아르누보의 유기적인 패턴 같은 장식이 덕지덕지 붙어 있다. 로스하우스 역시 과거 양식의 흔적을 찾아볼 수 없는 상부에 비해 하부는 크기를 달리한 고전건축의 기둥(order)들이 리듬 있게 박혀 있다. 아직 시기가 시기라 역사주의의 때를 벗지 못한 것인가? 두 건물에 환호를 보냈던 자들은 그렇게 생각했다. 두 건축

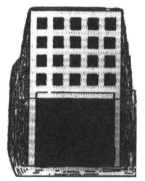

로스하우스는 당시 보수적 건축가들에게 맨홀 뚜껑이라는 혹평을 받았다. 1911년 한 매체에 실린 삽화.

가의 시도는 좋았으나 아직은 시대착오적인 역사의 잔재가 남아 있다고······.
그런데 이것은 그들의 오해다.

"형태는 기능을 따른다"에서 '기능'

"형태는 기능을 따른다."는 설리번의 경구는 1896년에 발표한 〈예술적 관점에서의 고층건물(The Tall Office Building Artistically Considered)〉이라는 글의 일부다. 이 글에서 설리번은 수직으로 여러 층을 포개 놓은 새로운 건물의 유형이 사회가 건물에 요구하는 새로운 환경(새로운 비즈니스 스타일, 수직 동선의 확장, 부동산 가격의 상승 등)에 건물이 기능하며 생긴 필연적인 결과물임을 강조하기 위해 이 경구를 만들었다. 여기서 우리는 '기능하다'라는 것에 주목해야 한다. 설리번이 사용한 '기능'의 개념은 19세기 미국의 예술 이론가 호러시오 그리노우(Horatio Greenough, 1802~1852)의 영향을 받았다.

건축에서 '기능'이라는 단어가 처음 등장한 것은 18세기다[121쪽 참조]. 이탈리아의 건축가 카를로 로돌리(Carlo Lodoli, 1690~1761)는 당시 고전주의 건축가들이 재료의 물성에 대한 충분한 이해 없이 각종 구조적 디테일을 사용하는 것을 비판하기 위해 이 개념을 사용했다. 로돌리의 기능에는 구축적(tectonic)이라는 의미가 강하다.

기능이라는 개념이 학문적으로 등장한 것은 수학자이자 철학자인 고트프리트 빌헬름 라이프니츠(Gottfried Wilhelm Leibniz, 1646~1716)부터다. 라이프니츠는 기능을 "변화의 가능성을 내포한 복합체"로 정의했다. 기능은 수용과 적응 그리고 변화라는 개념을 포함한다는 의미이다. 라이프니츠의 이런 정의가 로돌리를 거쳐 이탈리아의 이론가 프란체스코 밀리치아(Francesco Milizia, 1725~1798), 프랑스의 생물학자 조르주 퀴비에(Georges Cuvier, 1769~1832) 그리고 건축가 비올레르뒤크(Eugene Emmanuel Viollet-le-Duc, 1814~1879)로 이어지며 기계론적인 시각이 가미되었고 '기능'은 장식에 반하는 개념으로 정립된다.

반면 독일 이상주의 철학자들은 라이프니츠의 형이상학적인 개념을 유

지, 발전시켜 유기체가 외부의 자극에 반응하며 생명을 유지하려는 항상성에
초점을 맞춘다. 그리노우의 '기능'은 독일 이상주의의 해석에 가깝다. 근대주
의자들이 생각한 '기능'은 프랑스의 계보에 가깝다. 모든 부분들이 마치 기계
와 같이 한 치의 오차도 없이 맞물려 돌아가는 시스템의 의미다. 설리번의 '기
능'은 상황에 반응하는 유기체적 기능을 의미한다. "형태는 기능을 따른다."를
이 정의에 맞춰 보면 형태는 주변 상황에 아주 잘 반응해 최적의 상태를 유지
하면서 만들어지는 자연스러운 결과다.

〈장식과 범죄〉에서 '장식'

이번엔 로스가 장식을 어떻게 생각했으며 무엇을 범죄라고 여겼는지 살펴보
자. 로스는 굳이 예술과 공예를 구별했다. 그리고 건축을 공예의 범주, 즉 일
상성의 범주로 생각했다. 예술의 순기능을 로스는 사회에 대한 비판과 집산적

아돌프 로스, 로스하우스의 저층부. ©김현섭

기억의 표현으로 봤다. 예술로서 건축의 역할은 집산적 기억의 표현과 문화재를 복원하거나 보존할 경우로 한정지었다. 로스는 장식이라는 것을 예술적 행위의 흔적으로 여기는 듯하다. 로스가 범죄라고 여긴 것은 일상성의 영역에서까지 미학적 건축 행위가 판을 치는 당시의 건축적 작태였다. 1908년에 출판된 문제의 글을 보면 로스는 분명히 언급했다. 유일하게 이탤릭체로 강조까지 했는데 "문화적인 진화는 일상용품에서 장식을 삭제하는 것으로 시작된다." 이 같은 생각은 8년 전, 1900년에 출판된 〈어느 가난한 부자의 이야기(The Poor Little Rich Man)〉에서도 어느 정도 나타난다. 이 글에서 로스는 한 사람의 삶의 공간이 자신의 의지와 상관없이 열정적인 예술가(자신을 예술가로 여기는 건축가)에 의해 계획되고 지속적으로 통제됨으로써 불행한 삶으로 이어진다는 주장을 한다. 당시 영국 수공예운동, 독일공작연맹 그리고 비엔나 제체시온(Sezession)이라고 불리는 오스트리아의 분리파 예술운동[83쪽 각주 4 참조]에 로스는 질겁했다. 이 건축운동들은 예술과 일상성의 융합을 건축에서 논한 대표적인 움직임이다. 이런 움직임에 대해 로스는 상당히 비판적인 태도를 보였다. 그의 주장은 간단하다. 건축은 일종의 공예다. 삶을 담는 것이고 일상성의 영역이다.

1908년 글이 1920년에 뒤늦게 프랑스어로 번역되어 《에스프리누보(L'Esprit Nouveau)》에 실렸는데 이를 읽은 르코르뷔지에는 로스의 글을 단순하게 이분법적으로 이해한 것으로 생각된다. 당시 르코르뷔지에는 유럽 건축계의 뜨는 태양이었는데 그의 해석이 로스의 생각으로 여겨지는 기이한 현상이 벌어졌다. 로스는 1924년 〈장식과 교육(Ornament and Education)〉이라는 글에서 1908년 글이 곡해되는 것을 바로 잡고자 했다. 자신이 생각하는 장식이 의미하는 바를 다시 친절하게 설명한다. 그러나 이미 〈장식과 범죄〉에서 '장식'은 범죄로 여겨지고 로스의 건물은 장식을 혐오한 근대적 건축가의 작업이 되어 있었다.

사회 시스템과 문화에 충실히 반응한 결과물

이제 다시 두 건물로 돌아와 보자. 설리번의 건물은 이중성의 상황에 반응한 것이다. 바로 소비·판매의 세계와 업무·거주의 세계다. 하층은 백화점으로 고급스러운 당시 소비와 경제문화의 현상에 반응해 수많은 문화적 상징들로 가득 채워 있다. 반면 상층은 업무와 거주의 영역이다. 높은 지가에 반응해 적층되고 원거리 시선에 반응하듯 단순하고 명쾌한 모습으로 마무리되어 있다. 로스하우스 역시 상부는 일상성의 영역, 거주공간이다. 반면 하부는 불특정 다수, 보행자들의 영역이며 오래된 성당과 왕궁이 있는, 건물 앞 미하엘 광장(Michalerplatz)에 반응하는 집산적 기억의 영역이다.

뭔가 묘하게 비슷하지 않은가. 하나의 건물에서 다른 태도를 보이다니. 순수한 기계적 기능을 건물에 부여하고자 했던 근대주의자들 생각에 이건 다분히 시대착오적이다. 그러나 설리번과 로스가 생각하는 건물은 그렇지 않았다. 그들의 건물은 복잡해지는 사회 시스템과 문화에 단지 충실히 반응했을 뿐이다. 그리고 일상으로서의 건물과 상징해야 할 것을 다르게 인지하고 있었을 뿐이다.

건축역사가 케네스 프램튼(Kenneth Frampton, 1930~)의 《현대건축(Modern Architecture)》(1992)에 따르면 로스의 〈장식과 범죄〉가 1892년에 발표된 설리번의 〈건축에서 장식(Ornament in Architecture)〉의 영향을 받았을 것이라고 한다.

강태웅

오너먼트와 데커레이션

우리말의 '장식'으로 번역되는 영어는 'ornament'와 'decoration'이다. 일반적인 사용에서 이 두 단어는 혼용한다. 그러나 이 두 단어의 건축적 사용에는 큰 차이가 있다. 장식이라는 단어가 건축에 독립적으로 등장하게 된 시기는 계몽주의, 즉 르네상스 시기부터다. 상업의 발달로 문화와 문명의 교류가 잦아지면서 다른 건축 양식을 대중적으로 인지하기 시작했고 르네상스는 그리스·로마 시기로의 인문적 회귀다. 건축도 고전으로 회귀다. 그러나 사실 천 년 전의 건축을 다시 살려내기엔 너무나 자료가 부족했다. 로마의 건축가 비트루비우스(Marcus Vitruvius Pollio, BC 90~BC 20년경)의 《건축십서(De architectura)》(BC 25) 그리고 운 좋게 살아남은 몇 개의 바실리카 등이 전부라고 해도 과언이 아니었다. 사실 새로운 건축 양식을 만드는 수준이었다. 이미 건물을 세우는 방법은 고딕건축에서 발전할 대로 발전이 된 상황, 건축가들은 무엇을 할 수 있었을까? 이방 문명과 그리스·로마 건축의 수많은 디테일은 고딕건축의 구조체계 위에 미학적 의미를 부여하는 일이 아니었을까? 장식과 장식하는 행위가 건축가의 새로운 범주의 일이었다. 그리스 건축의 오더인 도릭, 이오닉, 코린티안의 기둥머리 형식은 그리스인의 제사의식에 바쳐졌던 제물에 기인한다.

예컨대 이오닉 오더의 주두는 제물로 드리던 양의 머리를 제사 후 주두에 걸어두었던 관습이 건물의 형식으로 굳어진 경우다. 이러한 문화적 상황을 알지 못하면 이 오더의 주두는 아름다운 여인의 머리 모양으로 건물을 꾸미는 장식적 요소로 여기고 여성스러운 건물에 사용해야 한다는 규칙이 나올 수도 있었던 것이다. 따라서 장식의 조합을 위해 규칙이 필요했으며 비례는 중요한 요소였다.

고딕건축의 부흥을 꿈꾼 건축가(프랑스 건축가 비올레르뒤크가 대표적이다)들은 고전주의 건축을 비판하며 장식을 두 가지로 구별했다. 건축의 기본적인 가치체계를 좌우할 만한 1차적 요소로의 '오너먼트(Ornament)'와 건물이 완성되고 부차적으로 덧붙이는 2차적 요소로의 '데커레이션(Decoration)'이다. 이것은 이제 건축에서는 일반적인 시각이다. 맥그로우 힐(Mac Graw Hill)에서 출판한 《건축도해사전(Illustrated Dictionary of Archietcture)》(2002)에서도 오너먼트는 건물의 형태와 외관 그리고 구조와 연관됨과 동시에 건물을 더 돋보이게 하는 역할을 하는 모든 것이라고 정의한다. 반면 데커레이션은 아름다움을 위해 표면을 조작한 것, 예를 들면 페인팅, 돌과 기타 재료 붙이기, 스텐실 등으로 꾸미는 행위로 정의하고 있다.

민족의 낭만을 건축으로

게젤리우스 + 린드그렌 + 사리넨의 포흐욜라 보험회사

1899~1901

©김현섭

이 슬로건은 19세기 핀란드의 민족주의 운동을 가장 잘 대변해 주는 말이다. 1809년까지 약 7세기 동안 스웨덴의 지배를 받았고, 그 후에는 러시아의 대공국이 되어[1] 1917년에야 비로소 독립한 북유럽의 변방 국가 핀란드. 지금은 세계적인 복지국가로 손꼽히나 100년 전만해도 국가의 주체적 존립 자체가 불투명했다. 민족의식의 고취는 그들에게 절실한 과제였다. 그러한 민족적 움직임이 당시의 건축에도 절절히 반영되었다고 하니 자못 궁금하다. 민족이나 국가라는 말이 때로 배타적이고 억압적인 굴레로 작용하는 까닭에 쉬이 꺼려질 만도 하지만, 어느 형태의 공동체든 그 정체성을 건축적으로 표현하고자 시도하는 것은 사실상 꽤나 보편적이다. 근대건축의 국제주의적 교의가 맹위를 떨치던 시기와 지역을 제외한다면 말이다.

---

1   러시아 차르제국의 체제에서 자치권을 부여받는 정치 형식이다.

핀란드(Finland, Suomi)는 유럽의 북동쪽 끝에 자리하고 있으며, 영토의 3분의 1 가량이 북극권에 놓여 있다. 이러한 지리적 특성은 겨울의 혹독한 추위를 야 기한다. 게다가 땅의 3분의 2가 숲이고 내륙은 55,000여 개의 호수로 덮여 있 다. 인구밀도가 낮은 이유이다. 지중해의 그리스와 로마를 중심으로 발달한 유럽 문명이 북유럽의 끝자락까지 이르는 데에는 오랜 시간이 필요했다. 따라 서 이 나라는 종종 중심에서 소외된 변방으로 혹은 미지의 땅(terra incognita)으 로 여겨졌다.

핀란드의 땅덩어리가 가진 독특함 이상으로 핀(The Finns, suomalaiset)이라는 민족은 여러 면에서 유럽의 다른 민족과 구별된다. 가장 손꼽히는 특성은 바 로 언어의 문제이다. 핀란드 어와 핀란드 토착건축 사이의 연관성을 규명하고 자 했던 라눌프 글란빌(Ranulph Glanville, 1977)은 핀란드 말이 자기들에게는 '낯선 언어'라 단정한 바 있다. 우랄어족에 속하는 핀란드 어는 오히려 알타이어로 분류되는 우리말과 먼 친척이라고도 볼 수 있다. 어근에 접사가 붙는 교착성 을 비롯해 모음조화, 자음동화와 같은 교착어적 성격으로 핀란드 어는 여타 유럽 국가는 물론 스칸디나비아나 슬라브계 주변국의 언어와 큰 차이가 난 다. 고로 지리적 인접성에도 불구하고 그들에겐 늘 구별된 민족 정서가 내재 해 있었다. 지금은 잘 받아들여지지 않지만, "역사의 여명기에 핀족이 유라시 아대륙을 거쳐 지금의 자리에 정착했다."는 인종적 기원에 관한 낭만적 이론 이 19세기 학자들 사이에 대두되기도 했다. 이러한 민족적 독특성에도 불구 하고 핀란드가 실제적 독립 국가를 형성하기까지는 기나긴 시간이 소요된 셈 이다.

18세기 후반 이래 유럽 전역에는 민족주의 움직임이 팽배했다. 핀란드 의 경우는 엘리아스 뢴로트(Elias Lönnrot, 1802~1884)가 민족 서사시 《칼레발라 (Kalevala)》(1835/1845)를 출판함으로써 결정적 모멘트를 갖게 된다. 이는 "카렐리 아(Karelia)"라고 불리는 핀란드와 러시아 국경 지역에서 핀란드의 구전 민담이나 시가류를 수집해 편집한 것이다. 여기에는 선사시대 핀족의 기원과 토착신앙,

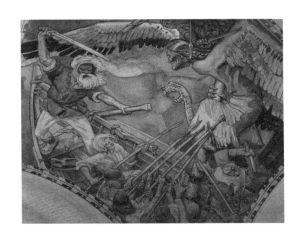

아크셀리 갈렌-칼렐라, 삼포의 방어,
1896. 《칼레발라》를 소재로 한 회화로
핀란드 국립박물관(1902~1912)의
천장화에 차용되었다. ⓒ김현섭

그리고 다양한 신화와 전설이 담겨 있는데, 무엇보다도 그들 삶의 근원이 되는
자연에 대한 밀착성이 발견된다.《칼레발라》출판 이후 핀란드 지식인 사이에
서 민족 자각과 독립을 위한 움직임이 촉발되었다. 머리말로 인용한 1860년대
스넬만(Johan Vilhelm Snellman, 1806~1881)의 슬로건이 이를 잘 반영한다. 그들은 스웨
덴과 러시아를 벗어나 어엿한 핀란드 사람으로 거듭나길 희망한 것이다.

　1900년 전후 핀란드에 더욱 강화된 러시아화 정책은 오히려 그들의 민
족주의 운동을 확산시킨다. 많은 문화예술인은 카렐리아 순례를 통해 영감
을 얻어 낭만적 민족주의에 입각한 예술창작에 노력함으로써 이른바 카렐
리아니즘(Karelianism)이라는 흐름을 낳았다. 작곡가 장 시벨리우스(Jean Sibelius,
1865~1957), 시인 에이노 레이노(Eino Leino, 1878~1926), 화가 아크셀리 갈렌 칼렐라
(Akseli Gallen-Kallela, 1865~1931) 등이 대표적인 예이다. 건축에서는 라르스 송크
(Lars Sonck, 1870~1956) 및 사리넨 트리오, 즉 3인조로 활동한 헤르만 게젤리우스
(Herman Gesellius, 1874~1916), 아르마스 린드그렌(Armas Lindgren, 1874~1929), 엘리엘 사리
넨(Eliel Saarinen, 1873~1950)[2]이 주도적이었다.

2　　엘리엘 사리넨은 핀란드 국민건축가로 간주되는 인물이며, 1923년 미국으로 이주했다. 뉴욕 JFK공항 TWA터미널을 설계한
　　　에로 사리넨(Eero Saarinen, 1910~1961)의 아버지이기도 하다.

핀란드의 민족낭만주의 건축

19세기 말까지 핀란드의 지배적 건축 양식은 신고전주의였다. 다른 유럽 나라와 마찬가지 양상이다. 수도 헬싱키는 러시아에서 활약하던 독일 건축가 칼 루드비히 엥겔(Carl Ludwig Engel, 1778~1840)에 의해 주요 건물과 도시 체계가 엄격한 고전주의의 옷을 입고 있었고, 19세기 후반에도 스웨덴에서 유학한 고전주의 계열의 건축가들이 주류로 활동했다. 하지만 1900년 전후 민족주의 성향의 젊은 건축가에게 고루한 아카데미즘이나 무의미한 역사 양식의 반복은 극복의 대상이 된다. 대신 그들은 주변 열강의 건축 양식에 때 묻지 않은 것으로 여겨졌던 《칼레발라》나 아련한 중세의 이미지로 눈을 돌린다. 이들의 민족낭만주의 건축은 크게 토착 목조건축 형식, 중세 석조건축 형식, 혼합 형식의 셋으로 나눌 수 있다.

토착 목조건축 형식은 대개 카렐리아 지방의 목조 농가를 모델로 삼은 것으로, 민족주의 예술가들의 작업실 겸 주거건축에 차용되었다. 갈렌 칼렐라의 통나무집인 칼렐라(Kalela, 1891~1895)가 대표적인데, 숲속 호숫가에 자리한 까닭에 핀족의 삶의 터전이 되어 온 모토(母土)에 대한 애정과 밀착을 상징한다. 스튜디오로 사용하는 중앙 홀은 핀란드 농가의 중심 공간이자 다목적실인 투파(tupa)적 성격을 띠며, 영국 수공예운동[14쪽 참조]의 영향을 받은 실내 가구와 조각, 직물류 등 역시 카렐리아를 모티브로 했다.

중세 석조건축 형식은 대체로 규모가 큰 공공건축물에 반영되었다. 이 유형의 건물은 교회당의 첨탑이나 성곽의 파사드로 픽처레스크한 실루엣을 창조하고 디테일에 야생 동식물이나 《칼레발라》 이미지를 조각한 경우가 많아 민족의 신화적 과거에 대한 낭만적 향수를 자아낸다. 여기에서 주목해야 할 바는 화강암이나 동석(soapstone)이 건축 재료로서 어떻게 인식되고 사용되었는지에 있다. 화강암은 이 나라에서 가장 흔하고 단단해 "핀란드 정신의 육중함"을 드러내는(Vilhelm Helander and Simo Rista, *Modern Architecture in Finland*, 1987) 민족적인 재료로 간주되었는데, 이 돌을 거칠게 깎아 사용한 점은 민족의 고된 역사적 역경과 당시 처했던 수난에 대한 극복 의지를 상징한다고 볼 수 있다. 또한

헬싱키 근교 세우라사리 옥외박물관(Seurassari Open-air Museum)으로 이축된 카렐리아 토착농가의 통나무집 외관과 실내의 중심 공간이자 다목적실인 투파. ⓒ김현섭

게젤리우스+린드그렌+사리넨, 핀란드 국립박물관, 헬싱키, 1902~1912. ©김현섭

게젤리우스+린드그렌+사리넨, 1900년
파리 엑스포 핀란드관. 출처: Alfred Picard,
*Exposition universelle internationale de 1900 a
Paris*, 1902

재질이 비교적 물러 다루기 쉬운 동석마저도 일부러 화강암처럼 거칠게 깎아 쓴 경우가 많았던 사실도 특기할 만하다.[3] 전체적인 석조 디자인은 미국 건축가 헨리 홉슨 리처드슨(Henry Hobson Richardson, 1838~1886)의 로마네스크 양식의 영향을 받은 것으로 이해되기도 한다(Leonard K. Eaton, 1972). 사리넨 트리오가 디자인한 포흐욜라 보험회사(Pohjola Insurance Building, 1899~1901), 핀란드 국립박물관(National Museum of Finland, 1902~1912)과 송크의 탐페레 성당(Tampere Cathedral, 1902~1907) 등이 이 유형에 속한다.

마지막으로 혼합 형식은 전술 한 두 유형을 혼합하거나 주관적으로 차용한 것이다. 사리넨 트리오가 설계한 1900년 파리 엑스포 핀란드관(Finnish Pavilion at the Exposition Universelle) 및 그들의 스튜디오 주택 비트래스크(Hvitträsk, 1901~1903)를 대표 사례라 할 수 있다. 파리 엑스포 핀란드관의 경우 민족낭만의 모티브가 공적 영역으로 확대되었다는 사실과 더불어 '핀란드적인'(것으로 추정되는) 것을 국제무대에 선보였다는 측면에서 의미가 크다.

포흐욜라 석조건축에 새겨진 민족의 낭만

이 가운데 중세 석조건축 형식에 속하는 포흐욜라 보험회사 건물을 좀 더 살펴보자. 민족낭만의 기조를 대외적으로 뚜렷이 표출한 초기 사례일 뿐만 아니라 헬싱키 중심가에 지어져 핀란드 민족낭만의 흐름을 선도했기 때문이다. '포흐욜라(Pohjola)'라는 말 자체가 《칼레발라》에 나오는 '북쪽 나라'를 뜻한다. 포흐욜라 보험회사는 1899년 현상공모전을 통해 지어졌는데, 공모 요강은 대로변에 지어질 이 건물의 입면이 화강암이나 여타의 핀란드 석재를 사용해야 한다고 명시했다. 당시 건축의 우선권은 파사드에 있었다. 흥미롭게도 심사위원단은 사리넨 트리오의 입면 안과 다른 응모자의 평면을 별도로 선택했

---

3   식스텐 링봄(Sixten Ringbom, *Stone, Style & Truth*, 1987)에 따르면, 이처럼 동석을 화강암 다루듯 낭만적으로 사용한 바는 비판의 대상이 되기도 했다. 전통적으로도 핀란드 석조건축의 자재는 거의 화강암에 국한되었는데, 이 점은 여러 석재가 풍부해 이들을 고루 활용했던 북유럽의 여타 나라와 다르다.

포호올라 보험회사 출입구 상세. 《칼레발라》의 캐릭터 및 토착 동식물군을 조각했다. ©김현섭

고, 입면을 평면에 맞춰 조정하도록 요청했다(Ringbom, 1987). 이 사실은 내부 공간과 외피 사이의 불일치를 뜻하기도 하지만, 그만큼 민족의 정체성을 외적으로 표현하는 것이 당시 핀란드 건축에서 얼마나 중요했는지 보여 준다. 건물 평면은 전체적으로 L자형인데, 짧은 면이 중심대로인 동서방향 알렉산테링카투(Aleksanterinkatu)를, 긴 면은 미콩카투(Mikonkatu)를 바라본다. 그리고 둘이 만나는 모서리 상부에는 뾰족탑을 두었다. 그런데 이러한 평면형과 탑의 설정이 주어진 대지에 맞춰 도출될 수 있는 일반해라면, 이 건물을 위한 사리넨 트리오의 특수 해는 물론 파사드의 면 처리와 장식에 관한 것이다. 우선 전체 5층의 입면은 세 레벨로 구분할 수 있다. 1층 하단의 화강암 위로 동석을 매우

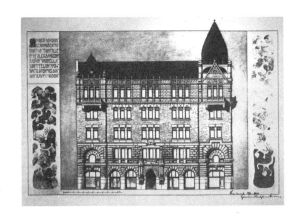

포호욜라 보험회사 알렉산테링카투
쪽 입면도. 출처: Sixten Ringbom,
*Stone, Style & Truth: The Vogue for
Natural Stone in Nordic Architecture
1880-1910*, Vammala, Helsinki, 1987

거칠게 깎아 쌓은 2층까지가 저층 레벨, 돌다듬음의 거칠기가 비교적 순화된 3~4층이 중간 레벨, 그리고 정교하게 다듬은 돌을 사용한 5층과 지붕이 최상 레벨을 이룬다. 이와 같은 거친 돌다듬음(rustication)과 점이(gradation) 수법은 이탈리아 초기 르네상스 팔라초(palazzo) 디자인의 특징이다. 그리고 여러 디테일에서 다양한 디자인 경향이 절충된 바를 감지하게 되는데, 전반적인 돌 사용과 둥근 아치 개구부가 전술했던 리처드스니언 로마네스크를 연상시키고, 탑과 인방 등의 모양은 아르누보적이며, 최상층의 창틀과 같은 디테일은 스페인 건축을 떠올린다.

그러나 이 모든 절충을 핀란드적인 것으로 융합하는 요소가 있다. 그것은 바로 건물 곳곳에 새겨 넣은 다양한 핀란드 동식물군의 장식이다. 특히 알렉산테링카투 쪽 입면 중앙에 놓인 주출입구를 보자. 쌍기둥 및 조각 장식이 출입구와 2층 창의 좌우와 상단을 틀 짓고 있다. 여기에 새겨진 여러 마리의 곰과 다종의 야생식물이 쉽게 눈에 들어온다. 그리고 양쪽 문설주 하부에 조각된 두 쌍의 신화적 캐릭터는 'POHJOLA' 및 'KULLERVO'라는 글자와 함께 《칼레발라》 전설로 자연스레 연계된다.[4] 이로써 민족의 정체성에 대한 낭만적 서사가 건축물에 단단히 구축된 것이다. 포호욜라 보험회사가 세워지자 사람

---

4   쿨레르보(Kullervo)는 《칼레발라》에 나오는 비극적 등장인물의 이름이다.

들은 호기심과 놀라움과 즐거움으로 이 건물을 바라보았고, 이것은 헬싱키에서 가장 인기 있는 건물이 되었다고 전한다(Ringbom, 1987).

핀란드 민족낭만주의 건축의 한계 및 의의

세기의 전환점에서 민족을 향한 핀란드 건축의 진한 연모는 낭만을 낳았다. 그러나 이 로맨스는 순정으로 뿐만 아니라 일탈로 읽히기도 한다. 이성주의 계열의 비평가들은 이들의 장식과 절충주의, 자기 탐닉을 혹독히 비판했고, 대신 기계시대에 발맞춰 "서양문화 공통의 국제주의"로 이행할 것을 촉구했다. 그리고 민족낭만주의(National Romanticism)라는 용어는[5] 이 흐름의 환상적 요소를 강조하기 위해 1920년대 처음 사용된 말로서 그 적확성(的確性)에도 이견을 야기한다. 영국 수공예운동이나 미국 리처드슨 건축의 영향을 받았고 유럽대륙 아르누보의 한 분파로도 간주되는 저간의 사정은 이들의 건축이 꼭 '민족적'이지만은 않음을 암시한다. 서두에서도 언급했지만, 민족과 낭만이라는 단어가 수반하는 모호성과 부정적 뉘앙스를 생각해 보라. 이리 볼 때, 1900년 전후의 핀란드 민족낭만주의 건축은 한 주변 국가의 사소한 에피소드 정도로 치부될 수도 있다. 하지만 서양 근대건축사의 흐름을 기능주의나 국제주의로의 수렴이라는 단선적 관점으로만 바라보길 거부한다면, 그래서 근대건축의 다양한 면모가 긍정적으로 재고되고 있음과 이러한 토양이 있었기에 가능했던 이후의 건축적 결실을 인정한다면 핀란드 건축의 민족적 로맨스는 무의미하지 않아 보인다. 특히 그들의 낭만이 약소민족이 처했던 독립에의 간절한 열망이라는 특수하면서도 보편적인 상황에서 비롯된 것이라면 말이다. 일탈이라 하기엔 그들의 순정이 너무도 서럽지 아니한가!

김현섭

---

5   핀란드의 민족주의 운동을 강조하기 위해 'National Romanticism'을 민족낭만주의로 옮겼지만 이는 국가낭만주의라는 말로도 번역이 가능하다. 같은 시기 핀란드 이외의 북유럽 국가와 독일에서도 비슷한 흐름의 건축이 있었는데, 이에 대해서는 바바라 밀러 레인(*National Romanticism and Modern Architecture in Germany and the Scandinavian Countries*, 2000)을 참조할 만하다.

리처드스니언 로마네스크

리처드스니언 로마네스크(Richardsonian Romanesque)는 미국의 건축가 헨리 홉슨 리처드슨이 19세기 후반 발전시킨 로마네스크 부흥 양식을 일컫는다. 중세의 로마네스크는 초기 기독교 양식과 고딕 양식의 사이에서 11~12세기의 서유럽을 중심으로 번성한 양식으로, 둥근 아치와 볼트, 묵직한 벽면, 교대식 지지체계(alternating support system)를 통한 실내 구획 등이 주요 특성이다. 리처드슨은 이러한 로마네스크의 요소를 자유롭게 수용하며 자신만의 독창적 스타일로 만든다. 그가 관심을 둔 것은 역사 속의 양식이 아니라 로마네스크가 품었던 원초적 힘과 활력이었다. 그가 거칠게 돌을 깎고 쌓은 방식과 건물 전체 매스를 구성한 방식은 많은 이들에게 강력한 재질감과 인상을 선사했다. 니콜라우스 페프스너는 리처드슨에게 와서야 비로소 미국이 스스로 건축적 표현을 하게 되었다고 평한 바 있다(Outline of European Architecture, 1972). 그의 건축은 루이스 설리번을 비롯한 많은 미국

건축가에게 영향을 주었고, 유럽 여러 나라의 건축에서도 그의 영향력을 감지할 수 있다. 포흐욜라 보험회사에서 보았듯, 핀란드의 민족낭만주의 건축이 그 좋은 예이다. 리처드슨은 미 남부의 루이지애나 출신으로 하버드를 거쳐 파리의 에콜 데 보자르(Ecole des Beaux-Arts)에서 건축을 공부하고 실무를 익힌 인물이다. 귀국 직후 그의 초기작에서는 다양한 디자인 경향을 읽을 수 있다. 그러나 그는 1870년대에 들어서며 로마네스크 양식을 성공적으로 도입해 자신의 명성과 입지를 확고히 구축하게 된다. 보스턴의 브래틀 스퀘어 교회(Brattle Square Church, 1870~1872)와 트리니티 교회(Trinity Church, 1872~1877)가 출발점이었다. 이후 그는 자신의 건축 어휘를 더욱 발전시켜 시카고의 마셜필드 도매상점(Marshall Field Wholesale Store, 1885~1887)과 피츠버그의 앨러게니 법원(Allegheny County Courthouse, 1883~1888)에서 리처드스니언 로마네스크의 전형을 보여 주게 되었다.

진정한 지속가능 건축

안토니 가우디의 콜로니아 구엘 성당

1898~1918(미완성)

©Daniel Garci_a Peris

"저기 저 나무가 내 선생이다."

호안 베르고스 마소, 《가우디. 사람과 작품》, 1999

19세기에 유럽에서 가장 영향력 있는 비평가를 꼽으라 하면 독일의 건축가이자 예술 비평가 고트프리트 젬퍼(Gottfried Semper, 1803~1879), 영국에서 활동한 프랑스 출신 건축가 퓨진, 프랑스의 비올레르뒤크, 영국의 예술 비평가 러스킨을 들 수 있을 것이다. 워낙 유명한 비평가들이라서 당시 유럽에서 건축을 한다는 사람치고 이들의 책을 한두 권 읽지 않은 이는 없었을 것이다. 어떤 비평가의 생각에 동의하는가에 따라 건축 결과는 다르게 나타났다. 러스킨과 퓨진으로부터는 영국 수공예운동이, 비올레르뒤크로부터는 합리주의의 계보와 철(iron)이라는 재료에 반응한 불어권 아르누보가, 젬퍼로부터는 오스트리아를 중심으로 건물의 표피에 반응한 제체시온이 촉발되었다. 이 비평가들이 소리 높여 주장한 이야기를 한마디로 압축한다는 것은 많은 오류를 범하는 것이겠지만 러스킨은 건축에서 도덕성과 사회성, 퓨진은 진실성과 종교적 신념, 비올레르뒤크는 구축의 합리성, 젬퍼는 건축의 기원으로 미학적·문화적 요소를 건축 담론의 중심에 두었다고 할 수 있다. 어떤 비평가가 그 시대를 잘 읽고 반응했는지 옳은가 그른가를 논하는 것은 의미가 없다. 마치 장님 코끼리 만지기와 같다. 여러 장님이 경험한 코끼리의 상을 종합하면 전체 모습이 그려지듯이 이들의 주장을 다 합하면 온전한 건축의 미덕이 그려진다. 건축이라는 행위는 장소와 그 지역에 사는 사람들의 문화적 맥락에 반응해야 한다. 미학적이며 구축을 위한 재료와 세우는 방법이 합리적이어야 한다. 결국 건축은 사회적인 행위의 결과로 도덕성과 진실성을 필요로 한다. 자본이 아직 건축을 장악하기 전의 참 아름다운 이야기다.

가우디에 대한 극과 극의 평가

서론이 왜 이렇게 길었냐 하면 19세기 후반 유럽에서 건축의 미덕을 자신의 건축에 오롯이 드러낸 안토니 가우디(Antoni Gaudi, 1852~1926)에 대한 이야기를 할 것이기 때문이다. 지금이야 바르셀로나의 영웅이라고 할 만큼 위상이 대단하지만 활동 당시 가우디 건축의 평가는 극과 극을 달렸다.

　가우디의 작품들은 근대적 흐름을 좇는 영국의 젊은 건축가 집단에서는 그다지 환영받지 못했고 그 만큼 평가도 혹독했다. 가우디의 최대 후원자인 에우세비 구엘(Eusebi Güell, 1846~1918)은 무역을 통해 영국의 건축에 익숙했고 가우디 스스로도 퓨진과 러스킨의 사상에 깊이 매료되어 있었으나 영국에서 가우디에 대한 평가는 이상하게 박했다. 반면 독일의 건축가 발터 그로피우스는 사그라다 파밀리아(Sagrada Familia, 1888~)를 "구조적으로 완벽하다."고 했으며 미국의 루이스 설리번은 "예술혼의 결정체"라고 했다. 그러나 국제적으로 가우디의 건축이 주목을 받기 시작한 것은 1950년대 이후다. 시대에 따라 관점이 바뀌니 평가가 변하는 것이야 당연하지만 굳이 그 이유를 찾는다면 그건 아마도 가우디의 건축에는 앞서 언급한 네 비평가의 주장이 골고루 보이기 때문일 것이다. 스페인의 초현실주의 화가 살바도르 달리(Salvador Dali, 1904~1989)는 가우디의 작품에 친근감을 가졌으며 스페인의 건축가 호세 루이 서트(Josep Lluis Sert, 1902~1983)는 1953년부터 1969년까지 하버드 건축대학의 학장으로 있으면서 영어로 가우디의 건축을 소개했다. 이 같은 움직임 때문이었을까. 1957년에는 뉴욕 현대미술관(MoMA)에서 가우디 건축 특별전이 열렸

지금도 지어지고 있는 가우디의 사그라다 파밀리아. ⓒFredrik Rubensson

다. 당시 건축역사학계의 거물이었던 헨리 러셀 히치콕(Henry Russell Hitchcock, 1903~1987)이 서문을 작성했다.¹

---

1   히치콕은 10쪽이나 되는 긴 서문을 마무리하며, 가우디의 건축이 극히 개인적이고 독특해 따라하거나 흉내 낼 수는
     없지만 공간과 형태가 만들어 내는 예술적 감흥과 여러 가지 재료를 다양하게 적용하는 방법들이 아카데미즘에
     침착되어 있는 건축계에 활력을 줄 것이라고 했다. 흥미롭게도 그는 가우디를 좋아한다고 해서 굳이 미스 반 데어
     로에를 싫어할 이유는 없다고 하며 묘한 여운을 남겼다.

가우디 건축 실험의 집합체, 콜로니아 구엘 성당

대부분 가우디하면 사그라다 파밀리아를 떠올리는데, 필자는 미완의 성당 콜로니아 구엘 단지 내에 있는 노동자를 위한 성당(Church of Colònia Güell, 1899~1918, 미완성)을 들고 싶다. 이 성당은 애초 바르셀로나 근교에 구엘이 계획한 자립형 도시 시설의 일부로 계획되었다. 완성되었으면 사그라다 파밀리아보다 더 대단했을 것이다. 가우디가 이 성당 작업을 하면서 여러 가지 구조 실험을 포함해 갖가지 건축적 실험을 했기 때문이다. 가우디는 이 성당을 위해 아예 역중력 구조모델을 만들었다. 가우디는 고딕건축에서 수직하중을 분산시키는 부벽(Buttress)의 필요성에 항상 의문을 품었고 자연을 닮은 완벽한 구조라면 부벽은 사라져야 한다고 생각했다. 그는 폴리푸니쿨라(Poli-Funicula)라는 장치로 하중을 역으로 해석해 가장 적합한 구축 현수곡선을 찾아냈고, 실험 결과의 일부가 콜로니아 구엘 성당에 반영되었다.

부벽의 대안으로 가우디가 고안한
폴리푸니쿨라 장치.

콜로니아 구엘 성당 초기 스케치, 1908.

　가우디의 건물은 재료부터 강한 지방색을 띤다. 이 성당에 사용된 재료
는 근대적 재료인 콘크리트부터 그 지역의 흙으로 만든 벽돌, 현무암과 화산
암 등이다. 그가 태어나고 자라난 카탈루냐의 자연은 그에게 영감의 보고였
다. 실무 초기에 카탈루냐 유람협회라는 조직에서 프랑스 남부 툴루즈 답사
의 실망 이후 단 한 번도 스페인을 떠난 적이 없는 그는 지독한 카탈루냐 지

콜로니아 구엘 성당 내부. ©Maria Rosa Ferre

역주의자였다. 젬퍼의 건축의 기원에 반응하듯이 초기 가우디 건물의 외피는 카탈루냐의 강한 지역주의와 네오 무데하르(Neo-Mudéjar) 양식[2]이 결합되어 묘한 시각적 충격을 주고 있다. 당시 아르누보 건축의 흐름이 철이라는 신 재료의 물성과 형태에 반응했다면 가우디는 철, 석재 그리고 타일 등 재료의 사용에 한계가 없었다. 가우디에게 건물의 표피는 그야말로 카탈루냐의 민족성을 드러내는 캔버스였다.

가우디의 건축은 불어권의 아르누보 건축과 같이 국제주의적 관점에서 본다면 시대착오적이다. 수공예운동보다 더 수공예적인 태도는 근대적 패러다임 중 하나인 생산성과도 맞지 않고 특히 강한 지방색을 드러내는 오너먼트와 재료는 그 사회적·문화적 배경을 이해 못하는 사람에게는 거부감을 줄 수 있다.

---

2   19세기 말 스페인 마드리드를 중심으로 일어난 이슬람 건축 복고 양식

카탈루냐 자연을 잘 보여 주는 바르셀로나 근교의 몬세라트 바위산. ©yonolatengo

진정한 지속가능 건축

가우디의 마지막은 기차역 화장실에서 급사한 루이스 칸(Louis Kahn, 1901~1974)
처럼 비극적이다. 가우디는 사그라다 파밀리아의 작업을 마치고 귀가 중 전차
에 치었고 그의 행색이 부랑인처럼 보여 3일 동안 방치되어 제대로 된 치료도
받지 못한 채 세상을 등졌다. 하지만 가우디의 장례는 아주 성대했고 3일 내
에 교황의 승인을 받아 사그라다 파밀리아에 안치되었다. 평생을 건축과 종교
에 귀의한 성직자와 같은 그의 삶이 바르셀로나 시민들에게 인정받은 것이다.
그가 세상을 뜬 지 85년이 되었지만 가우디의 구조적 실험은 구조기술자이자
건축가인 산티아고 칼라트라바(Santiago Calatrava, 1951~)의 작품에서 다시 빛을 발
하고 지역적 가치는 엔릭 미라에스(Enric Miralles Moya, 1955~2000)의 건축에서 오롯
이 드러나고 있다.

근래 건축계에는 지속가능이라는 말이 화두였다. '환경을 훼손하지 않고
지속성을 유지하는……'이라는 의미로 사용되었을 것이다. 이 단어의 개념 안
에는 당연히 시간성이 내포되어 있다. 지금 당장 친환경적인 건축 행위를 한
다고 해서 결과가 나오는 게 아니란 말이다. 이런 태도와 행위가 꽤 오랫동안
지속되고 그 효과는 아주 천천히 나타날 것이다. 비단 에너지뿐 아니라 문화
현상도 마찬가지다. 지속가능이라는 의미는 환경뿐 아니라 문화도 지속해야
만 비로소 완전해진다. 이것이 진정한 지속가능 건축이 아닐까?

강태웅

폴리푸니쿨라

다중이라는 의미의 스페인어 '폴리(poli)'와 현수라는 의미의 '푸니쿨라(funicular)'의 합성어다. '다중 현수'로 옮길 수 있다. 푸니쿨라는 재료공학에서 주로 사용한다. 현수(懸垂)는 양쪽 끝에 줄을 고정한 것을 의미한다. 이렇게 줄을 매달면 중력에 의해 늘어져서 곡선이 만들어지는데, 이런 곡선을 현수선 또는 현수곡선이라고 한다. 이 곡선은 인장력을 잘 견디는 줄과 같이 길이 방향의 형태를 갖는 재료가 중력을 극복하는 최적의 형태다. 현수곡선을 거꾸로 뒤집으면 이번에는 압축력에 최적으로 반응하는 형태가 된다. 현수곡선은 아치곡선하고는 조금 다르다. 아치곡선은 중심점이 있는 하나의 곡선이다. 보다 넓은 내부공간을 만들기 위해 이 아치곡선의 끝은 수직의 기둥으로 지지한다. 이로 인해 그 기둥에 벌어지려 하는 힘이 발생한다. 이것의 보완을 위해 부벽을 세워야 했다. 아치 구조는 이 문제 때문에 규모에 한계가 있었다. 반면 현수곡선은 벌어지려 하는 힘이 발생하지 않는다. 따라서 현수곡선을 다중으로 쌓아올리면 규모도 키우면서 보다 안정적인 건물의 시공이 가능하다. 지금이야 컴퓨터가 있어 가능하겠지만 가우디 생존 당시에는 이러한 복잡한 구조의 계산이 불가했다. 이를 가능하게 한 것이 바로 다중 현수구조 실험 장치다. 천장에 예상되는 건물의

기초를 결정해 그 기초로부터 줄을 매달아 현수곡선을 만든다. 줄 중간중간에 예상되는 하중의 추를 매달고 다시 그 현수곡선에 다른 줄을 매달아 또 다른 현수곡선을 만든다. 높이가 올라가는 것이다. 이렇게 해서 전체 건물의 축소 현수곡선 모형이 완성된다. 이것을 뒤집으면 건물의 뼈대가 된다.

폴리푸니쿨라 모형, 위 사진을 뒤집으면 아래 사진처럼 실제 구조 모형이 된다. 출처: Wikipedia Creative Commons

미래파 신도시를 꿈꾸다

안토니오 산텔리아의 라 치타 누오바

1914

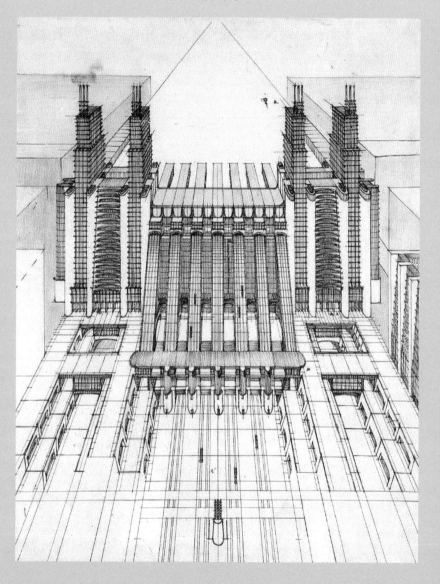

우리는 우리의 현대 도시를 발명하고 다시 새롭게 건설해야 한다.
그것은 거대하고 떠들썩한 조선소와 같은데, 능동적이고 유동적이며,
모든 곳이 다이내믹하다. 그리고 현대 건축물은 커다란 기계와 같다.

안토니오 산텔리아, 〈메시지〉, 1914년 5월

유럽의 근대주의 건축운동에서 제1차 세계대전이 일어난 1914년은 무척 중요한 시점으로 간주된다. 청년 샤를 에두아르 잔느레(Charles-Édouard Jeanneret), 후일의 르코르뷔지에[1]가 돔이노 시스템(Dom-ino System 1914~1915)을 창안한 것은 바로 전쟁 후의(전쟁의 범위가 이리 확장될 줄을 그가 비록 몰랐지만) 신속한 복구사업을 위해서였다[218쪽 각주 2번 참조]. 발터 그로피우스의 독일공작연맹 전시관도 1914년의 작품이다. 니콜라우스 페프스너의 《근대주의 운동의 선구자들: 윌리엄 모리스에서 발터 그로피우스까지》(1936)에 따르면, 전쟁 전까지 전개되던 건축운동의 흐름은 여기에서 일단락되며 종합을 이룬다. 그로피우스는 스승 페터 베렌스의 AEG 터빈 공장(AEG-Turbinenfabrik, 1908~1909)을 발전시켜 파구스 공장(Fagus Fabrik, 1911~1912)에서 공업화시대에 맞는 건축적 가능성을 선보였는데, 견본 공장(model factory)으로도 알려진 독일공작연맹 전시관에서 이른바 '공장 미학(factory aesthetics)'을 더욱 공고히 확립할 수 있었다. 정면의 좌우에 마련된 나선형 계단실을 보면, 군더더기 없는 계단의 구조적 합리성과 경쾌한 상승 움

---

1   그는 아메데 오장팡(Amédée Ozenfant, 1886~1966)과 1920년부터 발행한 순수파 잡지 《에스프리 누보》를 위해 르코르뷔지에라는 필명을 사용하기 시작했다.

직임이 전체를 감싸는 투명한 유리 외피로 고스란히 드러난다. 최신의 기술과 투명성의 이상이 건축적으로 표상된 단면이다.

1914년이 중요한 까닭은 이뿐만이 아니다. 독일공작연맹 전시회와 관련된 여타 이슈[2]를 논외로 하더라도, 그 해에는 모더니즘의 흐름 가운데 간과할 수 없는 또 다른 중요한 발자국이 있었다. 그것은 바로 26세의 이탈리아 건축가 안토니오 산텔리아(Antonio Sant'Elia, 1888~1916)가 제안한 미래주의 신도시의 개념과 그림이다. "라 치타 누오바(La Città Nuova)", 문자 그대로 '신도시'라 명명된 이 일련의 스케치는 그가 여러 동료와 결성한 '신경향(Nuove Tendenze)'이라는 그룹의 전시회에 출품했던 작품이다. 그는 전시회 카탈로그에 그 스케치들의 소개말 격인 〈메시지(Messaggio)〉(1914년 5월)라는 글을 덧붙였다. 이 글에 따르면 우리는 도시를 완전히 새롭게 건설해야 하는데, 그러한 도시와 건축은 마치 커다란 기계와 같을 것이다. 예컨대 계단은 더 이상 필요가 없고, 유리와 철의 엘리베이터가 건물 정면에서 오르내리며, 메트로폴리스의 교통체계는 마치 고속의 컨베이어 벨트와 같다.

이탈리아의 미래주의 예술운동

산텔리아의 스케치와 글은 당시 이탈리아에서 한창이던 미래주의 예술운동의 한 부분으로 이해할 수 있다. 미래주의(Le Futurisme)는 필리포 토마소 마리네티(Filippo Tommaso Marinetti, 1876~1944)라는 시인에게서 시작되어, 미술과 조각의 시각예술 장르로 확산되었고, 결국 건축에까지 이른 것이다. 프랑스 신문《르피가로(Le Figaro)》(1909년 2월 20일자)에 출판한 〈미래주의 선언(Manifeste du Futurisme)〉에서 마리네티는 과거의 전통을 신랄하게 비판하며 당대 메트로폴리스의 집산적 역동성과 그 힘의 분출을 예찬한다. 그리고 무정부주의적 어조로 혁명적 변화와 속도에 대한 갈망을 표현했다. "우리는 세계의 영광이 새로운 아름다

2 　브루노 타우트의 글라스 파빌리온, 그리고 헤르만 무테지우스와 앙리 반 드 벨데 사이에 벌어진 표준화와 예술가의 역할의 우선권을 둘러싼 논쟁을 기억하자.

필리포 토마소 마리네티, 〈미래주의 선언〉, 《르피가로》, 1909년 2월 20일자.

움, 즉 속도의 아름다움으로 강화되었음을 선포한다. 불을 내뿜는 뱀과 같은 배기 파이프와 보닛을 걸친 경주용 자동차는 그리스의 여신 니케보다도 더 아름답다. …… 우리는 현대 메트로폴리스에서 노동자들과 행락객들과 폭도들이 거대한 군중을 이루는 것을 찬양한다. 우리는 …… 비행기 프로펠러가 힘센 군중들의 환호성 소리를 내며 깃발처럼 바람에 세차게 나부끼는 것을 찬양한다." 여기에서 마리네티가 자동차와 비행기 등 당시의 과학기술이 낳은 최신의 기계에 매료된 점은 곧 등장할 르코르뷔지에를 예견한 것으로도 볼 수 있다. 하지만 근대적 기계를 그리스 신전과 병치시켰던 르코르뷔지에(*Vers une architecture*, 1923)와 달리 마리네티는 모든 종류의 과거를 부정했다. 이러한 과거에 대한 총체적 부정은 미래주의 건축을 위한 토대가 되었다.

시인 마리네티의 미래주의를 이어받은 화가와 조각가 중에서는 움베르토 보초니(Umberto Boccioni, 1882~1916)를 특기할 만하다. 보초니는 미래주의에 대한 시각적 표현 방법을 찾기 위해 애쓴 예술가이다. 예를 들어보자. 1911년의 회화 "마음의 상태: 이별"은 메트로폴리스의 군중과 기관차의 역동성을 강렬한 색

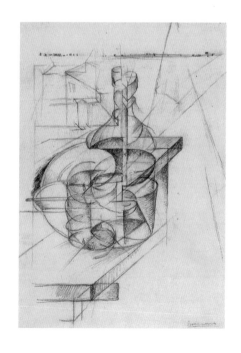

움베르토 보초니, 병+테이블+주택(Bottiglia+Tavola +Caseggiato), 1912. 미래파 예술가 보초니는 분절된 형태의 상호관입과 투명성을 통해 새로운 공간 개념을 제시하고 있다. 출처: Civico Gabinetto dei Disegni– Castello sforzesco, Milan

채와 파편화된 형태들의 결합 속에 그려 낸 것이다. 그리고 1912년의 "병+테이블+주택"은 분절된 형태의 상호관입과 투명성을 통해 시공간의 동시성을 제시한다. 근대 도시에 분출되는 힘이라든가 입체파의 영향을 받은 콜라주 기법과 '시간-공간' 개념에는 미래의 건축에 대한 감수성이 스며들어 있다. 그런데 미래주의 건축에 대한 보초니의 감성은 그림을 통해서보다는 역시 글을 통해 더 직접적으로 표출된다. 1910년과 1912년 미래주의 회화와 조각에 대한 각각의 선언문을 작성한 이도, 1913년 미래주의 조각전의 카탈로그에 서문을 쓴 이도 보초니였다. 그는 1912년의 선언문에서 과거 건축 양식의 지속을 비판한다. 또한 "병+테이블+주택"이 내포했듯 오브제가 주변과 결합되는 상황을 암시하기도 했는데, 그러한 암시는 상당히 건축적이다. 이 점은 1913년의 글로 명확히 발전했다. "따라서 나의 이상은 피라미드 형태의 (정적 상태의) 건축이 아니라 (역동성의) 나선형 건축이다. …… 더구나 내가 끝없는 연구 가운데 추구하는 바는 면과 면의 상호관입을 통해 환경과 오브제를 완전히 융합하는 것이다."[3]

라 치타 누오바

이와 같은 마리네티와 보초니 등의 어젠다는 산텔리아의 미래주의 건축을 위한 중요한 참조점이 되었다. 그런데 미래주의의의 영향권에 들기 전의 산텔리아는 오히려 비엔나 제체시온의 모티브를 품은 이탈리아 아르누보의 기류 속에 있었다.[4] 몬자 공동묘지 계획안(New Cemetery in Monza, 1912)이 좋은 예이다. 건물 몸체는 꽤 육중하고 기념비적이지만 장식적 요소가 다분하다. 특히 정면 쌍탑의 상부

---

3   그런데 역설적이게도 나선구조나 투명성과 금속성의 오브제가 바로 주변 환경으로 확장될 수 있다는 암시는 미래주의 건축보다 오히려 러시아의 입체-미래파적 구축주의(Cubo-Futurist Constructivism)에 더 영향을 준 것으로 보인다.

4   비엔나 제체시온은 1897년 건축가 요셉 마리아 올브리히(Joseph Maria Olbrich,1867~1908)와 요제프 호프만이 화가인 구스타프 클림트 등과 함께 아카데미즘에 반기를 들며 창설한 분리파 그룹이다. 올브리히의 제체시온관(1897~1898)에서 보듯 그들의 디자인은 고전적 건물 매스를 훨씬 단순화시켰고 거기에 독특한 문양을 곁들인 것이 특징이다. 비록 오토 바그너의 영향을 받은 올브리히가 아르누보의 지나친 장식성을 새로운 데카당스로 여겼지만, 비엔나 제체시온은 유럽 전역에 걸친 아르누보의 한 분파로 여겨진다. 이탈리아 아르누보는 리버티 스타일(Stile Liberty) 혹은 플로럴 스타일(Stile Floreale)로 불렸다.

안토니오 산텔리아, 몬자
공동묘지 계획안, 1912.
미래주의의 영향을 받기 전
아르누보의 경향을 보여 주는
디자인이다.

안토니오 산텔리아, 밀라노
중앙역 재건 공모전을 위한
스케치, 1912. 항공기 활주로를
포함하고 있다.

안토니오 산텔리아, 라 치타
누오바, 1914. 다층의 도시 구조와
고층건물군이 결합된 부분을 보여
주는 투시도.

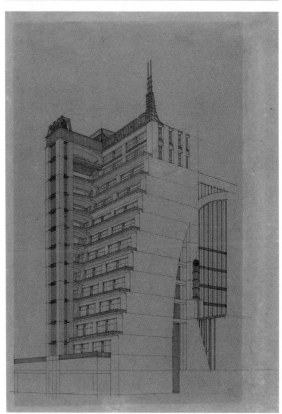

안토니오 산텔리아, 라 치타 누오바,
1914. 계단식 주거로 명명된 스케치.

가 돔과 유사하면서도 독특한 디자인으로 마감된 점이 눈길을 끈다. 하지만 같은 해 밀라노 중앙역 프리핸드 스케치에서(여기에는 비행기 착륙장도 포함되었다) 그는 미래주의적 역동성을 슬며시 드러내며 변화의 기운을 시사했다. 그리고 이 스케치는 훨씬 더 직선적이고 매끈한 형태로 발전해 "라 치타 누오바"에 포함된다.

그러면 어디 "라 치타 누오바"를 살펴볼까. 우선 이 제목을 갖는 스케치들에는 도시의 구체적인 콘텍스트나 전체를 아우르는 평면이 존재하지 않는다. 대신 그림마다 신도시의 부분 부분이 묘사되어 있는데, 가장 완성된 형태를 갖는 스케치에는 (두 해 전의 밀라노 중앙역 아이디어가 발전한) 항공기 및 철도 복합역사 조감도, 고층건물군이 여러 층의 도시구조와 결합된 그림, 그리고 계단식 주거(Casa a Gradinate)로 명명된 아파트 블록의 투시도 등이 있다. 이들을 통해 우리는 다층의 도시조직을 인식할 수 있고 건축물과 교통체계를 다양한 레벨에서 교차시키고자 하는 건축가의 생각을 간파하게 된다. 수직과 수평의 동선을 담당하는 엘리베이터 타워와 브리지, 콘크리트 블록과 철제 트러스의 대비, 건물 꼭대기의 송신탑, 그리고 이 같은 구성에 힘과 속도를 부여하는 도면상의 날카로운 직선의 반복 역시 전통에서 탈피한 새로운 도시를 형상화한다. 또한 이 스케치들은 자연의 요소를 완전히 소거함으로써 철저한 기계주의의 사회를 그리고 있다. 이러한 다층의 도시구조와 거대 메커니즘은 당시 고밀도의 도시로 성장 중이던 뉴욕의 상황에서 영향 받은 것으로 보인다. 하지만 산텔리아의 스케치에서는, 비교적 최근의 것이기는 하나 과거의 흔적을 여전히 감지할 수 있다. 일부의 경우 19세기의 창고나 다리 구조물이 연상되기도 하며, 여러 건물의 외양에는 추상화된 형태 속에서도 아르누보의 분위기가 감돈다. 그리고 건물 매스가 비스듬한 각도로 솟아오른 점이나 낮은 시점에서 그것을 작도한 점 등은 비엔나 바그너파(Wagnerschule)의 특성을 상기시킨다.[5] 즉 산텔리아는 미래주의 신도시에서도 자신의 과거 디자인 성향을 엿보인 것으로 볼 수 있다.

---

5   바그너파는 오토 바그너와 그가 비엔나 예술학교에서 가르친 제자들의 디자인 방식을 총칭한다. 올브리히와 호프만도 이 그룹에 속할 수 있지만, 제체시온과 바그너파의 공유점과 차이점은 매우 복합적이다.

이러한 점과 더불어 우리는 산텔리아의 글 〈메시지〉와 그림 "라 치타 누오바"가 꽤 모순적이라는 사실에 주목할 필요가 있다. 글은 가벼움과 투명성을 강조하지만, 그림에는 거대한 매스와 기념비적 구조물이 두드러진다. 글은 메트로폴리스의 역동성과 군중의 힘을 발산하지만, 그림은 훨씬 정적일 뿐만 아니라 군중이 아예 화폭에서 배제되어 있다. 오히려 이 도시는 현장으로부터 초연한 관찰자에 의해 조망되고 있는 상황이다. 이와 같은 불일치는 산텔리아가 어느 시점에 미래주의 예술가들과 관계 맺었는지에 대한 논란을 낳기도 했는데, 앞에서 암시했듯 그는 자신의 건축(드로잉) 경향을 상당 부분 확립한 상태에서 미래주의에 접속했다고 판단된다. 흥미롭게도 1914년 5월의 〈메시지〉에는 'futurista/e'라는 단어가 단 한 차례도 들어가지 않았지만, 약 2개월 후 마리네티의 도움으로 수정 보강된 〈미래주의 건축선언(L'ARCHITETTURA FUTURISTA: Manifesto)〉(1914년 7월)에는 이 말이 여러 곳에 삽입되었다. 그리고 그의 스케치에도 "라 치타 누오바"가 아닌 "라 치타 푸투리스타(La Città Futurista)"라는 이름이 붙여졌다. 이러한 마리네티의 자극은 산텔리아의 건축이 지속적인 변화와 역동성, 그리고 자유에 대한 미래주의적 이상을 더욱 강력히 개진할 수 있게 했다.

보수적 현실에 대한 안티테제

그렇게 볼 때, 1912년이나 늦어도 그 이듬해부터 이미 미래주의의 영향을 받았던 산텔리아가 마리네티와의 훨씬 더 직접적인 교분을 나누게 된 시점은 1914년 여름이었을 것으로 추정된다. 아무튼 분명한 점은 그가 미래주의 예술가들과 깊이 교류하며 '건축의 미래'를 앞당기고자 했다는 사실이다. 하지만 아쉽게도 그는 자신의 아이디어를 현실세계에서 구현할 기회를 갖지 못했다. 다른 미래파 동료들과 함께 친파시스트적 성향을 보였던 그는 1915년 조국 이탈리아를 위해 참전했고, 이듬해 스물여덟이라는 젊은 나이에 전사하고 말았기 때문이다. 보초니도 그보다 두 달 전 훈련 중 사망했으니, 이제 막 만개했

안토니오 산텔리아,
〈미래주의 건축선언〉, 1914년 7월 11일자. 4면 중 1면.

던 미래주의 건축의 꽃이 갑작스레 시들어 버렸다고 볼 수 있다.[6] 아이러니하
게도 그들이 찬양했던 공업화에 힘입은 전쟁으로 말이다. 산텔리아에게 실제
의 프로젝트가 주어졌다면 과연 어떠한 작품이 가능했을까? 자못 궁금하다
하지 않을 수 없다. 그러나 '꿈'은 온전한 성취로서만 의미 있는 것이 아니라
그 저변의 사회적 인식구조에 작은 균열을 줌으로써 더 큰 가치를 획득하는
법. 그의 미래주의 건축과 도시는 현실세계의 여전한 보수성에 대한 안티테제
로서 중요한 역할을 했고, 한창 진행 중이던 근대건축운동에도 비옥한 자양
분을 제공했다고 할 수 있다.

산텔리아의 미래파 아이디어는 동세대 토니 가르니에(Tony Garnier,
1869~1948)의 공업도시(Cité Industrielle, 1904/1917)와 르코르뷔지에의 현대도시(Ville
Contemporaine, 1922), 그리고 1960년을 전후한 메타볼리스트와 아키그램의 공상
과학적 도시계획안과도 비교해 봄직하다.

김현섭

---

6   비록 마리네티가 지속적인 활동을 했지만 전쟁 후의 상황은 완전히 달랐다. 전쟁 직후의 건축에서 미래주의 개념이 계승된
     곳은 구축주의의 러시아였다.

토니 가르니에의 공업도시와 르코르뷔지에의 현대도시

안토니오 산텔리아와 동시대를 살았던 유럽 모더니스트들의 도시계획안은 어떠했을까? 토니 가르니에의 공업도시와 르코르뷔지에의 현대도시를 간략히 살펴보자.

가르니에의 공업도시는 로마 상(Prix de Rome) 수상자로 로마에 머물던 당시(1901~1904) 구상해 1904년에 전시한 계획안이며, 1917년 출판되었다. 이 계획안은 35,000명의 인구를 수용할 수 있는 공업화된 근대 도시의 모델을 제시한다. 거대한 도시 축을 활용한 점에서 프랑스 도시계획의 전통을 상기시키는 한편, 영국의 전원도시 개념도 포괄한 것으로 보인다. 그러나 1900년대 초에 구상된 계획으로서는 매우 진보적이고 참신한데, 기능에 따라 주거, 공업, 교통, 여가 등을 위한 지역을 구분한 데에서 1928년 창설될 CIAM의 조닝 개념을 볼 수 있다. 게다가 도시 기반시설과 건축이 모두 철근콘크리트 구조를 상정하고 계획된 바는 시대를 한참 앞선 생각이라 하겠다. 개개의 건물은 반복적이고 표준화된 시스템을 근간으로 평활한 벽면과 평지붕, 사각형 개구부를 가지며, 가는 기둥으로 지지되는 기차역의 캔틸레버는 재료의 물성을 살린 우아하고 역동적인 구조이다.

르코르뷔지에의 "300만을 위한 현대도시"는 당시 공업도시가 갖는 주택 문제, 인구 과잉, 교통 체증 등의 문제를 해결하기 위한 이상적 계획안이다. 기본적으로 그동안 제안되었던 모든 도시계획 개념과 사회주의 유토피아 아이디어를 수용하고 있다고 하겠는데, 넓은 녹지의 오픈 스페이스에 현대식 마천루를 세우는 것을 전제로 한다. 전체 도시는 엄격한 그리드를 바탕으로 한 사각형 평면에 강력한 축적 구성을 이루며, 가르니에의 공업도시처럼(그것보다 인구 대비 100배에 가까운 규모인데) 기능에 따른 조닝이 특징이다. 이 도시에는 각 부분별로 흥미로운 아이디어가 집약되어 있는데, 그 가운데 도시 중심부를 주목할 만하다. 초고층 유리건물과 연계된 다층 구조의 교통 터미널이 여기에 배치됨으로써 산텔리아의 밀라노 중앙역 스케치(1912)를 연상시키기 때문이다. 특히 거대한 항공기 이착륙장은 르코르뷔지에가 그렸던 기계시대 도시 모습의 단면을 생생히 보여 주고 있다. 이후 르코르뷔지에는 "빛나는 도시(Ville Raideuse, 1930)"를 통해 현대도시가 가졌던 중앙집중식 위계구조를 탈피해, 끝없이 확장 가능한 선형도시 개념을 선보이게 된다.

문화로 사회 통합을 꿈꾼
표현주의 건축

브루노 타우트의 글라스 파빌리온

1914

2014년 45세 이하의 건축사만을 대상으로 한 신진 건축사 설계·아이디어 공모전이 시작되었다. 주로 지방자치단체의 소규모 프로젝트가 공모의 대상이다. 그런데 이 작은 공모의 응모 인원이 상당하다고 한다. 그나마 나이에 제한을 두는 방식으로 대형 사무소의 참가를 막았지만 이 작은 지방 공모전에 소형 사무소나 아틀리에를 운영하는 건축가가 그렇게 많이 응모했다는 것을 보면 정말로 건축 경기가 거의 바닥을 치고 있거나 나름 홍보에 성공한 건축가에게만 일이 몰리는 빈익빈 부익부 현상으로 봐도 될 것 같다. 실력과 열정을 떠나 절대적 일의 양이 부족하고, 있더라도 분배가 균일하지 않은 상황에서 일이 없는 건축가들은 무엇을 할 수 있을까?

경제적·정치적 상황은 다르지만 90여 년 전 독일의 예술가와 건축가들도 비슷한 상황에 처해 있었다. 1차 세계대전의 종전에 이어 1919년 베르사유 조약 후 독일은 연합군 측에 약 1320억 마르크라는 천문학적인 배상을 해야 했고 독일이 점령한 식민지들은 포기해야 했다. 독일은 극심한 인플레이션에 시달렸고 당연히 경제는 침체되었다. 전범국가로서 국민의 자존감은 바닥에 떨어졌고 건축 경기는 바닥을 치다 못해 땅을 파고 들어가 버린 상황이었다. 건축가들은 할 일이 없었다. 일 없는 건축가들과 예술가들은 유토피아를 꿈꾸며 좋은 세상이 올 거라는 믿음으로 서로를 위로하는 수밖에 없었다.

독일의 표현주의 예술운동은 이러한 상황에서 등장했다. 표현주의자들은 제국이 무너지고 공화정이 들어서는 혼란한 정국을 중세시기의 종교 공동체와 같은 사회적 장치를 통해 타개하고 통일되었던 사회의 부활을 꿈꾸었다. 길드와 같은 중세 사회, 생산 시스템에 대한 열망은 영국 수공예운동의 영향을 간과할 수는 없으나 영국의 움직임이 윌리엄 모리스 중심이었다면 독어권의 움직임은 조직적이고 정치적이었다. 19세기 유럽 자본주의의 무한 팽창으로 인해 발생한 식민지 쟁탈전인 전쟁에 대한 회의감과 국가 정체성의 혼란을 극복할 통합된 사회에 대한 열망이 이 같은 움직임의 주요한 동인이었다.

표현주의의 등장

몇 가지 주장이 있지만, 표현주의라는 용어는 체코의 예술사학자 안토닌 마티에첵(Antonin Matějček, 1889~1950)이 인상주의와 대응하는 개념으로 처음 사용했다고 할 수 있다. 일반적으로 주관적 감흥과 감동의 표현을 중심에 둔 앙리 마티스(Henri Matisse, 1869~1954)의 화풍에 공명하는 예술적 태도를 의미했다. 그러나 이 용어가 국제적으로 널리 알려진 것은 이탈리아의 미래주의와도 교류했던 독일의 두 단체와 하나의 잡지로부터다. 두 단체는 1905년에 드레스덴에서 결성된 다리파(Die Brücke)와 1911년 뮌헨에서 결성된 청기사파(Der Blaue Reiter)다.[1] 각각의 이름에서 보듯이 당시 독일은 다리가 끊겨 건널 수 없는 강을 바라보는 듯 절망적이었고 누군가의 구원을 기다리는 절박함이 있었다. 새로운 다리가 놓여 길이 이어지기를, 구원의 청기사가 나타나기를 바란 것이다. 한편, 당시 독일의 표현주의 예술담론 생산의 중심 역할을 한 잡지는《폭풍(der Strom)》이었다. 이 모든 절망이 질풍과 같은 혁명으로 이어지기를 바랐기 때문이다. 이

---

1   표현주의 화풍 중 하나인 청기사파는 바실리 칸딘스키(Wassily Kandinsky, 1866~1944)와 프란츠 마르크(Franz Marc, 1880~1916)가 주로 그린 작품 이름에서 유래했다. 이들은 1912년에 잡지 《청기사》를 발행했다.

같은 복합적인 감정으로 인해 이들의 작품에는 강한 투쟁과 격정 그리고 비애가 투영되어 있었다. 표현주의의 미학적 배경에는 역사학자 빌헬름 보링거(Wilhelm Worringer, 1881~1965)의 〈추상과 감정이입(Abstraktion und Einfühlung)〉이라는 글과 알로이 리글(Aloi Riegl, 1858~1905)의 〈예술의지(Kunstwollen)〉가 중첩되어 있다. 보링거는 리글의 주장에 기대어 중세 고딕의 예술 이념이 사람들로 하여금 고전의 환상에서 벗어나게 해 표현주의 운동에 더욱 더 박차를 가할 것이라고 했다. 표현주의 운동의 이면에는 감성과 믿음으로 통합된 사회에 대한 열망이 기저에 깔려 있다.

표현주의의 건축적 담론

사실 다른 예술 분야와 다르게 표현주의 건축을 명확하게 정의하기 어려운 것은 건축이라는 장르가 가진 추상성과 실용성 때문일 것이다. 이안 화이트(Iain Boyd Whyte, *Bruno Taut and Architecture of Activism*, 1982)는 오히려 이성주의나 기능주의처럼 표현주의 건축이 아닌 것들을 나열하고 그 외의 것이 표현주의 건축이라

중세도시의 중심에 성당이 있어 민중의 구심점 역할을 했다면 근대도시의 중심에는 "도시의 왕관"이 있어 또 다시 민중을 통합하는 역할을 해야 한다고 타우트는 주장했다. 이 스케치는 유토피아 도시를 상상하며 그린 30장의 스케치를 모은 《알프스의 건축: 유토피아(Alpine Architektur: Ein Utopie)》(1919)에 실려 있다.

고 생각하는 게 더 쉽다고 했다.

표현주의 건축의 중심에는 브루노 타우트(Bruno Taut, 1880~1938)가 있었다. 타우트가 1914년《폭풍》에 발표한 〈필요성(eine Notwendigkeit)〉에서 중세의 예술이 종교건축을 중심으로 사회적 열망을 통합했듯 건축이 전면에 나서서 예술과 사회를 다시 이끌어야 함을 주장했다. 보링거의 영향일 테지만 최초의 표현주의 건축의 선언과 같은 이 글에서 타우트는 중세 시기 종교라는 사회적 통합시스템의 역할을 주목한 것이다. 그것은 건축 양식의 문제라기보다는 태도와 같다. 이러한 태도가 근대적 기술을 통해 실체화되기를 원했다. 투명성, 날렵함 그리고 자유로운 조형적 물성을 가진 새로운 재료(유리, 철, 콘크리트)의 등장과 함께 건축은 근대 시기를 이끌 종합예술로의 당위를 획득했음을 강조했다.

모든 예술의 집적체인 극장

중세 시기 신의 집, 즉 성당은 사회적 통합의 상징이었다. 그렇다면 근대 시기에는 무엇으로 사회적 통합을 만들 수 있을까? 타우트는 "도시의 왕관(Die Städtkrone)"이라는 개념을 제시했다. "도시의 왕관"은 중세 시기의 성당처럼 민중을 사회적으로 통합한다. 그야말로 민중이 모이는 곳, 민중의 집(Volkshaus)이다. 이 민중의 집이자 도시의 왕관이라는 개념을 대중에 선보이기 전에 타우트는 실체화할 수 있는 기회를 얻었다. 1914년 독일공작연맹 쾰른 전시회의 글라스 파빌리온(Glass Pavilion)이 그것이다. 이것은 사실상 건물이라기보다는 일종의 개념 모델 정도였다.

그렇다면 타우트는 "도시의 왕관"을 고작 이렇게 미니어처로 지어 놓고 사회 통합을 외쳤단 말인가? 타우트가 제시한 민중의 집은 바로 문화의 전당이었다. 중세 시기에 사회의 통합을 신에 대한 믿음으로 이루었다면 근대 시기에는 문화예술로의 통합을 주장한 것이다. 프로그램 상으로 "민중의 집"이자 "도시의 왕관"은 모든 예술의 집적체, 바로 극장(theater)이었다. 성당이 사회적 응축기(Social Condenser)[211쪽 참조]로서 중세의 민중을 믿음과 신앙으로 새롭게

오른쪽 건물이 한스 포엘치히의 5000명을 위한 극장(1919)이다. 이 극장은 타우트의 "도시의 왕관"의 개념이 실체화된 최초의 건물이다. 1988년 철거됐다. ©44penguins

한스 포엘치히의 5000명을 위한 극장 로비(왼쪽)와 극장 내부(오른쪽).

많은 사람을 수용할 수 있는 극장이라는 기능 자체가 기념비적이고 내부에 대 공간을 품고 있어 시각적으로나 규모로 상징성이 강조될 수밖에 없다. 따라서 지구라트(ziggurat)나 신전, 성당과 같이 기념비적인 형태가 등장하는 것은 표현주의 건물에서 일반적이었다. 바실리 루크하르트(Wassili Luckhardt, 1889~1972), 민중극장, 1921.

인지학(anthroposophy)의 창시자이자 표현주의 건축가 루돌프 슈타이너(Rudolf Steiner, 1861~1925)의 두 번째 괴테아눔(the second Goetheanum, 1924~1928)은 1000명을 수용할 수 있는 강당과 콘크리트라는 새로운 재료의 물성이 부각되어 있어 타우트가 주장한 표현주의 건축의 이념을 잘 드러낸 중요한 건물 중 하나로 꼽을 수 있다. ©Taxiarchos228

교화했다면, 민중의 집은 대중문화시대의 사회적 응축기로서 침체된 사회와 민족을 문화와 예술로서 교화하고 일으켜 세워야 했다. 이 시기에 독일에서 극장건물은 꽤 많이 설계되고 시공되었다. 표현주의 건축 최초의 극장은 한스 포엘치히가 만들어 낸다. 5000명을 위한 극장(Grosses Schauspielhaus, 1919)이라고도 알려진 이 극장은 최초 시장으로 지어진 건물을 리모델링한 것이다. 이 건물의 건축주는 독일 근대 시기 극장과 영화 등 시각예술에 지대한 영향을 주었던 막스 라인하르트(Max Reinhardt, 1873~1943)였다. 막스는 이 건물이 노동자를 위한 극장이 되길 원했고 이 건물을 시작으로 독일 전역에 민중을 위한 극장이 빠르게 확산되어 갔다. 가장 어려울 시기에 독일의 건축가들은 문화를 통해 사회를 통합하고자 했다.

오스발트 마티아스 웅거스(Oswald Mathias Ungers, 1926~2007)의 주장처럼 사회적 문제를 건축만으로 해결할 수는 없을 것이다. 그러나 건축이 사회의 중심에 서서 문화적 산물을 발생하게 하는 장소로서 역할은 가능하지 않을까?

강태웅

다리파와 청기사파

다리파와 청기사파는 독일어권의
근대예술운동인 표현주의를 이끈 두
그룹이다. 다리파는 1905년 네 명의
건축학도, 프리츠 블라일(Fritz Bleyl), 에리히
헤켈(Erich Heckel), 에른스트 루드비히
키르히너(Ernst Ludwig Kirchner), 칼
슈미트로틀뤼프(Karl Schmidt-Rottluff)에 의해
드레스덴에서 조직되었다. 이 단체의 이름은
1967년 이들의 작품을 수집해 베를린에서
개관한 박물관의 이름인 다리 박물관(Brücke
Museum)에서 유래한다. 1919년까지 다양한
예술 활동을 했으며 이후엔 드레스덴
제체시온(Dresdner Sezession)으로 그 명맥을
이어갔다.
청기사파는 이보다 좀 늦은 1911년에
칸딘스키를 비롯한 세 명의 러시아 예술가와
세 명의 독일 예술가에 의해 조직되었다.
흥미로운 것은 1909년 칸딘스키 자신에 의해
조직된 NKVM(Neue Künstlervereinigung
München, 뮌헨 신예술가협회)의 진부함과
보수성에 반발해 등장했다는 것이다. 아마도
협회가 애초에 칸딘스키가 추구하고자 했던

방향과 다르게 흘러간 듯하다. 그룹 이름의
유래는 확실치 않다. 참여 예술가들이 주로
말(horse)을 주제로 한 작품을 만들었다거나
칸딘스키가 기사(horseman)나 청색을 유독
좋아했다는 것 등이 유래를 짐작할 수
있는 단서다. 1차 세계대전의 참전과 전사,
러시아로의 강제 소환 그리고 이념적 차이로
1914년 와해되었다.
다리파는 기존의 것과 다른 새로운 표현
방법을 추구하고자 했고 이들이 찾아낸 것은
오래된 화화 기법인 목판화였다. 목판화의
단순한 형상과 몇 개의 강렬한 색감은 오히려
기존의 표현 매체보다 더 강렬한 감정을
드러낼 수 있었다. 반면 청기사파는 감정을
표현하는 데 훨씬 직관적인 태도를 보였다.
그들은 중세 예술과 원초주의(primitivism)에
경도되어 시각예술과 음악과의 접목 그리고
색채를 통한 정신적이고 상징적인 가치의
추구에 집중했다. 다리파보다는 조금 더
추상에 가까웠으나 그들의 추상은 따뜻한
추상이었다.

토착 낭만의 신화가 깃든
북구 고전주의의 기념비

군나르 아스플룬드의 우드랜드 채플

1918~1920

©김현섭

북유럽 근대건축의 움직임 가운데 1920년을 전후해 고전주의가 부흥했다는 사실은 무척이나 독특하고 흥미롭다. 유럽 전체를 개괄컨대, 아르누보 이후 아방가르드 내에서는 추상화의 경향이 대세였다. 아돌프 로스의 〈장식과 범죄〉가 출간된 이후 형태의 간소화가 가속화된 일은 말할 것도 없고, 철근콘크리트 구조를 합리적으로 발전시킨 오귀스트 페레(August Perret, 1868~1940)나 산업화에 디자인을 적극 대응시킨 페터 베렌스의 역할을 기억하자. 이들을 발판 삼아 유수의 건축가들이 나래를 활짝 펼 수 있었다.

그러나 중부 유럽의 모더니즘을 스칸디나비아에 상륙시킨 1930년의 스톡홀름 박람회 이전에는[그들은 모더니즘을 기능주의로 제유(提喩)하여 풍키스(funkis)라 불렀다], 북유럽 건축계의 주도적 인물 대부분이 고전주의 단계를 거치게 된다. 이름하여 북구 고전주의(Nordic Classicism). 20세기 전반의 이 흐름이 전 세기의 신고전주의와 다른 점은 건물의 규모와 규율이 크게 완화되어 보다 온건한 양상을 보인다는 사실에 있다. 이런 특징은 세기의 전환점에 핀란드를 비롯한 북유럽 전체에 편만했던 민족낭만주의(혹은 국가낭만주의) 경향과도 관계될 수 있다[60쪽 참조]. 고전의 우아함이 낭만의 자유와 토착의 숨결을 만난 것이다.

도릭주의의 감수성과 고전주의의 재토착화

디메트리 포피리오스(Demetri Porphyrios, 1949~)는 이러한 북구 고전주의를 "스칸디나비아 도릭주의(Scandinavian Doricism)"로 규정한 바 있다(*Classicism is Not a Style*, 1982). 그가 고전주의보다 좁은 범위의 도릭주의라는 말을 사용한 것은 의미심장한데,[1] 도릭 오더(Doric Order)가 고전 규범 이전의 시원성(始原性)에 더 근접하기 때문이다. 로마시대 건축가 비트루비우스가 《건축십서》에서 도릭 오더에 대해 설명했지만, 실제의 그리스 도릭 오더가 실증적으로 알려지기 시작한 것은 18세기 후반에 이르러서였다. 이때 재발견된 도릭 오더는 르네상스를 통해 세련된 고전주의에 익숙한 이들에게 매우 거칠고 투박한 원시의 규범으로 보였다.[2] 그러나 바로 그 시원성이 북구 고전주의를 지역 토착의 전통과 매개하는 근거이다. 바꾸어 말해, 스칸디나비아 도릭주의는 서로 모순되어 보이는 '고전주의'와 '토착성'이 상호 교감하며 실천되어 온 것이라 할 수 있다. 이는 양식적 절충이라기보다 하나의 감수성이다.

이러한 도릭주의의 감수성(Doricist sensibility)은 고전과 토착이 공유한 건축의 가장 원초적인 본질을 내포한다. 그것은 다름 아닌 짓기(building)와 살기(dwelling)라는 근원적 행위이다. 포피리오스는 이들을 각각 "구축의 존재론"과 "거주의 존재론"이라 표현한다. 여기에서 '구축'은 '짓기의 합리성'을 의미하는 것으로서, 고전주의 건물에서 역사적 연상 작용이나 재현 기능을 제거하면 그 합리적 구축의 얼개가 남게 된다. 허나 도릭주의의 감수성이 단지 구축의 문제에만 머물러 있는 것은 아니다. 거기에는 신화(myth)가 덧입혀져야 하는데, "거주의 존재론"이란 신화의 힘이 작동하는 셸터에서라야만 작동한다고 할 수 있다. 이 같은 감수성은 추상적 인식론의 굴레를 벗고 세계와 자아의 교감을 추구하려는 실존주의 사상가들의 존재론적 관점과 상당 부분 공명한다.

---

1   고전주의가 고대 그리스와 로마를 참조하는 흐름을 폭넓게 지칭한다면 도릭주의는 고전주의의 여러 규범 가운데(도릭 오더, 이오닉 오더, 코린티안 오더 등) 가장 이른 시기에 형성된 도릭 오더를 한정적으로 지칭한다.

2   그전까지 이해되었던 것과 달리 실제의 도릭 기둥은 훨씬 키가 작고 뭉툭했을 뿐만 아니라 주초가 없어 팔라디오주의자들을 놀라게 했다. 18세기 후반 그리스의 재발견은 그리스와 로마 사이의 우선권에 대한 논쟁을 낳았는데, J. J. 빙켈만(1755)이 그리스 미술의 "고귀한 단순성과 고요한 위대함"을 칭송한 것은 잘 알려져 있다.

특히 마르틴 하이데거(Martin Heidegger, 1889~1976)의 〈짓기, 살기, 생각하기(Bauen, Wohnen, Denken)〉에 내포된 실존적 삶과 장소와 구축의 관계, 그리고 〈시적으로 살기(... dichterisch wohnet der Mensch ...)〉에 나타난 시적(신화적이라 바꿔 말할 만한) 의미를 갖는 건축의 근원적 중요성이 그 연관점이다.

그런데 포피리오스가 제기한 고전과 토착의 결합은 앨런 콜훈(Alan Colquhoun, 1921~2012)을 통해 (비록 후자가 전자를 언급하지는 않았으나) "토착 고전주의"라는 약간 다른 관점으로 이어졌다("Vernacular Classicism", 1984). 위계상으로 고급과 하급을 지시했던 고전과 토착이 하나의 개념어로 묶인 것은 역설적이다. 그러나 18세기 이래 두 말의 양극적 관념이 탈색되는 한편, 토착 예술도 고유한 가치를 인정받게 되면서 이 모순어법은 성립할 수 있었다. 여기에서 콜훈은 그 유명한 로지에(Marc-Antoine Laugier, 1713~1769)의 계몽주의적 원시 오두막(1755)을 언급한다. 수직의 나무 몸통 위에 수평의 나뭇가지를 올리고, 또 그 위에 다른

우드랜드 공동묘지 진입로 전경. ©김현섭

나뭇가지들을 기울여 만든 오두막 골조 말이다[129쪽 그림 참조]. 이들 각각은 고전건축의 기둥, 엔태블러처, 페디먼트를 상징한다. 그런데 이 그림에서 기억해야 할 점은 로지에가 실제의 토착건축을 경험적으로 관찰한 것이 아니라 역으로 고전건축의 순수 원리를 추출했다는 사실이다. 콜훈은 토착과 원시로의 이러한 회귀 과정을 "고전주의의 재토착화(revernacularization of classicism)"로 여겼고, 이것이 "기원의 신화를 구현한다."고 주장한다.

북구 고전주의를 염두에 두지 않았던 콜훈의 논점이 포피리오스의 아이디어와 모두 일치하는 것은 아니다. 하지만 남방 발생의 고전건축이 말 그대로 북방의 토양에 '재토착화'되었다는 점과 북구 고전주의의 단순성이 건축의 '기원의 신화'를 되묻게 됨을 생각하자. 그리 보면 콜훈의 개념 역시 20세기 초 스칸디나비아의 상황에 적용할 만하다.

군나르 아스플룬드의 우드랜드 채플

재토착화된 고전주의 건축물 가운데 도릭주의의 감수성을 가장 진하게 발산하는 사례에는 어떤 것이 있을까? 역시 스웨덴의 군나르 아스플룬드(Gunnar Asplund, 1885~1940)가 설계한 우드랜드 채플(Woodland Chapel, 1918~1920)을 꼽을 수 있다. 아스플룬드는 핀란드의 알바르 알토(Alvar Aalto, 1897~1976)와 더불어 북유럽의 대표적 근대 건축가로 간주되는 인물이며, 알토에게는 멘토와 같은 존재였다. 당대 북유럽의 흐름을 대변하듯 아스플룬드 역시 낭만주의, 고전주의, 기능주의의 단계를 거치는데, 이 작품은 그의 고전주의 시기를 대표할 뿐만 아니라 북구 고전주의 전체를 상징하기도 한다.

스톡홀름 우드랜드 공동묘지(Skogskyrkogården, 1915~1961)의 침엽수림에 자리한 우드랜드 채플은 망자를 떠나보내는 의식의 공간이다. 이 숲속 예배당은 우선 규모 면에서 아담해 보인다. 전체 높이는 8m에 이르나 지붕을 제외한 포티코가 약 2.3m에 불과하기 때문이다. 이러한 이미지에는 주변의 자연에 순응하려는 겸허함이 묻어난다. 그런데 그 못지않게 첫인상을 좌우하는 것이 이 예배당이 직·간접적으로 보여 주는 고전적 건축 요소이다. 큰 구배의 우진각 지붕, 정면의 도릭 기둥 포티코, 그리고 이들이 만들어 내는 피라미드형 정면 파사드가 그렇다. 특히 파사드는 고전건축의 페디먼트를 암시하기도 하고, 건축의 원형(archetype)에 대한 향수도 불러일으킨다. 게다가 지붕 매스는 면과 면이 만나는 모서리에 매듭이 없어 (비록 용마루에 통나무를 하나 올리긴 했으나) 기하학적 순도가 상당히 높다. 이러한 고전적 풍모에도 불구하고 이 건물은 매우 토착적이다. 아스플룬드가 참조했던 덴마크 리젤룬드의 토착농가(1792~1995)를 연상시키는 동시에, 지붕의 검정색 나무 널 역시 토착성을 발현하기 때문이다. 또한 포티코의 목재 도릭 기둥은 주초와 플루팅 없이 얇은 주두만을 갖는 단순한 형식으로, 고전 규범 이전의 원초적 단계를 보여 주는 듯하다.

평면도를 보면 바닥의 석재 패턴이 당초 이 건물의 실내외에 연속성을 부

설계 당시 아스플룬드가 그린
우드랜드 채플의 불투명 수채화,
1918년 12월. 출처: Claes Caldenby
& Olof Hultin (ed.), *Asplund*, Rizzoli,
New York, 1986

안드레아스 키르케럽, 리젤룬드 토착농가, 덴마크 묀(Møn) 섬, 1792~1795. 출처: http://ulvshale.dk

여하도록 계획되었음을 알 수 있다. 하지만 그러한 바다 패턴의 연속성에도 불구하고, 실내는 외부와 완전히 다른 세계이다. 외부의 양태가 토착의 투박한 맛을 간직했다면 내부는 정제된 고전의 우아함을 자랑하기 때문이다. 사각형 평면의 실내 공간은 백색의 돔으로 지배되며, 포티코에서처럼 이 돔도 어떠한 수평돌림띠 없이 곧장 기둥에 의해 지지된다. 미끈한 플라스터 마감이 거칠게 처리된 바깥의 지붕과 대비되고, 내부의 도릭 기둥은 플루팅과 주두의 조각, 바닥의 돌림띠가 도색되어 외부(포티코)의 원시적 기둥들보다 더 진화된 것 같은 환상을 갖게 한다. 실내는 돔 정점의 둥근 천창이 밝히는데, 전체 구도가 로마의 판테온과 닮았지만 아담한 규모와 매끈한 마감으로 긴장감은 훨씬 완화되고 있다.

　요약하자면, 우드랜드 채플은 우아한 고전미에 토착의 이미지를 함께 갖는다. 또한 로지에의 원시 오두막을 연상시키듯 단순성으로 회귀한 점도 두드

104

우드랜드 채플의 포티코 도릭 기둥. ⓒ김현섭

러진다. 이러한 토착성과 단순성은 재토착화된 고전주의의 일차적 특성이라 할 만하다.

구축의 논리 vs 신화 창조의 힘

하지만 우드랜드 채플의 실내에서는 전제했던 토착건축의 구축 논리가 모호해진다. 특히 돔은 하중이 전달되는 방식을 적절히 드러내고 있지 않은데, 부드러운 백색 곡면과 천창에서 유입되는 빛은 서로 어우러져 구조와 공간의 물성마저 소거해 버린다. 단면도가 보여 주는 바, 실제로 이 반구(半球)는 지붕의 목조체계에 매달리는 형국이다. 분명 아스플룬드는 구축의 논리보다 지붕

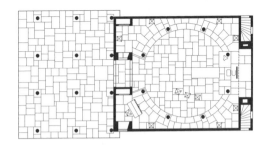

입면

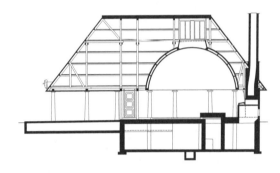

단면

우드랜드 채플의 도면. 김현섭 재작도

과 돔의 원초적 이미지를 우선시했음에 틀림없다. 이러한 모순의 해결을 위해
필요한 것이 신화의 개입이다. 그리스 초기의 석조 신전은 도릭건축의 목조 기
원설로 인해 "석화된 목구조(petrified carpentry)"로도 설명되지만, 그 구축의 논리
에 미학적 혹은 신화적 가공이 덧대어졌음을 상기하자.[3]

　신화의 개입은 토착성과 단순성에 더해 재토착화된 고전주의를 살아 숨
쉬게 하는 화룡점정과 같은 특성이다. 다시 포피리오스를 거론하자면, 그가

3　비트루비우스에 의해 제기되었던 도릭건축의 목조 기원설은 목구조의 짜임새가 어떻게 석조건축으로 전이되었는지에
　천착한다. 예를 들어 트라이글리프(triglyph)는 보의 단면을, 뮤튤(mutule)과 구태(guttae)는 각각 서까래와 나무못의
　결구를 보여 주는 요소이다. 그러나 이 같은 "석화된 목구조"는 목조 기원설만으로 설명할 수 없는 석조건축의 미학적
　세련 과정도 분명 보여 준다. 따라서 현대의 학자들은 도릭건축에 대한 비트루비우스의 견해를 전적으로 수용하는 대신
　고전건축을 "정교한 미학적 발명"으로 보기도 한다.

우드랜드 채플의 실내 공간. ©Peter Blundell Jones

이야기하는 고전주의의 조건으로서의 "신화 창조의 힘(the mythopoeic power)"은 구조와 기능의 현실적 문제를 뛰어넘어 "기념비적 무익함"의 가치마저도 창출하는 (칸트적 견해에서는 무목적의 목적을 지니는) 미학적이고 시적인 힘인 것이다. 우드랜드 채플의 원시 오두막 이미지는 로지에의 것과 공명하며 고전주의의 기원으로서의, 좀 더 보편적으로는 건축의 기원으로서의 신화를 환기시킨다. 이 원시 오두막의 원형적 건축언어가 이후의 모든 건축의 근간이 될 거라는 암시이다. 또한 이 예배당은 그 땅에 뿌리내려 "장소의 혼(genius loci)"을 섭취한 결과라 할 수 있으며, 앞에서 언급했던 "거주의 존재론"이라는 신화가 작동하는 셸터이기도 하다.

마지막으로 우드랜드 채플의 존재 근거인 죽음과의 대면을 생각해 보라. 망자를 애도하며 떠나보내는, 삶과 죽음이 교차하는 이 공간은 부활에 대한 소망이 움트는 기독교적 신화이자 실화의 장이다. 이러한 시적 가공이야말로 이 숲속 예배당을 현실적 속박에 가두지 않으며, 천상의 시를 꿈꿀 만한 기념비로 상승시킨다. 그리고 이를 재토착화된 고전이자 전설로 남게 한다. 우드랜드 채플이 시대와 장소를 초월해 울림을 주는 까닭이 바로 여기에 있다.

김현섭

북유럽 건축과 "장소의 혼"

북유럽 건축의 특성을 규정하는 근본 인자는 지리적 조건이다. 북극권까지 영토를 펼치고 있는 북유럽 나라들은 여름에는 백야를, 겨울에는 짧은 낮과 긴 밤을 경험해야 했는데, 이는 북극광, 숲, 호수, 피오르드 등과 함께 자연에 대한 깊은 감수성을 낳았다. 20세기 초, 유럽 중앙에서 활발하던 근대건축의 실험도 변방에 위치한 북유럽에는 뒤늦게 당도했을 뿐만 아니라 그 역시 곧 지역의 풍토에 동화되어 유기적 경향을 띠게 되었다. 그리고 모더니즘의 추상성과 단조로움이 포스트모던과 해체의 자극적 어휘에 비난받던 20세기 후반에도 북유럽 건축은 여전한 시적 울림으로 현대의 건축 담론에서 유효성을 지속시켰다. 그 담론의 한 축을 이루고 있는 것이 장소성의 문제이다. 노르웨이의 크리스티안 노베르그 슐츠(Christian Norberg-Schulz, 1926~2000)는 이에 대한 탁월한 이론가이다. 하이데거의 존재론적 사유를 바탕으로 한 그는 《장소의 혼: 건축의 현상학을 향하여 (Genius Loci: Towards a Phenomenology of Architecture)》(1980)에서 특정 장소에 깃든 그곳만의 정신, 즉 "장소의 혼"을 강조한다. 그에 따르면 장소는 근대건축에서 강조하던 추상적 공간과 다르다. 오직 "삶이 발생하는 공간"만이 장소인 것이다. 땅의 정령이든 주변 환경의 성격이든, 장소의 혼은 고대로부터 인간이 일상 속에서 직면해야 하는 "구체적 현실"로 인식되어 왔다. 노베르그 슐츠에게 건축은 바로 그러한 "장소의 혼을 시각화해 주는 것"이자 인간의 삶에 실존적 의미를 제공해 주는 수단이다. 그는 이와 같이 "구체적이고 실존적인 관점에서 건축을 이해하는 이론"을 책의 부제가 지목하듯, "건축의 현상학"이라 불렀다.

건축의 장소성이 북유럽 건축에만 특징적으로 구현된 것은 아니지만 이 지역 대표적 건축가들의 작품은 빈번히 장소성과 함께 이해되어 왔다. 예컨대 '장소-형태', '텍토닉', '가촉성' 등을 주장한 케네스 프램튼의 비판적 지역주의(Critical Regionalism, 1983)가 핀란드 알바르 알토와 덴마크 외른 웃존(Jørn Utzon, 1918~2008)의 작품을 사례로 제시한 것은 흥미롭다. 노르웨이 스베레 펜(Sverre Fehn, 1924~2009)의 빙하 박물관(Norwegian Glacier Museum, 1989~1991)도 유사한 견지에서 이해할 수 있을 듯하다. 스웨덴의 군나르 아스플룬드가 우드랜드 채플에서 장소의 혼을 시각화함으로써 인간 삶에 실존적 의미를 부여했던 바가 후대의 북유럽 건축가들에게도 면면히 이어진 것이 아닐까.

"형태에 이르는 길"

휴고 헤링의 가르카우 농장 외양간

1922~1925

©김현섭

우리는 사물의 본질을 발견하고 그것이
스스로의 형태를 펼쳐나가도록 허용해야 한다.
휴고 헤링, 〈형태에 이르는 길〉, 1925

제1차 세계대전(1914~1918) 이후 건축계에서는 전 세계적 보편성과 합리성을 추구하는 경향이 점점 강해지고 있었다. 가장 적극적으로 반응한 나라가 국제무대로의 재편입을 꿈꾸던 패전국 독일이었다. 앞에서 보았듯이 독일은 전쟁 전에 이미 독일공작연맹을 통해 근대사회의 보편적 디자인을 위한 기초를 다져둔 바 있다. 이를 바탕으로 발터 그로피우스와 루드비히 힐버자이머(Ludwig Hilberseimer, 1895~1967)가 1925년과 1927년 연달아 "국제건축"을 천명할 수 있었다.[1] 그리고 미스 반 데어 로에가 주도했던 1927년 슈투트가르트의 바이센호프 주택전시회가 국제적 교류의 장이 된 것도 그러한 분위기를 반영한다. 이듬해인 1928년 스위스에서 창설된 CIAM과 1932년 뉴욕의 현대미술관이 보급한 국제주의 양식(The International Style)도 동일한 맥락으로 볼 수 있다.

　그러나 이처럼 통일된 듯 보이는 자극적 이벤트의 줄거리에도 불구하고 유럽의 근대주의 건축운동이 균질한 흐름이 아니었음은 이미 오래전 밝혀졌다. 바이센호프 주택전시회, CIAM 창설, 국제주의 전시회 등의 이벤트에서는

---

[1]　그로피우스는 바우하우스 총서(Bauhausbücher) 시리즈의 제1권으로 1925년 《국제건축(Internationale Architektur)》을 출판했고, 힐버자이머는 1927년 《국제 신건축(Internationale Neue Baukunst)》을 출판했다.

다양한 의견의 충돌과 불일치를 발견할 수 있다.[2] 게다가 독일의 비평가 아돌프 베네(Adolf Behne, 1885~1948)는 근대주의의 '공작'이 한창이던 1920년대의 베를린에서 일찌감치 기능주의와 이성주의를 명쾌히 구분했다(Der moderne Zweckbau, 1923/1926). 그에 따르면 기능주의자(functionalist)는 특정 목적에 부합하는 건물을 설계하는 반면, 이성주의자(rationalist)는 많은 사례에 적용할 만한 보편 해법을 구한다. 표준화 시스템의 그로피우스나 그리드 공간의 미스가 이성주의에 속한다고 할 수 있는데, 이와 달리 휴고 헤링(Hugo Häring, 1882~1958)은 베네가 내세우는 전형적인 기능주의자이다. 근대건축을 뭉뚱그려 기능주의로 치환하는 현재의 일반적 관념과는 크게 대조적이다.

휴고 헤링과 "형태에 이르는 길"

휴고 헤링은 독일의 주도적 근대주의자 그룹인 데어 링(Der Ring)의 대변자였고, 가장 일관되고 뚜렷하게 기능주의 이론을 전개한 인물이다. 데어 링은 미스와 헤링의 노력에 의해 1923~1924년 사이 10명의 베를린 건축가로 결성되었는데,[3] 이후에는 영향력이 커지며 타 지역의 건축가도 받아들였고, 회원수가 26명까지 늘기도 했다. 하지만 헤링은 한동안 역사의 조명을 받지 못했다. 표준화와 대량생산의 효율성을 중시했던 근대 이념과 불화했기 때문이며, 당대 건축계의 정치적 지형에 능숙하게 대처하지 않았던 데에도 기인한 듯싶다. 이런 상황은 그가 미스와 함께 바이센호프 주택전시회의 초기 작업에 적극 참여했지만 미스와의 의견차로 중도하차한 일, CIAM 창설 모임에서도 지그프리트 기디온과 르코르뷔지에의 이성주의적 도그마에 밀려나게 되었던 일 등을 통해 알 수 있다.

그러나 헤링의 아이디어는 베를린 필하모니 콘서트 홀(Berlin Philharmonic

---

2 이에 대해서는 여러 연구가 축적되어 있는데, 특히 콜린 세인트 존 윌슨(Colin St John Wilson)의 《근대건축의 또 다른 전통(The Other Tradition of Modern Architecture)》(1995) 및 피터 블룬델 존스의 《휴고 헤링》(1998)이 대표적이다.

3 그래서 처음의 명칭은 10명의 모임을 뜻하는 체너링(Zehnerring)이었다.

한스 샤로운, 베를린 필하모니 콘서트 홀, 1956~1963, ⓒ김현섭

Concert Hall, 1956~1963)을 비롯한 다수의 탁월한 건물을 실현한 한스 샤로운(Hans Scharoun, 1893~1972)에게 이어져 현실성을 입증했다. 샤로운에게 헤링은 지적인 멘토와 같은 존재였는데, 그는 종종 "휴고가 말하게 하라(Hugo soll reden)."고 말하며 헤링의 이론에 대한 권위를 전폭 인정했다. 헤링 스스로도 중요한 디자인을 여럿 선보였다. 여기에서 다루는 가르카우 농장(Gut Garkau, 1922~1925)보다는 상대적으로 덜 알려져 있긴 하지만, 노이슈타트 소시지 공장(Räucherwarenfabrik, Neustadt, Holstein, 1925~1926)이나 베를린 지멘스슈타트 주택단지(Großsiedlung Siemensstadt, 1928~1931)를 비롯한 다양한 건물이 지어졌고, 실현되지 못한 몇몇 계획안도 무척 흥미롭다. 그는 신건물(Neues Bauen) 혹은 유기적 건물(Organisches Bauen)이라는 용어로 자기 건축을 지칭한다. 그가 '건축(Architektur)'이라는 말과 대비된 '건물(Bauen)'이라는 용어를 의도적으로 사용한 것은 라틴 문화권의 고전주의 전통보다 북방의 고딕적 성격에 더 경도되었던 까닭으로 볼 수 있다. 고전주의의 아카데미 유산과 더 연계된 '건축'과 달리 고딕적 감성을 내포한 '건물'이라는 용어는 지역적이고, 토착적이고, 유기적인 의미를 띤다.

휴고 헤링, 주택 프로젝트 평면, 1923. 김현섭 재작도

휴고 헤링, 지멘스슈타트 주택단지, 베를린, 1928~1931. ⓒ김현섭

헤링 스스로가 '유기적'이라는 말과 개념을 사용했으니 그의 기능주의 이론은, 하인리히 클로츠가 적었듯(The History of Postmodern Architecture, 1988), "유기적 기능주의"라 불릴 만하다. 그의 이론이 가장 잘 표출된 글로는 독일공작연맹의 저널인 《디 포름(Die Form)》에 1925년에 게재한 〈형태에 이르는 길(Wege zur Form)〉을 꼽을 수 있다. 이 글에 따르면, 사물의 형태는 기능의 필요와 표현의 필요에 의해 도출되는데, 이러한 두 가지 입장은 빈번히 충돌한다. 그런데 이제 그 둘을 조화시켜야 한다는 것이다. "우리는 이제 기능에 대한 입장과 표현에 대한 욕구의 충돌을 용납지 않을 것이며, 둘을 공존시킬 것이다. 우리는 생명의 창조, 움직임, 자연과 연계해 표현할 것이다. 왜냐하면 기능적 형태를 창조하기 위해 우리가 자연의 길을 따르기 때문이다." 이와 같은 전제 아래 그는 자신의 이론을 전개시킨다. 이를 요약한다면, 우리는 처음부터 추상화된 기하학적 형태를 외부적으로 강요해서는 안 되며 "사물의 본질을 발견하고 그것이 스스로의 형태를 펼쳐나가도록 허용해야 한다."는 것이다. 그래야만 형태는 자연의 원리에 따른 생명력을 갖게 되고, 제대로 작동해 기능하는 결과(Leistungsform)를 낳을 터이기 때문이다. 그의 디자인이 보여 주는 불규칙성과 곡선의 비기하학적 결합은 그러한 까닭에서 연유했다.

가르카우 농장 외양간의 "유기적 기능주의"

헤링의 유기적 기능주의를 대표하는 사례로 늘 언급되는 작품이 바로 북부 독일의 뤼벡(Lübeck) 근교에 지어진 가르카우 농장이다. 그리고 보니 이 농장은 〈형태에 이르는 길〉의 출판에 즈음해 완공되기도 했다. 특히 여러 건물로 구성된 이 농장 가운데 외양간은 "형태는 기능을 따른다."는 근대건축의 교의에 딱 들어맞는 건물로 간주되어 왔다. 어쩌면 무심한 관찰자에게는 그 첫인상이 시골 마을의 투박한 농가 건물과 별반 달라 보이지 않을는지 모른다. 그러나 조금만 더 관심을 가지고 들여다보면 콘크리트 골조가 노출되고 변색벽돌이 쌓인 방식, 1층의 가로로 긴 고측창, 그리고 벽면 상단을 수직의 나무 널로 치밀하게 외장한 점 등이 예사롭지 않음을 알아채게 될 것이다. 특히 사일로 (silo)의 수직 매스와 사료 저장고의 수평 매스가 돌출된 방식은 내부의 기능이 외적으로 표현된 결과임을 넌지시 암시한다. 이와 같은 기능과 형태 사이의 상관관계는 내부 공간의 고찰을 통해 발견할 수 있다.

우선 평면을 보자. 모더니스트들의 일반적인 직사각형 평면과는 다른 매우 독특한 공간 구성이 먼저 눈에 들어온다. 그중 가장 두드러진 것은 납작한 야구방망이 형상의 우리 배열이다. 이러한 평면은 수소(bull) 한 마리와 40여 마리의 암소(cow)를 위해 고안된 것이다. 즉 중심축 출입구 쪽의 정점은 수소가 차지하며 여기에서 멀어질수록 공간이 조금씩 넓어져 반대편 끝은 반원형을 이루는데, 그 형상을 둘러싸며 암소를 위한 우리가 설치되었다. 이와 같은 평면형은 자연의 상태에서 소들이 먹이를 먹을 때 그것을 중심으로 둥글게 모인다는 사실에 일차적으로 기인한다. 그러나 정확한 원형의 경우 공간 사용의 효율이 떨어지기 때문에 이를 길게 늘였고, 그 한쪽 끝에 '가부장'의 상징적 권위를 부여하며 수소 우리를 배치한 것이다. 소들이 외양간 안팎으로 드

주택 쪽에서 본 가르카우 농장. 왼쪽부터 수레 창고, 외양간, 헛간. ⓒ김현섭

가르카우 농장 외양간의 외부. ⓒ김현섭

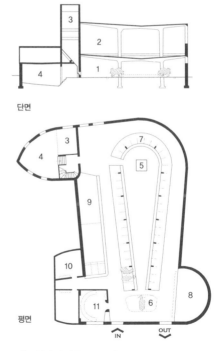

단면

평면

1. 외양간
2. 건초다락
3. 사료 저장고
4. 지하 저장실
5. 건초 낙하문
6. 수소 우리
7. 암소 우리
8. 송아지 우리
9. 어린 암소 우리
10. 어린 수소 우리
11. 낙농 작업실

IN   OUT

가르카우 농장 외양간 도면. 김현섭 재작도

가르카우 농장 외양간 내부. ©Peter Blundell Jones

나드는 행태 등의 인자도 평면 구성에 복합적으로 고려되었다. 그밖에도 어린 암소(heifer)나 어린 수소(bullock), 송아지(calf) 등을 위한 부속 공간의 둥글고 삐딱한 형태 및 배치 역시 이 가축의 행태에 대한 깊은 고찰로부터 나왔다. 즉 건물의 형태는 내부 공간의 내용과 본성에서 도출된 것이지 처음부터 기하학적으로 단정된 것이 아니라는 말이다.

혜링은 기능과 사용자의 행태에 따라 평면을 구성하려 노력했다. 이러한 노력은 단면에서도 확인할 수 있다. 특히 외양간 천장과 지붕의 슬래브가 안쪽으로, 즉 야구방망이 형상 끝에서 암소 우리가 이루는 둥근 공간이자 건초 더미 분배의 중심 지점으로 구배를 갖는 면에서 더욱 그렇다. 지붕 슬래브의 구배는 빗물을 모아 하나의 파이프로 끌어들이는 데에 효과적이고, 건초다락의 구배 역시 건초를 아래층 외양간으로 쏟아내어 용이하게 분배할 수 있도록 돕는다. 외양간 천장의 경사도는 2층의 바닥 구배와 동일하다. 이로써 소가 내뿜는 더운 입김은 천장의 구배를 따라 바깥쪽으로 상승하게 되며, 1층 고측창 위를 빙 둘러 마련된 통기구로 자연스레 빠져나간다. 이러한 단면 디자인은 교차 호흡으로 인한 가축 전염병을 예방하는 데에 크게 유용하다. 휴고 헤링 연구의 권위자인 피터 블룬델 존스(2002)는 여기에서처럼 하나의 형태에 여러 기능이 동시에 충족되는 헤링의 방법론을 "합치적 디자인(coincidental design)"이라 부르기도 했다. 이와 같은 합치의 접근법은 헤링의 유기적이고 기능적인 디자인 가운데 중요한 일부를 차지하며 여타 작품 가운데에도 내재한 논리이다.

미스의 이성인가, 헤링의 기능인가

하지만 그의 이론과 디자인에 대한 공격이 그리 만만치 않아 보인다. 모더니즘 이후의 관점에서라면 형태가 기능을 따르기보다 오히려 "기능이 형태를 따른다"는 말이 더 그럴듯해 보이기 때문이다. 예컨대 알도 로시(Aldo Rossi, 1931~1997)가 《도시의 건축(L'Achitettura della Città)》(1966)에서 언급한 파두아의 팔라초나 로마시대 원형경기장은 역사 속에서 형태와 무관하게 다양한 기능을 수용해 왔는데, 이것은 '기능-형태' 공식의 도치를 시사하고 있다. 물론 《건축의 복합성과 대립성(Complexity and Contradiction in Architecture)》(1966)의 로버트 벤투리(Robert Venturi, 1925~)처럼 근대건축의 기능과 형태 사이의 우선권에 대한 논의 자체를 거부하는 의견 역시 무척이나 강력하지만 말이다.

이 논의를 당대로 되돌린다면 결국 전술했던 기능주의와 이성주의의 대립으로 귀착된다. 헤링에 대한 미스의 언설이 흥미롭다. "이보게, 자네의 공간을 충분히 큼직하게 만들게나. 그러면 자네는 거기서 이미 정해진 방향이 아니라 자유롭게 거닐 수 있다네. …… 기능은 그렇게 명확하거나 일관적이지 않아. 건물보다 빠르게 변한단 말일세." 미스에게 모든 내용과 움직임을 특정한 헤링의 공간은 지나친 과장으로 보였던 것이다. 그러나 이와 반대로 점차 더 중성화되고 그리드에 맞춰져 가는 미스의 공간은 헤링이 볼 때 '생명의 과정'을 누락한 구속이었다. 그리고 모든 것이 가능할 법한 미스의 보편 공간이 실은 어느 한 기능에도 부합되지 않는 그저 그런 건물을 만들기 십상이다. 허나 뒤돌아보니, 미스의 세련된 유리 마천루와 헤링의 투박한 외양간을 비교한다면, 역사의 흐름은 '잠정적으로' 미스에게 미소를 선사한 듯 보인다. 그럼에도 불구하고 미스의 공간이 실책한 틈새를 우리는 너무도 잘 알고 있다. 오브제로서의 미스 건물이 플라토닉한 아름다움을 보장받기 위해 많은 것을 희생할 수밖에 없었다는 사실을 ……. 여기에 헤링의 아이디어가 꽃피울 여지가 있지 않을까? 형태에 이르는 길, 누구를 따를 것인가? 물론 선택은 각자의 몫이다.

김현섭

기능과 기능주의

근대건축의 논의 가운데 기능(function)은 핵심 주제였다. 루이스 설리번의 "형태는 기능을 따른다"라는 말은 이를 대변한다. 기능주의(functionalism)가 근대건축을 대표하는 라벨이 된 것도 그 때문이다. 에이드리언 포티(Adrian Forty)의 《말과 건축(Words and Buildings)》(2000. 《건축을 말한다》라는 제목으로 2009년 번역 출간되었다)에 따르면 기능이라는 말은 건축에 처음 사용되던 18세기부터 근대건축운동이 한창이던 1920년대까지 최소한 다섯 가지의 의미를 지녔다. 첫째는 18세기 이탈리아의 카를로 로돌리가 사용한 어법이다. 그의 기능은 재료에 적합하지 않은 고전적 장식에 반해 건물의 재료와 힘의 흐름이 적절히 구축되어 표출되는 것이었다. 이것은 수학의 함수(function)로부터 유래된 개념이다. 둘째는 생명체가 갖는 전체와 부분의 관계에 대한 은유로서, 각 부분이 전체 구조 속에서 그만의 고유한 목적을 지니는 것을 의미한다. 생물학적 원리에 근거해 건물 구조의 합리적 시스템을 내세운 비올레르뒤크의 입장이 여기에 속한다. 이는 세 번째 의미인 유기성 이론, 즉 건물의 형태는 생명체의 내적 원리에 따라 외적으로 표출되어 결정된다는 개념과도 관계한다. 이 생각의 뿌리는 18세기 말 독일 낭만주의자들에게 거슬러 올라가며, 호러시오 그리노우와 설리번을 통해 건축 담론에 보급되었다. 넷째, 기능은 사용을 뜻한다. 이때의 의미는 특정 건물이나 그 일부가 특정 용도를 갖는다는 것인데, 20세기에 들어와서야 보편화된다. 다섯째, 영어의 '기능적(functional)'이라는 말을 추적하면 독일어의 서로 다른 단어, 즉 'sachlich', 'zweckmässig', 'funktionell' 등을 번역한 경우가 많다. 세 단어는 서로 통하기도 하지만 다른 의미와 뉘앙스를 지닌다. 'Sach'(thing)에서 파생된 'sachlich'는 즉물적, 사실적, 객관적이라는 의미를 내포하며 표현주의와 대비되었다. 그리고 'zweckmässig'의 어근인 'Zweck'은 목적(purpose)을 뜻해, 건물의 용도를 나타내기도 했고 건물 내부로부터의 유기체적 목적을 지시하기도 했다. 이번 장에서 다룬 휴고 헤링의 유기적 기능주의는 세 번째의 유기성 이론에 일차적으로 부합하며, 다섯 번째의 'zweckmässig'로도 설명된다. 설리번과 라이트의 경우도 마찬가지인 셈이다. 한편, 'sachlich'에서 나온 'Die neue Sachlichkeit'(The New Objectivity; 신즉물주의, 신객관주의)는 독일에서 모더니즘과 거의 등가어로 사용된 말인데, 우리가 보통 사용하는 '기능주의'를 지칭한다고 할 수 있다.

근대주의 건축의 원시 오두막

르코르뷔지에의 빌라 르 락

1923~1924

주머니 속에 도면을 넣고 다니면서
오랜 기간 동안 이 집을 지을 땅을 찾아 다녔다.
여러 차례 답사 후 어느 날 작은 언덕 위에서
내 설계와 딱 들어맞는 땅을 발견했다.

르코르뷔지에, 《작은집》, 1954

영국의 건축가 겸 교육자인 제레미 틸(Jeremy Till, 1957~)은 《불완전한 건축 (Architecture Depends)》(2012)에서 건축은 여러 관계에서 발생하는 우연의 연속이며 그 과정 자체로 자율적 가치를 만들어 내기 어렵다고 주장했다. 영어 제목 그 대로 '건축은 의존적'일 수밖에 없다는 주장이다. 요즘은 자신의 건축을 이야 기하면서 이론을 내세우는 건축가를 많이 볼 수 없지만 뭔가 그럴싸한 이론 한 줄 정도는 가지고 있어야 진정한 건축가라고 여기던 때가 있었다. 이론은 현상을 설명하기 위한 것으로부터 시작해 다시 그 현상을 재현하기 위한 규 칙과 문법으로 발전한다. 그 과정에서 현상의 흔적들이 사라지고 이론 스스 로 자율적 가치를 생산할 수 있는 미학적 체계로 발전하는 경우도 있다. 이럴 경우 그 이론을 적용해 봐야 실효성을 검증하는데 실상 실무에서는 그것이 쉽지 않다. 건축이라는 작업 자체가 제레미 틸의 주장대로 자율적일 수 없기 때문이다. 그래서 대부분 가까운 친척이나 가족의 건물이 건축가의 첫 제물 이 되는 경우가 많다. 20세기의 건축 거장 르코르뷔지에도 예외는 아니었다.

"살기 위한 기계"

1931년 완공된 빌라 사보아(Villa Savoye, 1928~1931)는 르코르뷔지에의 새로운 건축을 위한 5원칙, 즉 필로티, 자유로운 평면, 자유로운 입면, 가로로 긴 창, 옥상정원이 오롯이 구현된 건물로 알려져 있다[212쪽 참조]. 운 좋게 르코르뷔지에는 자신의 생각과 이론을 실현할 수 있는 절호의 기회를 얻었다. 비교적 충분한 예산, 여유로운 기간을 가지고 작업할 수 있었다. 무엇보다 건축주가 모든 결정을 르코르뷔지에에게 위임했다. 하지만 "삶을 담기 위한 기계"가 아니라 "살기 위한 기계(machine à habiter)"를 만들어서였을까. 완공된 지 1년 만에 건축주와 법적 공방이 오갔다. 1965년 프랑스에서 정책적으로 근대건축의 순례지로 만들기 전까지 존치 자체를 위협받는 폐허로 남아 있었다.[1]

르코르뷔지에는 자동차, 비행기, 배 등 근대적 기계에 열광했다. 생산의 경제성과 작동의 효율성에도 많은 관심을 보였다. 이 같은 생각의 배경에는 아마도 1차 세계대전 후에 발생한 심각한 주택난도 있었을 것이다. 그는 1914년부터 메종 돔이노[218쪽 각주 2 참조]와 메종 시트로앙(Maison Citrohan) 시리즈 연구를 통해 이러한 생각을 구체화했고 그 여정의 끝에 빌라 사보아가 있었다. 빌라 사보아 이전에 르코르뷔지에는 자신의 생각을 실제 건물로 드러낼 세 번의 기회를 얻게 된다. 하나는 1927년에 독일공작연맹이 기획한 바이센호프 주택전시회에 출품한 주택, 1926년 페사크(Pessac)에 완공된 노동자들을 위한 주거[2] 그리고 1924년에 지은 부모님을 위한 작은 주택인 빌라 르 락(Villa le Lac, 1923~1924)이다. 메종 시트로앙 시리즈는 1920년에 첫 번째 스케치와 두 번째 스케치가 연달아 나오고 1922년에 세 번째 스케치가 등장한다. 여기까지는 소위 아이디어 스케치였으니 빌라 르 락은 이 시리즈 연구가 구체화된 첫 건물이 되는 셈이다.

---

1 1, 2차 세계대전 중에는 연합군이 사용했고 전쟁이 끝나고 사보아 가족이 돌아왔으나 그들은 더 이상 거주하지 않았다. 1958년 푸아시에서 이 집을 강제로 수용해 유스센터로 사용하다가 철거하고 교육기관을 세우려 했으나 건축가들의 반대에 부딪쳐 보존될 수 있었다.

2 1927년 바이센호프 주택전시회에서 선보인 주택이 메종 시트로앙 시리즈 연구의 마지막인 다섯 번째 버전이고, 1926년 페사크에 지은 노동자들을 위한 주거가 네 번째 버전이다.

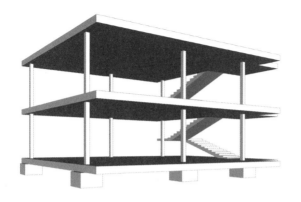

돔이노 골조. 강태웅 재작도

메종 시트로앙 시리즈

여기서 잠깐 메종 시트로앙 시리즈가 어떤 과정으로 변화했는지 살펴보자. 1920년에 시리즈의 첫 스케치가 등장한다. 집은 단순한 직사각형 매스로 그 안에 3개 층을 품고 있다. 지상층에는 거실, 다이닝 공간을 전면에 배치하고 후면엔 작은 침실과 화장실, 욕실, 창고 등과 같은 서비스 관련 공간을 두었다. 2층에는 주인침실과 욕실 그리고 거실을 내려다 볼 수 있는 발코니가, 3층에는 두 개의 작은 침실과 욕실 그리고 옥상정원이 있다. 새로운 건축을 위한 5원칙 중 하나인 옥상정원 개념의 등장이다. 그리고 건물의 전면에 커다란 창을 뚫었다. 자유로운 입면의 시작이다. 이어서 등장한 두 번째 개선안에는 외부 벽면에 매달려 있던 계단을 건물의 내부로 들여 순수한 입방체를 더욱 강조했다. 또한 거실 전면창에는 간결한 처마를 내어 가느다란 철재 관이 지지하게 했다. 1922년 등장한 세 번째 스케치는 꽤 많은 변화가 보인다. 가장 두드러지는 것은 집 전체를 기둥으로 들어올린 것이다. 또 하나의 원칙인 필로티의 등장이다. 필로티 하부에는 차고나 창고처럼 필요하지만 중요도가 떨어지는 공간을 배치했다. 필로티, 자유로운 평면, 자유로운 입면, 옥상정원의 개념이 나타나기 시작할 무렵 르코르뷔지에는 부모님의 집을 만들 기회를 얻었

125

다. 최소한의 면적으로 최대의 실용성을 추구하고 새로운 건축을 위한 5원칙을 실제로 적용한 건물을 만들어 보고 싶지 않았을까.

최소한의 면적으로 최대의 실용성을 추구한 빌라 르락의 도로측(위, ©Mxbchr), 동측(가운데) 및 호수측(아래, ©FLC/ADAGP, 2016. Photo: Olivier Martin Gambier) 전경.

르코르뷔지에의 원시 오두막

스위스 코르소(Corseaux)에 있는 빌라 르 락은 길이방향 16m, 측면 4m의 단층 집(연면적 60m²)이다. 철근콘크리트로 기둥과 보를 구성해 구축한 골조에 콘크리트 블록으로 외벽을 막았고 후면은 아연도금 철판으로, 전면은 흰색 모르타르로 마감했다. 호수로 향하는 입면에는 시멘트를 채운 철 파이프로 기둥을 세웠고 가로로 긴 11m의 창을 내 조망이 훌륭하다. 건물의 옥상에는 작은 화초들이 자랄 수 있게 흙을 덮어 놓았다. 우리는 이 집에서 르코르뷔지에의 새로운 건축을 위한 5원칙 중 필로티를 제외한 네 가지를 발견 할 수 있다. 더구나 내부는 막힌 곳 없이 동선이 순환해 마치 빌라 사보아의 건축적 산보로를 연상시킨다. 근대주의 원시 오두막(Primitive Hut)의 등장이다.

1954년에 출판된 《작은집(Une Petite Maison)》에 묘사된 대지의 맥락이나 위치는 꽤 구체적이다. 글의 머리말에서 언급한 것처럼 최적의 대지를 찾지 못해 먼저 건물을 설계하고 나중에 대지를 찾은 것으로 보이지만 사실 이 작은 집은 어디에다 가져다 놓아도 아무 문제가 없어 보인다. 전면의 11m 가로로 긴 창은 풍광이 좋은 곳이면 어디든 적용해도 좋을 듯하다. 물론 부모님의 집이었으니 그들의 삶을 충분히 반영했을 것이다. 아버지는 안타깝게도 입주 후 1년 만에 돌아가셨지만 어머니는 36년을 그 집에서 살았으니 "살기 위한 기계" 속에서 만족하고 지내셨을 것이다. 그러나 결국 대지의 자연적 조건으로 인해 건물은 심각한 하자가 발생했다. 이 지역은 매립된 땅으로 대지가 불안정 했

1. 현관 2. 거실 3. 손님방
4. 포치 5. 침실 6. 욕실
7. 옷장 8. 세탁실 9. 부엌
10. 창고로 내려 가는 계단
11. 유류 저장고 12. 반려견용 창
13. 정원 14. 야외 식탁
15. 옥상정원으로 올라가는 계단
16. 호수

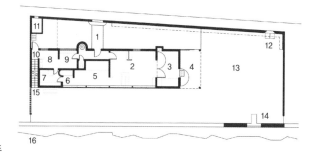

빌라 르 락 평면도. 강태웅 재작도

수평창이 눈에 띄는 빌라 르 락의 실내. ©FLC/ADAGP, 2016. Photo: Olivier Martin Gambier

다. 더욱이 호수에 가까이 위치한 대지는 수위 변화에 민감하게 반응했다. 완공 후 몇 년 되지 않아 지하수 수위의 변화로 인해 부력이 발생해 건물의 일부가 들어올려지면서 외부 벽면에 균열이 생겼고 이를 가리기 위해 알루미늄판으로 덮었다. 게다가 또 몇 년이 지나지 않아 후면도로가 확장되어 대지를 침범한다. 당시 사정은 알 수 없지만 이후에 발생된 여러 가지 정황들을 보면 르코르뷔지에가 심사숙고해서 대지를 구한 느낌이 들지 않는다. 조급함이다. 어쩌면 이 집은 그가 10년 동안 다듬어 온 생각을 실현하기 위한 일종의 파일럿 프로젝트였는지 모른다. "살기위한 기계"를 만들 작정이었으니 전면의 가로로 긴 창에 어울리는 풍광을 제외하고 애초부터 대지의 상황은 고려 대상이 아니었는지 모른다. 이미 그의 건축은 완결된 가치를 확보한 상태였으니 말이다. 대지는 어디든 상관없을 수도 있었다.

　30년 후 그의 건축적 행보와는 사뭇 이질적인 건물이 준공된다. 롱샹성당이다. 성당이 완공된 해에 르코르뷔지에는 이 집의 이야기를 묶어 책을 출판한다. 책은 〈범죄(Le Crime)〉라는 장으로 끝을 맺고 있다. 마을 촌장들이 모여서 이 지역에 이런 집을 짓는다는 것은 자연에 대한 모독이라고 생각해 다시는 이 지역에 이와 같은 집이 지어지지 않도록 결정했다는 것이다. 자신의 책에서 굳이 〈범죄〉라는 장을 두어 이런 것을 언급한 것은 첫 제물에 대한 미안함이었을까, 당당한 자신감이었을까?

강태웅

로지에의 원시 오두막

프랑스의 루이 14세는 권력 과시용으로 루브르궁의 동측에 거대한 건물을 지었다. 젊은 건축가 클로드 페로(Claud Perrault, 1618~1688)가 디자인한 이 건물은 기존 건물에 비해 두 배 이상 컸다. 고전적 건축 요소인 석재 기둥과 보만으로는 규모를 지탱하기에 무리가 있었다. 기둥의 두께도 훨씬 굵어져 고전적 비례도 맞지 않아 미학적으로 용납될 수 없을 정도였다. 페로는 철근과 콘크리트로 기둥과 보를 보강하고 굵은 기둥을 두 개로 나눠 두 기둥을 묶어 마치 하나의 기둥처럼 세워 놓았다. 고전적 비례는 유지하고 강성은 강해졌다. 하지만 이 건축적 사건을 통해 고전건축이 미학과 구조가 통합된 완전한 건축이 더 이상 아님이 증명된 셈이다. 페로는 아름다움을 크게 두 가지로 나눌 수 있는데, 하나는 물리적 법칙과 같이 "긍정적 아름다움(Positive beauty)"이고, 다른 하나는 취향이나 느낌과 같이 "임의적 아름다움(Arbitrary beauty)"이라고 했다. 고전건축의 아름다움은 후자로 분류했다. 고전건축은 중세시대를 마감하며 등장한 수학적 비례와 미학에 기초한 완벽한 건축 양식이었다. 그런데 '임의적'이라니. 당연히 페로는 수많은 비판을 받았다. 이러한 상황에 등장한 것이 예수회 소속 수도사 로지에의 원시 오두막이다. 1판(1753)에 이어 2판(1755)도

출간된 《건축에 관한 에세이(Essai sur l'Architecture)》의 표지 그림을 보자. 건축으로 상징되는 여인이 집처럼 생긴 나무들을 가리키고 있다. 우연히 네 그루의 나무가 사각형을 이루며 모여 있는 곳에 누군가 나무들 사이에 가로부재를 걸어 놓았다. 그 위에 경사지붕 형태로 나무를 걸쳐 나뭇잎들로 덮어 놓았다. 고전건축의 구성 요소인 기둥, 보, 박공의 탄생이다. 여인이 가리키는 것은 바로 자신의 기원이다. 고전건축은 자연으로부터 탄생한 가장 합리적이고 과학적이며 미학적으로도 완벽한 절대적인 건축임을 다시 한 번 강조하며 페로의 주장을 일축하고 있다. 이후 다시 고전건축은 명예를 회복하고 신고전주의의 시대로 넘어간다.

《건축에 관한 에세이》 2판 표지 그림으로 사용한 샤를 아이젠(Charles Eisen)의 원시 오두막 그림.

가구처럼 만들어 자유로운 집

헤리트 리트벨트의 슈뢰더 하우스

1923~1924

©강태웅

색은 건축에서 아주 중요하며 건축적 구축 없이
회화는 더 이상 설 자리가 없다는 것을 선언한다.

테오 판 두스뷔르흐, 1928

네덜란드의 MVRDV와 렘 콜하스는 현상을 보는 새로운 틀인 데이터스케이프 (Data-scape)를 통해 수직으로 적층된 수평면들의 개념을 흔들었다. 땅을 어떻게 다루느냐에 따라 생사가 갈리는, 지면이 낮은 나라의 특성을 고려하면 이들의 방법은 그 나라에서는 지극히 상식적이다. 네덜란드는 국토의 많은 부분이 간척으로 만들어졌다. 따라서 대지 레벨을 기준으로 삼지 않은 채 자유롭게 레벨을 만들고 없애고 했다. 대지와 관련한 물리적·문화적 맥락이 많지 않아 각종 엄격한 법규와 프로그램이 설계의 중요한 고려 요소가 되었을 것이다. 우리와 같이 땅에 대한 관념이 공고한 나라에서는 상상도 할 수 없는 일이다.

코드를 삭제하다

건축에서 코드(Code)[1]라는 것이 지금보다는 강하게 존재했을 20세기 초에 감

---

1   코드는 법규나 규칙 또는 사회적 관습일 수도 있다. 질 들뢰즈(Gilles Deleuze, 1925~1955)나 자크 라캉(Jacques Lacan, 1901~1981)의 철학적 개념을 끌고 들어온다면 생산기제로서의 욕망을 통제하는 시스템일 수도 있다. 건축에서 코드는 그 시대의 지배적인 양식 또는 경향이라고 볼 수도 있다. 르네상스 시기 이후 서양건축을 지배한 강한 코드는 고전건축이다.

피트 몬드리안, 커다란 빨강, 노랑, 검정, 회색과 파란 면의 구성(Composition with Large Red Plane, Yellow, Black, Gray, and Blue), 캔버스 위 오일, 95.7×95.1cm, 1921.

히 그것을 삭제하려는 시도가 있었다. 화가 몬드리안과 판 두스뷔르흐가 주축이 되어 시작된 근대예술운동인 더 스테일이 그것이다. 몬드리안은 회화의 구상적 요소와 상징성, 즉 계층과 위계마저 없애고 싶어 했다. 상징을 없애서 가치와 의미마저 중성화한 보편성을 드러내고 싶었던 것이다. 우리는 여기서 현대음악에 지대한 영향을 끼친 무조음악의 창시자 아르놀트 쇤베르크(Arnold Schoenberg, 1874~1951)를 생각해 볼 수 있다. 당시 음악은 중심음과 관계에서 화음과 음을 생각하고 가치를 부여했다. 그러나 조성을 없앤다는 것은 지배음과 종속음의 관계를 끊는 의미가 있다. 위계를 부정한다. 회화도 마찬가지다. 당시의 회화는 구상화였다. 구상화는 중심 인물이 있고 중심 서사가 있다. 하지만 몬드리안은 회화에서 이 중심 개념을 없애고 싶어 했다. 이를 위해 몬드리안은 회화에서 깊이를 삭제하기 시작했다. 투시도의 강요된 시점을 삭제한 것이다. 자연스럽게 회화는 3차원에서 2차원으로 환원되는 방향으로 흘러갈 수밖에 없었다. 형태와 깊이가 사라지고 수와 기본색의 관계만으로 표현되는 새로운 회화의 형식이다.

그런데 처음부터 몬드리안과 판 두스뷔르흐는 동상이몽을 가지고 있었다. 몬드리안은 순수 회화운동을 지향했고, 판 두스뷔르흐는 모든 예술이 융합되고 다양한 주체들이 공동으로 작품을 만들어 내는 공동체 예술운동을 하고 싶었던 것이다. 여기서 우리는 영국 수공예운동이 20세기 초 근대건축운동에 얼마나 많은 영향을 주었는지 새삼 다시 생각하게 된다. 화가 출신이었던 판 두스뷔르흐의 생각을 구체화하기 위해서 건축가와의 공동 작업은 필수였다. 판 두스뷔르흐는 네덜란드 건축가 야코부스 요하네스 피터 오우트 (Jacobus Johannes Pieter Oud, 1890~1963)와 잠시 협업하지만 오우트는 이내 떠나고 만다. 오우트가 결별한 이유는 순수 회화와 삶의 결정체인 건축은 동거가 불가하다는 데 있다. 결국 판 두스뷔르흐는 전도유망한 젊은 건축가인 코르넬리

판 두스뷔르흐, 주택연작 등각투상도, 1923.

판 두스뷔르흐, 주택연작 등각투상도, 1924. 덩어리의 볼륨을 생략하고 채색된 면만 남겨 관계성을 강조했다.

스 판 에이스테렌(Cornelis van Eesteren, 1897~1988)과 공동으로 1923년에 발표한 주택 연작을 통해 자신이 원하던 건축과, 몬드리안 이론의 통합을 실현하는 것처럼 보였다. 중앙 코어를 중심으로 채색된 면을 포함한 덩어리들이 내부에서부터 피어나듯 배열되어 정면성을 부정하고 마치 중력을 거스르는 듯한 구성으로, 물성마저 부인하고 있는 것처럼 보인다. 각각의 덩어리는 단위 공간을 의미하며, 이 공간들은 서로 관입하고 병치되어 마치 몬드리안의 2차원적 보편성을 3차원의 공간으로 풀어낸 듯하다. 또한 대부분의 표현도 시점을 강요하는 투시(투상)도(perspective projection drawing)가 아닌 등각투상도(isometric projection drawing) 또는 부등각투상도(anisometric projection drawing)를 사용해 보편성을 더욱 강조하고 있다. 1924년에 등장한 주택연작은 덩어리의 볼륨을 생략하고 채색된 면만을 남겨 둠으로써 더욱 관계성을 강조한다. 내외부의 경계를 허물고 색채와 그 면들이 만들어 내는 공간들의 순수한 관계성만을 남겨 두었다. 여기까지는 일단 명쾌하다. 문제는 이것이 실제 세계에서는 어떨 것인가이다.

뫼동 스튜디오

판 두스뷔르흐는 세상을 뜨기 한 달 전, 자신의 작업실 겸 주택인 뫼동 스튜디오(Studio-house in Meudon-Val-Fleury, 1926~1930)를 설계해 준공했지만 여러 가지 건축적 실험과 주택연작에서 보여 준 것들을 찾기엔 무리가 있어 보인다. 뫼동 스튜디오의 첫 인상은 르코르뷔지에의 메종 시트로앙 시리즈를 보는 듯하다. 순수한 백색으로 마감된 입면과 필로티 그리고 옥상정원까지. 내부 구성도 비슷하다. 실내의 반은 2개 층 높이의 스튜디오, 나머지 반은 욕실과 서재, 아내를 위한 음악실 그리고 침실로 구성되어 있다. 판 두스뷔르흐는 주택의 표준화와 획일화에 반대했다. 다시 말하면 르코르뷔지에의 메종 시트로앙 시리즈의 개념을 반대한 것이다. 어쩌면 메종 시트로앙 시리즈가 획일화라는 또다른 코드를 강요할 수도 있기 때문이다. 하지만 한 번도 실제 건물을 설계해 본 적이 없는 그가 참조할 수 있는 것이 많지 않았을 수도 있다. 공간의 내외

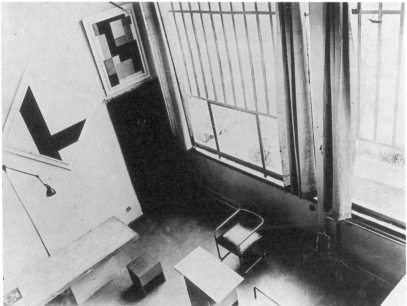

판 두스뷔르흐가 디자인한 자신의 작업실 겸 주택인 뫼동 스튜디오 실내외 전경.

부 경계를 무너뜨리고 색채의 면들이 만들어 내는 관계의 순수성만을 남기려 했던 그의 시도는 오히려 다시 견고한 벽체와 그 벽체에 종속된 창으로 재현되고 말았다.

리트벨트의 첫 신축 주택

판 두스뷔르흐의 주택연작을 재현한 듯한 유일한 건물은 가구 제작자 겸 건축가 헤리트 리트벨트(Gerrit Rietveld, 1888~1964)가 설계한 인테리어디자이너 슈뢰더 부인의 집(Schröder House, 1923~1924)이다. 슈뢰더 부인은 1921년에 처음 리트벨트를 만났다. 빌트스트라트 하우스(Biltstraat House)의 방 하나를 개조하면서 그에게 호감이 생겼고 1923년 위트레흐트에 신축할 예정인 주택의 설계를 맡기게 된다. 리트벨트의 첫 신축 주택 수주. 현재는 집 옆으로 고가도로가 지나가서 좋은 환경은 아니지만 지어질 당시에 이 대지는 주거블록의 끝에 위치해 삼면이 열리고 목초지가 펼쳐진 곳이었다. 설계 과정에서 건축주의 요구사항은 구체적이며 파격적이었다. 가능한 많은 볕과 공기가 들어오고 세 자녀와 본인의 방이 각각 독립적이나 때로는 통합될 수 있도록 요구했다.

이 주택에서 창은 벽과 같은 중요도를 보인다. 전통적으로 창은 벽에 뚫린 개구부로 채광이나 환기를 위한 기능을 수행했지만 이 주택에서 창은 부

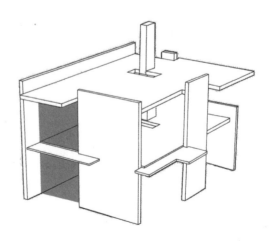

슈뢰더 하우스 구조 다이어그램

슈뢰더 하우스 동측 입면. ©강태웅

수적 요소가 아니라 공간을 확장할 수도 축소할 수도 있는 벽과 같은 독립된 건축 요소로 등장한다. 건물의 내외 벽은 몬드리안의 회화에서 보이는 삼원색으로 도색되어 있다. 채색된 면과 선으로 조합된 건물의 외관은 판 두스뷔르흐와 에이스테렌의 주택연작을 연상시키기에 충분하지만 그것이 발전된 과정을 보면 주택연작에서 보인 개념과는 사뭇 다르다. 진행 과정에서 보이는 면과 선형부재의 접합 방식 그리고 구성을 보면 오히려 개념은 리트벨트의 의자 시리즈에 가깝다. 원래는 콘크리트로 구조를 해결하려고 했지만 자금 부족으로 합판과 벽돌로 지어지는 바람에 더욱 가구처럼 되어 버린 느낌이다. 이 집의 설계는 많은 부분 리트벨트와 건축주인 슈뢰더 부인의 공동 작업으로 진행되었다. 접이식 벽체로 실의 구획과 변형이 자유로운 2층은 슈뢰더 부인이 요구해서 적용된 개념이었다. 리트벨트로선 처음 수주해 설계해 보는 건물이니 엄밀하게 말하자면 가구 제작자와 인테리어 디자이너가 설계한 집이 된다. 이러한 조합이 건축계 전반에 강하게 내재한 코드의 강박을 떨쳐 내어 버릴 수가 있었을까? 집은 코드에서 자유로웠다.

리트벨트가 디자인한 적청의자(Red and Blue Chair)가 놓여 있는 슈뢰더 하우스 내부 모습. ⓒ김현섭

　　슈뢰더 하우스가 완공되고 2년 후 뫼동 스튜디오가 설계되었다. 판 두스뷔르흐는 리트벨트의 작업에 대해 어떤 생각을 했을까. 역사는 판 두스뷔르흐의 뫼동 스튜디오보다 리트벨트의 슈뢰더 하우스를 더 많이 기억한다. 그리고 슈뢰더 하우스는 미학적·구축적·이론적으로 유럽의 건축 흐름에 지대한 영향을 끼쳤다. 슈뢰더 부인은 이 집을 사랑했으며 1985년, 이 집에서 삶을 마감했다. 건축가와 건축주의 협업에 의한 근대 절정기 주택이다. 내부의 공간은 전체가 하나로 인지되기도 하지만 상황에 따라 이동 가능한 벽체에 의해 다양한 공간으로 변형이 가능하다. 다양한 색채와 텍스처의 재료 마감은 공간의 인지에 지대한 영향을 끼치고 공간의 성격을 결정했다. 벽과 창의 개념이 분리되고 각각 독자적인 가치를 가진다. 창은 채광과 환기의 기능 외에 열리고 닫힘으로 공간을 확장하거나 축소하고 있다. 이로 인해 내부와 외부의 공간은 경계가 모호해지며 유기적인 관계를 맺는다.

　　이 주택의 영향인지 리트벨트는 이후 제1회 CIAM의 네덜란드 대표로서 참가하며 네덜란드의 대외적인 대표 건축가로 건축 담론 전면에 등장했다. 그는 암스테르담에 반 고흐 박물관(van Gogh Museum, 1963~1964)을 설계했고, 1964년에 세상을 떠나기 전 델프트 공대에서 명예박사학위를 받았다.

강태웅

투상도

건축에서 사용하는 대부분의 시각 표현은
투상(投象, projection)이라는 원리로 그려진다.
한자 그대로 형상을 던져서 2차원의 면에
남은 흔적이라는 의미다. 즉 3차원의
사물을 2차원의 평면 위에 표현하는 방법을
말한다. 투상도는 크게 두 가지로 나뉜다.
평행투상도(parallel projection drawing)와
투시투상도. 투시투상도는 우리에게는
투시도로 알려져 있다.
평행투상도 중에는 건축도면(architectural
drawing)이 있다. 평면도는 건물을 지면과
평행하게 잘라서 2차원의 면에 수직으로
던져 그대로 남는 흔적을 말한다. 입면은
건물의 각 면을 던져 생긴 것이고, 단면은
건물을 지면에 수직으로 잘라서 던져
생긴 흔적이다. 이 경우 사물의 한쪽 면만
표현된다. 평행투상도에는 여러 면의
표현을 위해 픽토리얼(pictorial)이라는
방법도 있다. 픽토리얼에는 대표적으로
축측투상도(axonometric projection drawing)가
있는데, 이것은 세 가지 축, 즉 X, Y, Z축을
설정하고 각 축의 면에 투상된 흔적들을
남기는 방법이다. 축측투상법은 포탄의
궤적을 추적하기 위해 기술자들이 주로
사용했고, 건축적으로는 프랑스의 구조
합리주의 건축가 비올레르뒤크가 건축에서
최초로 사용했다.

투시투상도의 원리는 기원전 300년경
유클리드(Euclid, BC325~BC265)에 의해
고안되었다. 관찰하는 한 사람의 시선을
사물의 각 부분에 선으로 연결해 가상의
화면과 만나는 점을 연결해 형상을 생성하는
방법이다. 여기에 사물이 관찰자로부터
멀어지면 가까이 있는 사물보다 작게
인지된다는 원근법의 원리가 적용되어
멀어질수록 작아져 결국 한 점에 모이는
소실점이 중요한 작도의 기준이 된다.
소실점의 개수에 따라 1점, 2점, 3점
투시투상도가 있다. 1점 투시투상도는 실내,
2점 투시투상도는 외부, 3점 투시투상도는
하늘에서 내려다본 관점을 표현하는데
적합하다.
투시투상도는 평행투상도와 다르게 시선을
규정한다. 평행투상도는 실제로는 볼 수 없는
모든 면과 선이 평행한 형상들을 표현하는데
이는 전지전능의 시점이라고 볼 수 있다. 반면
투시투상도는 황제의 시각이다. 프랑스 루이
14세의 베르사유궁의 정원은 황제가 보기에
참 좋은 정원이다. 투시투상도는 실제처럼
보이는 듯하지만 많은 왜곡을 품고 있다.
시선의 규정은 정보의 불평등을 유발한다.
사물을 굳이 하나의 시선으로 강요한다.
따라서 건물의 사진이나 투시투상도는 그
건물의 일부분일 뿐 전부가 아니다.

근대주의 디자인과 국제건축의 요람

발터 그로피우스의 바우하우스 신교사

1925~1926

©Detlef Mewes

우리 함께 건축과 조각과 회화가 하나 될
미래의 새로운 구조를 바라고, 꿈꾸고, 창조하자.
발터 그로피우스, 〈바우하우스 창립 선언문〉, 1919

독일의 바우하우스를 제쳐두고 근대건축의 역사를 논할 수 있을까? 아니다. 불가하다. 근대건축운동의 가장 결정적 시기라 할 수 있는 양차 세계대전의 사이, 시대를 선도하던 유럽의 예술가들이 이곳에서 만나 함께 교류하고, 학생들과 작업하며 전위적 정신을 전 세계로 퍼뜨렸기 때문이다. 특히 바우하우스는 근대적 디자인 교육기관으로서의 명성과 국제건축의 상징이라는 위상을 씨줄과 날줄 삼아 견고한 신화를 직조했다.

　　바우하우스는 근대건축의 선구자 가운데 하나인 발터 그로피우스(Walter Gropius, 1883~1969)에 의해 1919년 바이마르에 창립된 디자인학교(Das Staatliche Bauhaus in Weimar)로 기존에 있었던 순수미술학교와 공예학교를 병합한 것이다. 그로피우스는 바우하우스를 통해 건축과 미술과 공예를 결합한 하나의 길드를 조직하길 원했다. 여기에서 건축은 모두를 통합하는 장이었다. 그는 이 아이디어를 사회 전체의 이상으로까지 확대한다. 〈창립 선언문〉을 보자. "우리, 장인과 예술가 사이에 오만한 장벽을 만드는 계급 차별을 없애고, 장인들의 새로운 길드를 창조하자. 우리 함께 건축과 조각과 회화가 하나 될 미래의 새로운 구조를 바라고, 꿈꾸고, 창조하자. 그것은 새로운 믿음의 순정한 상징으로서 언젠가 수많은 노동자의 손으로부터 하늘로 솟아오를 것이다."[1] 〈창립 선언문〉의 표지 이미지로 사용된 라이오넬 파이닝어(Lyonel Feininger, 1871~1956)의 표현주의적 목판화 역시 같은 기조를 띠고 있다. "미래의 성당" 혹은 "사회주의의 성당"이라 명명된 이 그림에서 우뚝 솟은 첨탑이 강렬한 빛을 방사하며 새로운 사회에 대한 열망을 암시하기 때문이다. 이와 같은 예술 장르의 통합과 사회 변화에 대한 이상은 브루노 타우트가 한 해 전 역설했던("Ein Architektur-Programm", 1918) 새로운 문화의 융합을 떠올린다. "이제 공예와 조각과 회화 사이에는 경계가 사라질 것이다. 모두가 하나, 즉 건축이 될 것이다." 그리고 근본적으로는 19세기 중반부터 윌리엄 모리스에 의해 주도된 영국 수공예운동의 정신을 계승한 것이라 할 만하다[14쪽 참조]. 그로피우스 자신이 관여하던 독일 공작연맹이 모리스 운동의 정신과 공업생산의 결합을 핵심적 기치로 삼으며 지향했던 바와도 궤를 같이 했다.

바우하우스의 창립과 이념의 변화

초창기의 바우하우스에는 여전히 수공예적 특성이 주조였다. 〈창립 선언문〉과 함께 출판된 〈바우하우스 프로그램(Programm des Staatlichen Bauhauses in Weimar)〉에서도 건축가, 화가, 조각가 모두가 수공예 정신과 커리큘럼을 바탕으로 교육되어야 함을 분명히 한다. 또한 선생과 학생을 장인과 견습생이라는 전통적 도제방식의 관계로 규정했다. 이와 같이 수공예적이고 상당히 표현주의적이기까지 한 당시 바우하우스와 그로피우스의 입장은 아돌프 마이어와 함께 베를린에 건축한 좀머펠트 하우스(Sommerfeld House, 1920~1921)에서 상징적으로 나타났다. 이 주택이 토착성을 짙게 풍기는 통나무집으로 지어진 데에는 건축주가 목재 사업자였다는 이유도 있었다. 하지만 재료 사용뿐만 아니라 입면의 좌우 대칭 구성과 세부의 장식적 디테일에 이르기까지, 좀머펠트 하우스는 곧이어

---

1   바우하우스 창립 선언문과 프로그램은 표지 목판화를 포함해 전체 네 쪽으로 구성되어 있다.

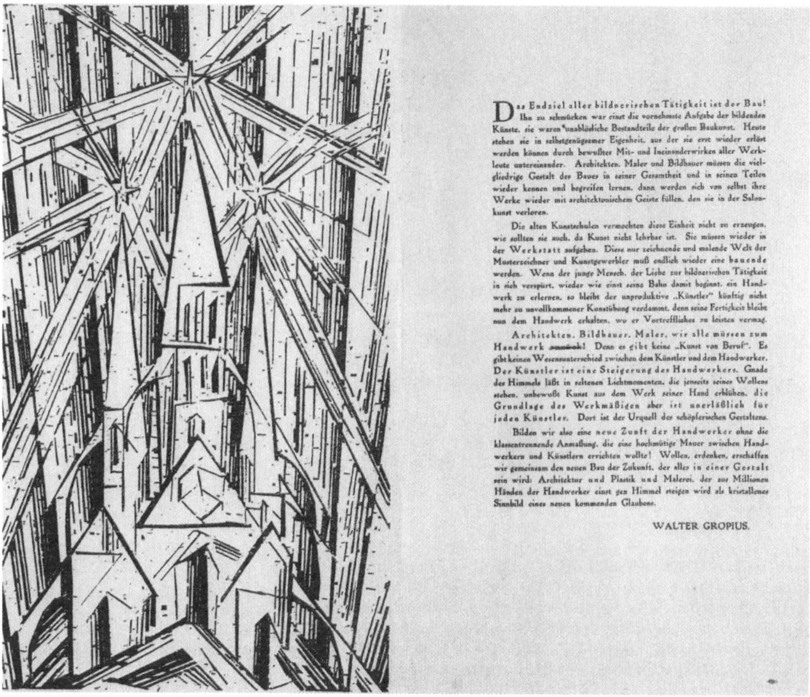

Das Endziel aller bildnerischen Tätigkeit ist der Bau! Ihn zu schmücken war einst die vornehmste Aufgabe der bildenden Künste, sie waren unablösliche Bestandteile der großen Baukunst. Heute stehen sie in selbstgenügsamer Eigenheit, aus der sie erst wieder erlöst werden können durch bewußtes Mit- und Ineinanderwirken aller Werkleute untereinander. Architekten, Maler und Bildhauer müssen die vielgliedrige Gestalt des Baues in seiner Gesamtheit und in seinen Teilen wieder kennen und begreifen lernen, dann werden sich von selbst ihre Werke wieder mit architektonischem Geiste füllen, den sie in der Salonkunst verloren.

Die alten Kunstschulen vermochten diese Einheit nicht zu erzeugen, wie sollten sie auch, da Kunst nicht lehrbar ist. Sie müssen wieder in der Werkstatt aufgehen. Diese nur zeichnende und malende Welt der Musterzeichner und Kunstgewerbler muß endlich wieder eine bauende werden. Wenn der junge Mensch, der Liebe zur bildnerischen Tätigkeit in sich verspürt, wieder wie einst seine Bahn damit beginnt, ein Handwerk zu erlernen, so bleibt der unproduktive „Künstler" künftig nicht mehr zu unvollkommener Kunstübung verdammt, denn seine Fertigkeit bleibt nun dem Handwerk erhalten, wo er Vortreffliches zu leisten vermag.

Architekten, Bildhauer, Maler, wir alle müssen zum Handwerk ~~zurück~~! Denn es gibt keine „Kunst von Beruf". Es gibt keinen Wesensunterschied zwischen dem Künstler und dem Handwerker. Der Künstler ist eine Steigerung des Handwerkers. Gnade des Himmels läßt in seltenen Lichtmomenten, die jenseits seines Wollens stehen, unbewußt Kunst aus dem Werk seiner Hand erblühen, die Grundlage des Werkmäßigen aber ist unerläßlich für jeden Künstler. Dort ist der Urquell des schöpferischen Gestaltens.

Bilden wir also eine neue Zunft der Handwerker ohne die klassentrennende Anmaßung, die eine hochmütige Mauer zwischen Handwerkern und Künstlern errichten wollte! Wollen, erdenken, erschaffen wir gemeinsam den neuen Bau der Zukunft, der alles in einer Gestalt sein wird: Architektur und Plastik und Malerei, der aus Millionen Händen der Handwerker einst gen Himmel steigen wird als kristallenes Sinnbild eines neuen kommenden Glaubens.

WALTER GROPIUS.

〈바우하우스 창립 선언문〉(1919). 왼편 라이오넬 파이닝어의 목판화는 새 시대의 이상을 빛나는 첨탑의 사회주의 미래 성당으로 묘사했다.

대두될 바우하우스의 디자인 성향과 큰 대조를 보인다.

변화는 1922년을 전후로 나타났다. 이즈음부터 바우하우스 디자인의 방향성이 기하학적이고, 추상적이고, 기계생산에 적합한 쪽으로 흐르게 된 것이다. 여기에는 네덜란드 더 스테일 그룹의 창립 멤버이자 유럽 예술계의 전위적 인물이었던 판 두스뷔르흐의 영향이 컸다. 그는 1921년에서 1923년 사이 여러 차례 바이마르에 체류하며 바우하우스가 낭만주의로 편향된 것을 비판했는데, 이 비판이 학생과 선생들의 동조를 끌어냈기 때문이다. 이러한 분위기 속에서 바우하우스 교육의 기초과정(Vorkurs)을 담당했던 스위스 화가 요하네스 이텐(Johannes Itten, 1888~1967)이 1922년 가을 사퇴한다. 신비주의에 경도되었던 이텐의 영향력이 상당했던 까닭에, 그의 사퇴는 변화의 시작이었다고 볼 수 있다. 이텐의 자리는 판 두스뷔르흐와 유사한 부류에 속했던 헝가리 예술가 라슬로 모호이너지(László Moholy-Nagy, 1895~1946)가 이어받게 된다.

이와 같은 변화가 공적으로 표명된 것은 그로피우스의 〈바우하우스의 이념과 건설(Idee und Aufbau des Bauhaus)〉(1923)이라는 글에서였다. 여기에서 그로피우스는 새로운 시대정신을 강조하며 '기계'가 바우하우스 디자인의 수단임을 단언한다. 즉 학생들은 이제 대량생산에 맞는 디자인 유형과 기계시대에 적합한 디자인 형태를 배워야 한다는 것이다. 〈창립 선언문〉의 노선으로부터의 분명한 전환이다. 이때 형성된 디자인 경향, 즉 보편성, 단순성, 합리성, 표준화의 추구, 기능주의, 전통으로부터의 탈피 등이 바우하우스의 대표적 어휘이자 근대 디자인의 정수가 된 것이다. 하지만 그로피우스 개인으로 본다면 이러한 변화는 사실 아주 새로운 것만은 아닌 듯하다. 그가 아돌프 마이어와 설계했던 파구스 공장과 독일공작연맹 전시관(Office and Factory Buildings at the Werkbund Exhibition, 1914)을 기억하자. 그가 바우하우스 초기의 수공예적이고 표현주의적인 흐름을 탈피한 것은, 기실 제1차 세계대전 전에 이미 선보였던 아이디어를 회복한 바로 이해될 수 있다.

데사우의 바우하우스 신교사와 국제건축

그러나 보수적인 도시 바이마르의 풍토 속에서 바우하우스의 변화는 매우 급진적으로 비쳤다. 바이마르의 우파 세력은 바우하우스의 이념을 "문화적 타락"이나 "볼셰비즘" 등으로 낙인찍어 비판했다. 그리고 외국인 선생들의 활동이나 독일 땅에 낯선 디자인은 일반인들에게도 때로 거리감을 유발했다. 이러한 복잡한 정세 속에서 바우하우스는 1925년, 좀 더 자유로운 데사우(Dessau)로 이전할 수밖에 없었다. 혁신가에게 위기는 기회의 다른 이름이리라. 이를 계기로 그로피우스가 새로운 터전에 바우하우스의 건물들, 즉 신교사와 선생들의 주택을 신축함으로써(1925~1926) 자신의 건축적 꿈을 실현할 수 있었기 때문이다.

완공 당시 바우하우스 신교사의 항공 사진. 출처: Walter Gropius, *Internationale Architektur, Bauhausbücher 1*, 2nd ed., Albert Langen, München, 1927

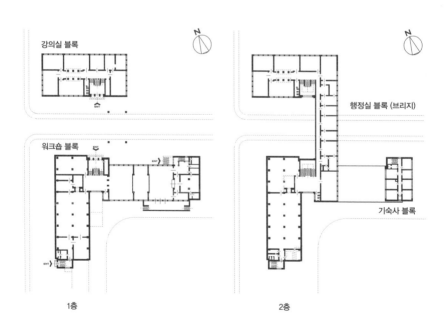

강의실 블록

워크숍 블록

행정실 블록 (브리지)

기숙사 블록

1층

2층

바우하우스 신교사 평면도. 김현섭 재작도

바우하우스 신교사는 강의실, 워크숍, 기숙사 공간을 건물의 각 동에 나누어 수용하고, 연계 블록이 이들을 서로 이어 준다. 특히 강의실과 워크숍 블록을 연결하는 브리지에는 교장실을 비롯한 여러 행정실이 계획되었는데, 그 아래로 도로가 관통하는 점은 눈길을 끄는 요소이다. 전체 배치는 바람개비 형태를 연상시킨다. 그로피우스는 이러한 배치를 통해 전래의 대칭성을 벗어난 공간의 기능적 분산을 강조했다. 여기에 나타난 비대칭성은 〈바우하우스의 이념과 건설〉에서 그가 이미 역설한 점이다. 그럼에도 불구하고 바우하우스 신교사에서 가장 공적인 블록이라 할 수 있는 브리지에서는 고전적 대칭성을 찾아볼 수 있다. 브리지 양단 아래로 놓인 두 개소의 주출입구 및 브리지를 지지하는 두 쌍의 필로티가 모두 관통 도로를 중심으로 대칭적이기 때문이다. 또한 각 공간의 차이에도 불구하고 전체 평면은 그리드가 관할하는 보편성을 띤다.

현재의 바우하우스 워크숍 블록과 강의실 블록. ©김현섭

현재의 바우하우스 기숙사 블록. ©김현섭

　　각 블록의 기능과 배치의 차이점은 창의 배열에서도 나타난다. 강의실 블록이나 브리지에는 가로로 길거나 연속된 창이 있고, 기숙사 블록의 동측 면은 주호별로 독립된 창과 발코니가 계획되었다. 이들은 흰색의 평활한 벽면을 서로 다르게 분할한다. 4층 높이의 워크숍 블록이 2~4층을 전면 유리 커튼월로 뒤덮은 것은 주목할 만하다. 유리의 투명성이 내외부 공간의 시각적 투과를 가능케 했기 때문이다. 이러한 특성은 워크숍의 내부가 다른 곳과는 달리 벽으로 구획되지 않고, 열주에 의해 지지되는 대형 공간이라는 사실에도 기인한다. 하지만 그보다 더욱 두드러진 사안은 블록 모서리가 유리창만으로 90도 접혔다는 점이다. 이와 유사한 수법은 파구스 공장과 독일공작연맹 전시관에서 이미 출현했던 요소이다. 지그프리트 기디온은 《공간 시간 건축》에서 바우하우스 워크숍 블록의 비물질화된 모서리에서 내외부 공간의 상호관입을 주시한 바 있다. 그리고 이를 다시점의 동시간성을 내포한 입체파 회화와 견주기도 했다. 독일공작연맹 전시관으로 니콜라우스 페프스너에게 낙점 받았

발터 그로피우스의 《국제건축》
제2판(1927) 표지.

던 그로피우스가 이제는 바우하우스 신교사를 통해 기디온의 근대적 시공간을 대표하는 이로 확증된 셈이다.

바우하우스 신교사로부터 국제주의 양식의 도래를 읽는 데에는 이견이 없는 것으로 보인다. 1932년 히치콕과 존슨이 국제주의의 원칙으로 내세웠듯 바우하우스 건물이 매스보다는 볼륨을, 대칭성보다는 규칙성을 강조했고, 장식 또한 완전히 배제했기 때문이다. 그러나 이러한 사후 논증보다 더 중요한 까닭은 그로피우스 자신이 1925년 바우하우스 총서의 제1권으로 출판한 《국제건축》에 기인한다고 할 수 있다. 이 책은 페터 베렌스의 AEG 터빈 공장 (1908~1909) 이래의 최신 건축 프로젝트를 모은 도판집이다. 서문에서 그로피우스는 시대를 특징짓는 "통일적 세계상"과 주관의 제약에서 벗어난 "객관적 가치"를 내세우며, 인류 전체를 포괄할 "국제건축"을 주창한다. 이러한 이념의 표출이 바로 이듬해 완공된 바우하우스 신교사였던 것이다. 《국제건축》의 1927년도 제2판에는 완공된 바우하우스 신교사의 항공사진도 삽입되었다.

데사우로 이전한 직후, 바우하우스는 가히 황금기를 구가한다. 최신의 국제적 건물이라는 물리적 환경 위에, 바실리 칸딘스키, 파울 클레(Paul Klee, 1879~1940), 마르셀 브로이어(Marcel Breuer, 1902~1981), 요셉 알버스(Josef Albers, 1888~1976), 오스카 슐레머(Oskar Schlemmer, 1888~1943) 등 유럽 여러 나라의 진보적 예술가들이 교육의 최전선에 포진되었기 때문이다. 게다가 바우하우스 총서의 발행은 근대 디자인의 아이디어를 외적으로 공표하며 학교의 대중적 인지도를 높일 수 있었다. 흥미로운 점은, 바우하우스가 창립 시부터 건축을 강조했음에도 불구하고 1927년에야 비로소 건축과를 설립했다는 것이다. 그 즈음 그로피우스가 진행하던 퇴르텐 주택단지(Törten Estate, 1926~1928)와 같은 실험적 프로젝트는 건축과 신설로 더욱 탄력을 받았다. 이로써 표준화, 합리성, 효율성과 같은 바우하우스의 새로운 방향성을 대중을 위한 건축으로도 적용해 나아갈 수 있게 되었다. 그러나 여기에서 제기되는 기계적이고 비인간적인 특성은 바우하우스의 건축이 당시부터 지금까지 혹독히 비판받게 되는 요인이었다. 1928년 그로피우스가 갑작스레 사임함으로써 바우하우스는 급격한 쇠락의 길을 걷게 된다. 그의 뒤를 이어 스위스 건축가 한네스 마이어(Hannes Meyer, 1889~1954)가 후임 교장이 되었으나 지나친 사회주의적 성향으로, 그리고 디자인을 경제성과 기능성으로만 환원시키는 경향으로 주위의 심한 반발을 샀기 때문이다. 1930년에 미스 반 데어 로에가 그 자리를 이어 받았지만 그의 형식주의적 경향 역시 비판의 대상이었으며, 바우하우스의 쇠락을 막을 수 없었다. 나치의 힘이 막강해지던 1932년 데사우의 바우하우스는 문을 닫았고, 베를린에서 재개된 교육도 이듬해 봄 완전한 종말을 고하게 되었다.

그럼에도 불구하고 바우하우스의 역사적 의의에는 이론의 여지가 없다. 다양한 층위의 예술운동과 정치적 상황과 개개인의 열망이 교차되며 만들어 낸 근대의 진보적 디자인은 다름 아닌 바우하우스라는 울타리가 있었기에 가능했기 때문이다. 그들이 만들어 낸 가구, 회화, 조각, 직물, 도기, 포스터, 타이포그래피에는 디자인을 산업사회에 합치시키려는 시대적 이상이 녹

  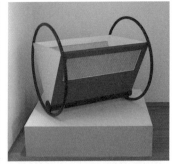

2008년 금호미술관에서 있었던 "유토피아 전" 중 바우하우스 멤버들의 디자인 사례들이다. 왼쪽 위부터 시계 방향으로 마르셀 브로이어의 색띠 의자(1921), 토네트 의자(1927~1928), 페터 켈러(Peter Keler, 1898~1982)의 요람(1922), 바우하우스 주전자 및 도기류. ©김현섭

아들어 갔으며, 바우하우스 신교사는 이 모두를 융화한 근대주의의 요람이자 국제건축의 표상이었다. 또한 그 교육 이념은 그로피우스의 하버드로, 모호이너지의 시카고 뉴 바우하우스 등으로 이어져 새로운 싹을 틔웠다. 설령 현대의 탈근대적 상황에서 바우하우스의 유산이 비판받고 거부된다 할지라도 그들이 꾸었던 꿈에는 분명 훼손될 수 없는 가치가 아로새겨 있다. 예술과 건축의 총체성을 획득하려는 노력, 그리고 시대의 흐름을 선도하려는 비전과 열정이 바로 그것이다. 이는 새로운 밀레니엄을 살아가는 우리네 건축계가 끝없이 맞이해야 할 도전이자 교훈인 것이다.

김현섭

뉴욕 현대미술관의 "현대건축 국제전"과 국제주의 양식

1932년 뉴욕 현대미술관의 "현대건축 국제전(Modern Architecture: International Exhibition)"은 건축 모더니즘의 역사 가운데 빼놓을 수 없는 핵심적인 이벤트이다. 이를 계기로 출판된 책 《국제주의 양식: 1922년 이래의 건축(The International Style: Architecture Since 1922)》이 "국제주의 양식"이라는 말을 미국과 전 세계로 퍼뜨렸기 때문이다.

전시회와 동명인 행사 카탈로그 《현대건축 국제전》에 따르면, 이 전시회는 크게 세 섹션으로 나뉘었다. 첫째 섹션에는 미국과 유럽 등 총 15개국의 건축이 소개되었고, 둘째 섹션에는 프랭크 로이드 라이트와 르코르뷔지에를 비롯한 미국과 유럽의 건축가 9인(팀)의 작품이 전시되었다. 그리고 셋째 섹션은 당시의 주택 문제를 다루며 집합주택단지 사례를 전시했다. 그런데 흥미롭게도 《국제주의 양식: 1922년 이래의 건축》은 이 전시회의 내용과 상이하게 구성되었으며, 수록된 건축 작품에도 상당한 차이가 있다. 가장 큰 차이는 전시회에서 중심이었던 라이트가 완전히 배제되었다는 점이다. 전시회 주관자들이 보기에 라이트는 유럽의 모더니스트들에게 큰 영향을 미침으로써 국제주의 양식을 이루는 데에 중요한 역할을 했지만, 그의 작품 자체를 이 범주로 분류하기는 힘들다고 판단했던 것 같다.

《국제주의 양식: 1922년 이래의 건축》의 저자인 헨리 러셀 히치콕과 필립 존슨(Philip Johnson, 1906~2005)은 지난 10년간 유럽을 중심으로 대두된 건축 경향을 "국제주의 양식"으로 명명했다. 여기에서 '국제'라는 말을 쓴 것은 발터 그로피우스의 《국제건축》(1925)과 루드비히 힐버자이머의 《국제 신건축》(1927)이라는 말의 연장선상에 있다. 하지만 히치콕과 존슨이 내세운 국제주의 양식에는 명확한 미학적 원칙이 있었다. 첫째는 "매스가 아닌 볼륨으로서의 건축"인데, 볼륨은 솔리드(solid)한 매스와 달리 얇은 면이 공간을 둘러쌈을 의미한다. 둘째는 "축적 대칭이 아닌 규칙성"에 대한 강조이고, 셋째는 "장식의 배제"이다. 그들은 이러한 원칙에 부합되는 건축가로 르코르뷔지에, 발터 그로피우스, 미스 반 데어 로에 등 가장 대표적인 유럽의 모더니스트들을 내세웠다. 하지만 이들의 원칙은 대개 시각적 측면에 매몰되었고, 개별 건축가의 독특성을 무시했으며, 지나치게 환원적이라는 비평을 받는다. 결과적으로, 복잡다단했던 근대건축의 실험들이 이 브랜드 아래 축약되어 전 세계로 전파된 것이다.

유럽 근대건축 흐름의 분기점

바이센호프 주택전시회

1925~1927

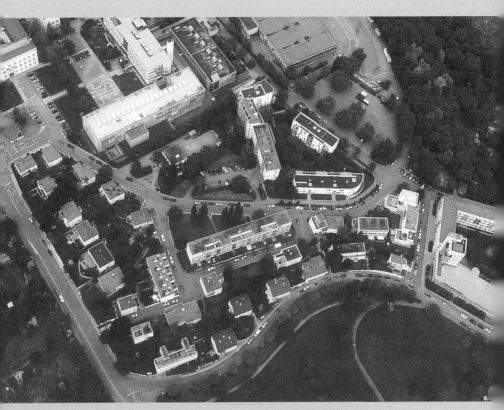

1992년 분당에서 국내 최초로 주택전시회가 열렸다. 국토개발원이 제안하고 토지개발공사가 주관했는데 당시 국내에서 내놓으라하는 건축가들을 선정해 대지를 분배해 설계하게 했고 각 건축가의 작품마다 시공자가 지정되었다. 최초 20명의 건축가와 14개의 시공사가 참가한 이 행사를 주도한 건축가들 입장에서는 한국 건축의 현 주소를 보여 주고자 하는 의지의 발로였는지 모르겠지만 결과적으로 용두사미가 되었다. 수익이 나지 않을 것 같았는지 포기한 시공사가 나오게 되고 결국 전체 규모의 절반 정도인 건축가 9명이 설계한 주택만 지어지고 분양되었다. 의뢰인 없이 설계를 하고 각 작품들을 한 자리에 내어놓아 분양한다는 파격적인 기획으로 당시 건축계에서 이슈가 되긴 했다. 하지만 하늘 아래 새것이 없듯이 이 기획의 기원을 찾아 건축역사를 거슬러 올라가면 1927년에 열린 독일의 주택전시회를 만나게 된다. 새로운 수익창출의 수단으로 독일의 주택전시회의 형식을 따라한 듯한 분당의 것과는 다르게 독일에서 벌어진 이 건축적 사건은 SF영화의 일대 혁명을 가져온 영화 〈매트릭스(The Matrix)〉(1999)에서 주인공 레오가 '빨간약'과 '파란약'을 선택해야 하는 순간만큼 유럽 근대건축의 흐름에서 분기점이었다.

커다란 복합체 vs 독립된 하나의 오브제

바이센호프 주택전시회(Weißenhofsiedlung, 1927)는 1907년에 결성된 독일공작연맹과 1926년경에 결성된 독일 건축가들의 모임인 데어 링의 주도로 유럽의 건축가들을 초빙해 1927년 슈투트가르트 외곽의 바이센호프 언덕에서 개최되었다. 최종 열여섯 건축가의 작품이 시공되었다. 이 전시회는 새로운 거주 형식에 대한 실험, 경제적이고 합리적인 공간에 대한 논의, 최신 시공 방법의 적용, 표준화와 같은 당시 유럽사회에서 건축이 당면한 중요한 이슈들을 전면에 내세웠다. 더불어 전후 독일의 경제적 역량을 유럽시장에 알리고자 하는 정치적 의도도 내포하고 있었다. 그러나 이 행사는 당시 독일공작연맹의 부회장이었던 미스 반 데어 로에와 데어 링의 대변자였던 휴고 헤링의 극명하게 다른 건축적 태도로 인해 시작부터 불씨를 안고 출발했다. 당시 미스와 헤링은 소장파 건축가로서 독일 건축계에서 중요한 역할을 하고 있었다. 같이 데어 링을 조직하고 사무실을 공유했던 미스는 준비 단계부터 헤링과 이 역사적인 이벤트에 같이 하기를 원했고 건축가의 선정뿐 아니라 전체 기획에 헤링을 적극 참여시켰다.

1925년에 나온 초기 마스터플랜을 보면 이 둘의 태도가 얼마나 다른지 알 수 있다. 피터 블룬델 존스(Modern Architecture through Case Studies, 2002)에 따르면, 헤링의 작업으로 추정되는 초기 안은[1] 유기적 기능주의자답게 각각의 건물이 대지의 물리적 맥락에 반응하며 독립되어 있지 않고 마치 작은 건물이 모여 큰 하나의 복합체를 형성하듯 다른 건물과의 관계 속에 자리 잡고 있다. 건물은 대지의 등고선에 맞게 기억자 또는 부드러운 곡선으로 구부러져 서로 중첩되어 있다. 덕분에 연속적인 테라스와 조경이 대지의 전체를 아우르며 마치 하나의 거대한 마을처럼 보인다. 헤링은 20채의 집이 독립적으로 서 있기보다 긴밀한 관계를 맺으며 공존하고 상호 소통을 할 수 있는 배치를 제안했다. 특히 창과 문 등은 기성제품을 적극 활용해서 전체적인 이미지가 통일되어 오

---

1   카린 키르쉬(The Weissenhofsiedlung, 1989)는 1925년의 배치도에는 헤링의 개념들이 꽤 많이 반영되어 있으나 미스의 스케치이고, 1926년부터 헤링의 개념이 사라진 최종안의 모습이 보이기 시작한다고 주장한다.

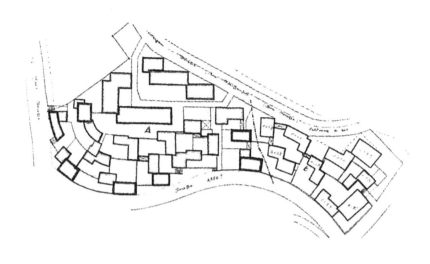

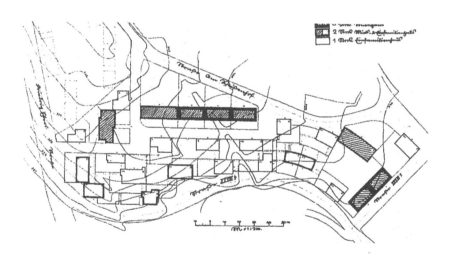

1925년에 작성된 배치도(위)는 상부에 독립해서 떨어져 있는 5동을 제외하고는 대지와 각 주택이 연결되어 하나의 건물군으로 보인다. 각 대지는 바이센호프 언덕의 경사에 반응해 불규칙하게 구획되었고 주택 역시 구획에 맞게 자유로이 배치되어 있다. 반면 1927년에 제시된 최종안(아래)을 보면, 등고선은 그려져 있지만 대지와 각 주택이 무관하게 기하학적으로 구획되어 있고 각 주택은 그 구획된 대지에 반응해 배치되어 있다.

래된 마을과 같은 느낌이길 바랐다. 그러나 내부의 디자인은 사적인 영역으로 이 부분은 각 건축가의 의지대로 디자인을 허용하는 방안을 제시했다. 그러나 이 제안은 슈투트가르트 주정부와 독일공작연맹 측에서 실현 불가능하다는 비판을 받는다. 각 대지와 건물이 상호 중첩되어 있어 지하공간이 부족해지며 대지의 경계에서 새롭게 발생하는 담장과 조경 공사비의 증가가 표면적인 이유였다. 파울 보나츠(Paul Bonatz, 1877~1956), 파울 슈미텐너(Paul Schmitthenner, 1884~1972)와 같은 슈투트가르트 건축학교의 보수적 학자들의 반발도 무시할 수가 없었다. 1927년 미스의 최종 배치도는 1925년의 초기안과는 많이 다르다. 수정된 안을 보면 각각의 건물은 독립된 하나의 오브제로 대지의 물리적 맥락보다는 직교좌표에 충실하게 배치되었으며 표면적인 이유였던 지하공간 확보와 기존 담 체계를 유지하는 방향으로 바뀌었다. 헤링이 중시한 대지 및 건물의 상호 관계성은 거의 삭제되었고 말 그대로 상당히 미시안(Miesian)하게 변한 것이다.

관점과 태도의 극명한 차이로 인해 둘의 심기는 이미 불편해질 대로 불편해져 있는 상황에서 또 하나의 실제적인 문제가 불거진다. 전시에 참여하는 건축가에게 지급되는 적은 설계비가 문제였다. 헤링은 진취적 건축가 집단의 대변자로서 정상적인 설계비를 요구했으나 전시회의 책임자로서 미스는 중요한 건축적 사건인 만큼 전향적인 태도를 요구했다. 이런 갈등을 해결하지 못하고 결국 헤링은 생각이 같았던 에리히 멘델존(Erich Mendelsohn, 1887~1953)과 함께 참여자 명단에서 스스로 빠지게 된다.

나비 효과

두 건축가의 불화는 1년 뒤 불어권 건축가들을 중심으로 기획된 제1회 CIAM에서 독일어권 건축가의 분열로 이어져 독일어권 근대건축운동의 초기 응집력을 잃게 되는 결과를 가져온다. 건축적 이견으로 시작해서 행정적인 문제까지 번져 버렸지만 건축적 갈등이 꼭 부정적인 것만은 아니다. 네덜란드 근대

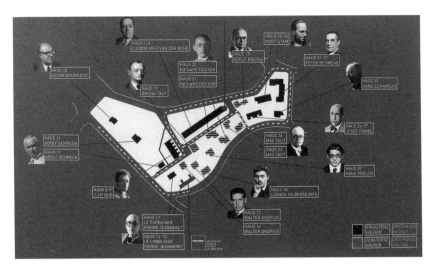

바이센호프 주택전시회의 참여 건축가와 위치가 표시된 배치도.

건축운동인 더 스테일과 표현주의 계열의 암스테르담 학파의 경우에서도 보듯 새로운 건축을 추구한다는 지향점 아래 건축적 논쟁이 존재한다는 것은 달리 보면 담론의 풍부함을 의미한다.

풍부한 담론과 논쟁은 건강한 긴장감과 에너지를 발산해서 또 다른 담론의 생성을 유도한다. 바이센호프 주택전시회가 비록 국제적 전시회를 표방했지만 참여건축가 16명 중 독일어권 건축가가 11명(오스트리아 1명 포함)이었다. 따라서 이 행사는 독일어권의 건축과 예술이념 아래 미스를 중심으로 한 순수를 표방한 이성주의자들 그리고 헤링을 중심으로 유기적 태도를 지향한 기능주의자들이 앞에서 언급한 네 가지의 건축적 이슈, 즉 새로운 거주 형식에 대한 실험, 경제적이고 합리적인 공간에 대한 논의, 최신 시공방법의 적용, 표준화에 각각 다르게 반응한 결과를 한곳에 모아놓은, 그야말로 아직 정치적 때가 많이 묻지 않은 독일어권의 근대건축 담론의 장이었던 것이다.

하지만 건축이 어찌 정치, 권력과 떨어질 수 있겠는가. 이 사건에 자극받은 프랑스어권 건축가들의 주도로 1928년 라 사라즈라는 스위스의 작은 동네

르코르뷔지에가 기디온에게 보낸
청어 스케치.

에서 건축가 국제회의가 열리게 된다. 이 자리엔 1927년 전람회를 주도하고 참
여했던 초기 데어 링의 건축가 중 유일하게 헤링이 초청받았으나 발제뿐 아니
라 어떠한 역할도 주어지지 않았다. 이미 전시회에서 표출된 갈등을 인지하고
있었던 이 회의의 최초 발의자 르코르뷔지에와 지그프리트 기디온은 본회의
이전부터 주도면밀하게 담론의 단순화 작업을 하기 시작했다. 이미 본 회의의
주제는 데어 링의 건축가를 제외하고는 회람이 되었고 참가 건축가들의 암묵
적인 동의를 받은 상태였다. 이성주의적 태도를 견제했던 움직임은 회를 거듭
할수록 약해졌고 급기야 CIAM은 1941년 아테네 헌장을 발표하며 이성주의
자들은 상징적 승리를 선언했다.

　　독일의 건축적 역량을 유럽에 선 보이려 시작했던 바이센호프 주택전시
회는 결국 CIAM이라는 거대한 움직임을 태동시키는 촉발제가 되긴 했지만
한편으로는 독일의 근대건축운동을 초기부터 분열시켜 버리는 결과를 가져
왔다고 볼 수도 있다. 국제주의 건축가들의 공공의 적이었을까. 헤링이 독일어
권에서조차 힘을 잃게 되자 르코르뷔지에는 기디온에게 청어[2]를 그려 보내며
헤링의 건축적 사망을 즐거워했다고 한다.

강 태 웅

2　헤링(Häring)은 발음상 독일어의 청어(Hering)와 비슷하다.

독일공작연맹

독일 근대건축의 움직임 속에서 주도적인 두 개의 모임을 꼽을 수 있다. 하나는 데어 링이고, 다른 하나는 1907년 뮌헨에서 조직된 독일공작연맹(Deutsche Werkbund)이다. 데어 링이 건축가 개개인이 건축에 대한 문제의식을 가지고 만들어진 조직이라면, 독일공작연맹은 전략적으로 독일의 디자인 산업의 진작을 위해 예술가, 건축가, 산업디자이너, 그리고 생산자를 중심으로 구성된 연합조직으로 볼 수 있다. 중요한 참여 건축가로는 페터 베렌스, 테오도르 피셔, 요제프 호프만, 요셉 마리아 올브리히, 파울 나움부르그(Paul Schltze Naumburg, 1869~1949) 그리고 프리츠 슈마허(Fritz Schumacher, 1869~1947) 등이다. 영국 수공예운동이 유럽의 근대적 움직임을 촉발한 중요한 시작점이지만 뒷심을 발휘하지 못했다면, 독일의 경우는 후발주자로서 이점을 충분히 활용해 영국의 사례를 연구한 후 국가적인 움직임을 보였다는 게 차이점이다. 독일공작연맹 설립의 배경에는 오랫동안 영국의 문화와 산업을 주시해 왔던 헤르만 무테지우스와 그의 책 《영국의 주택》(1904/1905)이 있다[25쪽 참조].

산업혁명의 발상지인 영국은 건축뿐 아니라 산업디자인에서도 유럽에서 가장 급진적으로 움직였고 자본주의의 태동을 보이는 등 후발 주자였던 독일의 입장에서는 닮고 싶은 나라였다. 무테지우스는 외교관으로서 문화적 교류를 위해 영국에 머물렀지만 산업정보 획득의 목적도 있었다. 헤르만 무테지우스는 《영국의 주택》에서 영국 수공예운동의 흐름, 주택을 둘러싼 여러 가지 사회적 시스템, 내외부 구축을 아우르는 주택의 건축적 분석을 이야기했다. 독일공작연맹은 영국 수공예운동과 다르게 애초부터 예술, 공예와 기계를 통한 대량생산의 융합을 전제로 출발했다. 당연히 이 전제에는 원활한 공장 생산을 위한 유형의 논의가 따랐다. 1914년 무테지우스와 앙리 반 드 벨데의 유형 논쟁은 유명하다. 정치적 성향이 짙었던 무테지우스와 다르게 반 드 벨데는 화가이자 건축가로 예술성에 조금 더 경도되어 있었다. 물론 이 논쟁은 결론이 나지는 못했다. 그러나 산업디자인에서는 유형의 도출과 생산이 힘을 받아 질과 디자인에서 인정받는 독일산 공산품의 탄생 배경이 되었다.

근대적 이념의 결정체

얀 다이커와 베르나르드 베이푸트의
조네스트랄 결핵요양병원

1926~1928

©Rijksdienst voor het Cultureel Erfgoed

기하학적 명징함, 흰색으로 마감된 순수한 덩어리, 중력이 사라진 듯한 날렵하고 가벼워 보이는 구조체, 표피의 투명성 그리고 밝은 실내. 근대건축운동 하면 떠오르는 건축적 이미지다. 이러한 이미지의 등장은 새로운 기술과 재료, 새로운 프로그램의 출현과 경제체제의 변화 등 근대적 이념이 발현된 것으로 볼 수 있다. 초기 근대건축운동의 이데올로기는 사실 사회주의에 더 가까웠다. 시공 방식의 개선을 통한 저렴한 공사비, 기존의 계급적 양식을 거부하는 무계급의 미학, 그리고 노동자를 위한 보다 깨끗한 거주환경. 도시로 몰리는 노동자를 위한 거주시설이 많이 필요했다. 당연히 시공의 효율과 경제성 그리고 새롭게 제시된 거주의 개념에 맞게 디자인 되어야 했다. 그러나 거주의 개념은 시대정신이 바뀌어도 변하지 않는 상수였기 때문일까, 근대건축운동에서 제시한 새로운 주거 형식이 성공적이었는지는 여전히 논쟁거리다.

치료, 교화, 계몽

반면 근대적 이념의 등장과 함께 나타난 꽤 잘 맞는 프로그램이 있었으니 병원, 교도소, 학교다. 이 세 프로그램은 불확정성의 종식이라는 근대적 이념을 가지고 치유, 개선, 교정, 사회화, 계몽을 수행했다. 다시 말해 근대성에 적합한 인간의 생산이라고나 할까. 병원, 교도소, 학교는 수용하는 대상이 다를 뿐 건축적 형식은 같은 기원에서 출발했다. 제러미 벤담(Jeremy Bentham, 1748~1832)의 판옵티콘(Panopticon, 1791)이다. 판옵티콘은 뒤바뀐 극장과 같다. 극장은 다수의 관객이 무대 위 소수의 공연자를 바라본다. 반면 판옵티콘은 소수가 다수를 바라보는 형식이다. 근대적 이념 중 하나인 효율성의 극대화다. 동시에 소수에서 다수로의 시선 전환은 강제된 자율성이긴 하지만 자율적 통제를 의미하기도 한다. 효율성과 자율적 통제는 새로운 프로그램과 아주 잘 맞았다. 근대 시기 도시에서 이 프로그램을 수행하는 건물은 가장 깨끗하고 잘 만들어진 건물이었다.

　　당시 급격한 인구 증가와 도시화로 유럽에는 질병이 만연했는데 그중 결핵이 가장 무서운 병이었다. 1911년과 1922년 사이 헝가리 부다페스트의 경우 10살에서 15살의 소녀 70% 이상이 결핵으로 삶을 접었다. 공해의 온상인 도시로부터 격리되어 풍부한 자연광과 신선한 공기를 공급받는 것은 당시 결핵의 중요한 치료 요법이었다. 도시와 격리되어야 하는 장소적 필연성 덕에 일상적·시간적 맥락이 자연스럽게 사라지게 되고 순수하게 프로그램으로만 디자인이 가능해졌다. 채광을 위해 입면은 더 투명해지고 환기를 위해 창은 자유

조네스트랄 결핵요양병원 주동 전경. ©Gbulder

롭게 개폐가 가능해야 했다. 환자와 의사, 방문객의 명확한 동선 분리, 그리고 명징한 기능적 해석을 통한 공간의 구성, 게다가 위생적임을 암시하는 백색의 외장 마감. 그야말로 딱 근대시기의 건축가들이 원하던 건축의 이미지였을 것이다. 결핵요양병원은 초기 근대적 이데올로기와 가장 잘 맞는 새로운 프로그램이었다. 하지만 가장 단명한 프로그램이기도 하다. 항결핵제의 개발과 주거의 위생 상태 개선으로 결핵의 발병이 급격하게 줄어 20세기 중반 이후 더 이상 이 같은 기능의 건물은 지을 필요가 없었다.

콘크리트 구축 시스템

네덜란드 다이아몬드 노동자조합은 조합원의 결핵 치료와 요양을 위해 암스테르담 동남쪽에 위치한 힐베르쉼(Hilversum)에 결핵요양병원(Zonnestraal Sanatorium, 1926~1928)을 계획했다. 델프트 공과대학 출신이지만 암스테르담 학파의 계보에 속했던 얀 다이커(Jan Duiker, 1890~1935)와 베르나르드 베이푸트(Bernard Bijvoet, 1889~1979)는 네덜란드 근대건축의 아버지라고 일컬어지는 베를라헤의 추천으로 이 프로젝트를 수주하게 된다.

병원은 중앙에 자리 잡은 주동과 라운지로 연결된 두 개의 기다란 병동으로 구성되어 있다. 주동은 방문객과 서비스 차량의 동선을 구별해 세 덩어

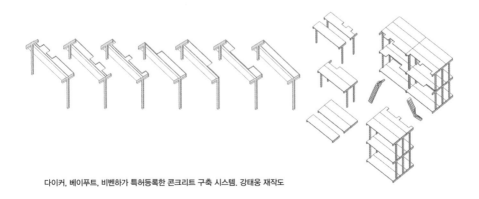

다이커, 베이푸트, 비벤하가 특허등록한 콘크리트 구축 시스템. 강태웅 재작도

리로 나누고 각각 사무실, 치료실과 식당 그리고 설비시설을 배치했다. 이 분리된 세 개의 동선은 십자 평면의 2층 접객 공간에서 통합되어 연결된다. 별동의 병동은 최대의 채광과 조망을 확보하기 위해 각각 남쪽과 남동쪽을 향해 45도 각도로 틀어져 있고 전면에 독립적인 마당을 두었다. 건물의 백색 외관은 코르뷔지안(Corbusian)의 순수미학을 드러내는 듯하지만 다이커와 베이푸트는 미학적인 고려보다 빛의 유입, 통풍과 환기 그리고 효율적인 치료를 위한 기능적 구성에 더 관심이 있었다. 건물은 동시대에 설계된 어떤 건물보다도 구조를 담당하는 구축적 요소와 비구축적 요소가 강한 대비를 보인다. 구축적인 것을 제외한 부분은 전체가 빛을 끌어들이는 창이 된다. 가능한 얇은 금속 프레임을 사용했다. 덕분에 유리의 면적을 극대화할 수 있어서 많은 빛의 유입이 가능해졌다. 남쪽과 남동쪽을 바라보는 병실의 전면 테라스는 햇볕 좋은 날 환자들의 일광욕을 위해 내민보로 시공됐다. 이 같은 구조적 요소들과 기능해야 할 요소들의 실제 조합은 다이커, 베이푸트 그리고 비벤하(Gerko Jan Wiebenga, 1886~1974)가 1923년 특허청에 등록한 콘크리트 구축 시스템과 다이커가 설계한 알스메르 하우스(Aalsmeer House, 1924~1925) 그리고 1925년 다이아몬드 노동자조합의 발주로 리모델링한 세탁소(Laundry in Diemen)로 이어진 일련의 프로젝트를 통해 발전했다.

두 개의 기둥과 연결된 T형 보 그리고 일정 폭의 바닥판으로 구성된 단위 유닛과 이 단위 유닛들의 조합을 통해 다이커의 구축 시스템이 완성된다. 이는 네덜란드 구조주의 건축의 수장인 알도 판 에이크가 설계한 시립 고아원(Municipal Orphanage in Amsterdam, 1955~1960)의 PC(Prefabricated Concrete) 공법 구조 시스템의 기원이라고 볼 수도 있다. 역사적으로는 주택의 대량생산을 위해 르코르뷔지에가 제안한 돔이노 골조(1914~1915)의 구축 체계가 선행된 사례지만 르코르뷔지에의 스케치[125쪽 그림 참조]를 보면 재료에 대한 이해와 구조적인 구체성이 결여되어 있어 다소 개념적이다. 반면 다이커의 것은 보강 콘크리트라는 재료에 대한 구체적인 이해를 바탕으로 기둥과 보 그리고 바닥판의 관계를 명확하게 규정하고 각 유닛을 조합하는 경우의 수까지도 고려했다. 무엇보다 다

조네스트랄 결핵요양병원 조감 모습.

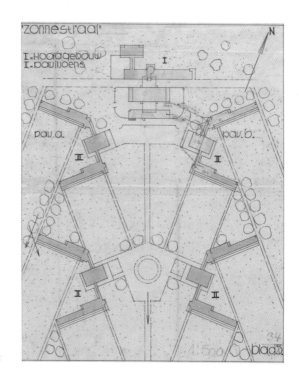

조네스트랄 결핵요양병원 배치도.
출처: Collection Het Nieuwe Instituut

이커의 체계는 당장의 실제적 적용이 가능했다.

근대건축의 아이콘

근대건축의 아이콘으로 바우하우스 신교사[140쪽 참조], 바르셀로나 독일관[190쪽 참조], 빌라 사보아[212쪽 참조], 그리고 슈뢰더 하우스[130쪽 참조] 등을 꼽을 수 있다. 하지만 다이커와 베이푸르트는 이 병원에서 근대적 재료인 보강 콘크리트의 구조적 가능성을 보이고 이를 통해 외피의 투명성을 확보했다. 또한 구조 유닛의 반복적인 생산과 조합으로 효율적이고 경제적인 시공의 가능성을 보여 줬다. 다른 것을 차치하더라도 근대 시기에 등장한 새로운 프로그램을 성공적으로 수용한 이 병원은 근대건축의 아이콘이라고 여길 만하다. 그렇다고 이 건물이 완벽한 것은 아니었다. 너무 넓은 창으로 인해 실내의 온도는 들쑥날쑥했고 한 여름의 뜨거운 열기를 감당 못해 냉방을 위한 설비가 추가로 필요했다. 구조체의 연결부위 그리고 창틀과 구조체의 접합이 부실해 누수가 발생했다.

병원을 개장한 지 10년이 채 안 돼 결핵의 치료가 약으로 가능해졌고 이같은 형식의 병원은 필요가 없어졌다. 그러나 북쪽에 복도를 배치하고 남쪽에 실을 구성한 바 타입(bar type)의 형식은 교육시설에 적용되어 꽤 오랫동안 사용되었다. 20세기 중반이 넘어가면서 새로운 교육 패러다임의 등장으로 이러한 형식의 학교는 유럽에서 서서히 사라졌지만 일본에 의해 근대적 학교의 형식을 이식받은 우리는 교육의 패러다임이 바뀌는 중에도 여전히 이러한 형식을 학교의 전형으로 여기고 있다.

1928년 조네스트랄 요양원을 방문한 알바르 알토는 자신의 건축 경력에서 중요한 분기점이었던 파이미오 결핵요양병원(Paimio Tuberculosis Sanatorium, 1929~1931)의 설계를 위한 중요한 아이디어를 얻었다.

조네스트랄 요양병원이 건축에서 구축성과 투명성을 드러내는 방법에 미친 영향은 그 어떤 건물보다 크다.

강태웅

판옵티콘

18세기 말 영국의 공리주의자 제러미 벤담이 구상하고 제안한 건물 형식이다. '넓다' 또는 '모두'의 의미인 'pan'과 '본다'라는 의미인 'opticon'의 합성어로 '전지전능한 시선'을 의미한다. 판옵티콘의 형식은 간단하다. 중앙에 감시자가 위치하며 감시자가 있는 곳을 중심으로 수감자의 방이 원형으로 배치되어 있다. 각 방은 중앙을 향해 열려 있어 중심에 위치한 감시자는 모든 수감자를 볼 수 있다. 특이한 점은, 감시자는 수감자를 볼 수 있지만 수감자는 감시자를 볼 수 없는 구조라는 것이다. 즉 감시자의 부재 시에도 수감자는 자신이 감시를 받고 있다고 생각할 수밖에 없다. 스스로 통제하도록 유도하는 시스템이다. 감옥은 근대 시기에 등장한 새로운 프로그램이다. 근대 이전에는 사형을 집행하기 전 잠시 가두어 두는 '옥(獄)'만이 필요했다. 생산이 미덕인 자본주의에서 금치산자와 부랑인 그리고 거지 등 사회 부적응자들은 교화하면 충분히 활용 가능한 노동력이었다. 죽이는 대신 강제노역을 통해 자급자족할 수 있는 '인민(People)'으로 거듭나게 하고 이 모든 것은 최소한의 감시자로 가능해야 한다. 감시하며 가두는 감옥의 탄생이다. 이 새로운 건물 형식은 병원, 학교, 요양소, 고아원, 병영, 공장 등에 적합했다.

판옵티콘은 근대성의 결정체다. 스스로 통제하는 자율성과 최소한의 감시자로 작동하는 효율성. 이 두 개념은 근대성의 핵심 개념이기 때문이다.

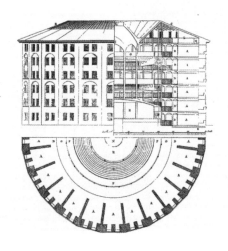

1791년 윌리 리빌리(Willey Reveley)가 그린 제러미 벤담의 판옵티콘 교도소 입면, 단면, 평면도.

철학자가 설계한 집

루드비히 비트겐슈타인의 하우스 비트겐슈타인

1926~1928

철학 작업은 건축 작업과 여러 면에서 유사하게도,
오히려 자기 스스로에 대해 연구하는 것이다.

루드비히 비트겐슈타인, 〈노트〉, 1931

건축과 철학이 서로의 영역을 넘나들며 실천의 지평을 넓히는 것은 이제 결코 새롭지 않은 일이다. 철학에서는 가설의 기초 위에 명제의 기둥을 세우고, 관념의 집을 짓는다는 건축 은유를 사용해 왔고, 건축에서는 철학의 개념을 의지해 건물을 설계하거나 비평하는 일이 빈번하다. 자크 데리다(Jacques Derrida, 1930~2004)와 피터 아이젠만(Peter Eisenman, 1932~)이 비교적 근래(1985~1986) 파리 라빌레트 공원 일부분의 디자인을 위해 그러했듯, 현대의 철학자와 건축가는 때때로 협업할 뿐만 아니라 서로의 역할을 바꾸기도 한다.

우리의 서양 근대건축사 산책길에도 두 영역이 교차하며 만들어 낸 흥미로운 기념비가 하나 있다. 그것은 바로 오스트리아 비엔나의 하우스 비트겐슈타인(Haus Wittgenstein, 1926~1928)이다. 이 집은 그곳 출신의 철학자 루드비히 비트겐슈타인(Ludwig Wittgenstein, 1889~1951)이 누나인 마가렛 스톤보로 비트겐슈타인(Margaret Stonborough-Wittgenstein, 1882~1958)을 위해 설계한 스톤보로 저택(Palais Stonborough)으로, 집 앞의 거리 이름을 따 쿤드만가세(Kundmangasse)로도 불린다. 철학자가 설계한 집이라……. 이쯤의 정보에도 우리의 흥미를 돋우는 요인이 몇 가지 있다. 하나는 물론 20세기 사상사에 "언어적 전회(the linguistic turn)"를 가

쿤드만가세에서 본 현재의 하우스 비트겐슈타인. ⓒ김현섭

겨온 걸출한 철학자로 인한 것이요, 또 다른 하나는 건축사와 연관된 비엔나라는 도시의 중요성 때문이다. 비엔나가 어떤 곳인가! 세기말의 분투와 실험으로 근대 문화를 잉태한 곳이자 비엔나 분리파들이 예술의 자유를 갈망했던 곳, 그리고 뒤이어 아돌프 로스의 침묵의 일갈이 깊이 새겨진 곳 아닌가![1] 게다가 이 집이 건축된 1926년에서 1928년 사이는 유럽의 근대건축운동이 절정으로 치닫는 순간이었다.

침묵과 절제의 전형, 하우스 비트겐슈타인

어떤 연유로 비트겐슈타인이 건축 설계에 관여하게 되었는지를 살펴보자.

---

[1] 문화 발전소와 같았던 세기말의 비엔나에서 분리파, 즉 제체시온의 건축가와 예술가들은 아카데미즘에 반발하며 예술의 자유를 외쳤다. "DER ZEIT IHRE KUNST DER KUNST IHRE FREIHEIT(그 시대에는 그 예술을, 그 예술에는 그 자유를!)" 그러나 아르누보 류의 지나친 장식적 경향에 대해 아돌프 로스는 건물의 외적 침묵을 주장한다("Heimatkunst", 1914).

1926년 봄, 마가렛은 로스의 제자인 파울 엥겔만(Paul Engelmann, 1891~1965)에게 현대적인 도시 주택을 설계해 달라고 의뢰한다. 이에 따라 엥겔만은 4월과 5월에 걸쳐 초기안을 마련했다. 그런데 당시 비트겐슈타인은 개인적으로 큰 절망에 빠져 있었다. 철학을 그만두고 초등학교 교사로 재직하던 중, 학생 체벌과 대인관계 등의 문제로 학교를 사임해야 했기 때문이다. 그는 자신의 인생을 완전한 실패로 여겼다. 마가렛과 엥겔만은 이러한 비트겐슈타인에게 일종의 치유의 기회를 주기 위해 이 프로젝트를 함께 하자고 청했다. 비트겐슈타인은 이를 받아들인다. 그런데 이 철학자의 성격이 웬만큼 강한 게 아니었다. 그가 설계 과정에서 조금씩 자기 주장을 넓히더니만 결국 모든 과정을 주관하게 된 것이다. 결국 11월 중순 엥겔만은 이 프로젝트에서 완전히 손을 떼게되었다. 대신 비트겐슈타인이 시공의 모든 단계까지를 관리 감독했고, 꼼꼼하

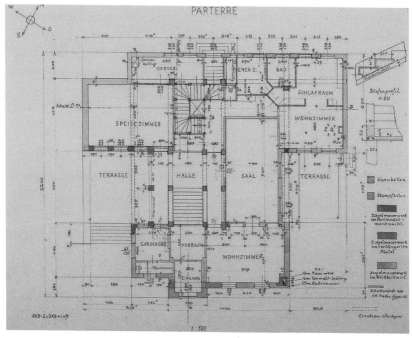

하우스 비트겐슈타인의 1층 평면도, 건축 허가용으로 1926년 11월 13일에 그렸다. ©Archiv Baupolizei, Vienna

하우스 비트겐슈타인의 계단 홀.
©Margherita Krischanitz.
출처: Paul Wijdeveld, *Ludwig Wittgenstein Architect*, Pepin Press, Amsterdam, 1993.

게 자기 아이디어를 관철시킨다. 벽면의 비례를 맞추기 위해 공사가 완료된 살롱 천장을 재시공해 3cm 높인 것은 흥미로운 일화이다(Hermine Wittgenstein, *Family Recollections*, 1945).

그렇다면 이 집은 과연 어떤 건축적 특징을 띠고 있을까? 대지는 링슈트라세(Ringstrasse)[2] 동쪽편의 비엔나 제3지구로 지역 전통의 네오르네상스와 네오바로크 양식 건물이 즐비한 곳이다. 이런 곳에 서게 된 하우스 비트겐슈타인은 외관에서부터 주변과 대조를 이루며 근대건축의 어휘를 충실히 드러낸다. 2~3층 높이의 입방체 블록들이 비대칭적으로 조합된 점이 그렇고, 규칙적인 창호 배치와 평지붕 역시 매우 모던하다. 특히 무장식의 평활한 벽면은 국제적 모더니즘의 이미지와 함께, 침묵과 절제라는 로스의 교의를 떠올리게 한다. 외관의 엄정성은 실내로도 이어진다. 집의 남동쪽에 위치한 현관을 들어서는 방문객은 먼저 전실 너머로 일련의 계단을 마주하게 된다. 이 계단을 따라 오르면 반 층 위의 정사각형 홀이다. 이 홀은 그곳 주층 동선의 중심으로서 살롱, 거실, 식당 등과 바로 연결된다. 그러나 마가렛의 거실, 침실, 욕실이

---

2   링슈트라세는 비엔나 구시가지를 둘러싼 거리로서 19세기 후반 역사주의 양식 건축물로 대대적인 개조 작업이 이루어졌다. 이곳의 가장(假裝)과 허세에 대해서는 로스가 신랄하게 비판한 바 있다("Potemkin City", 1898).

구비된 사적 공간은 홀에서 L자형 복도를 거치든, 살롱을 통하든 해야만 이를 수 있다. 2층과 3층은 홀 뒤편의 계단실이나 엘리베이터로 오른다. 2층에는 남편인 제롬 스톤보로의 방과 서비스 공간이, 3층에는 아이들 방과 손님 방 등이 배치되었다. 건축가는 이 모든 실내의 구성과 디테일에서 개인의 감정 표현을 극도로 억제하려는 의지를 보이고 있다. 흰색으로 도장된 무장식의 벽면, 천장, 기둥, 그리고 검정색의 바닥판이 그렇다. 또한 문과 창문의 엄격한 비례, 전구의 정밀한 배치도 마찬가지이다.

역사가 한노 발터 크루프트(Hanno-Walter Kruft, *A History of Architectural Theory from Vitruvius to the Present*, 1994)는 "가장 전형적인 로스의 디자인"이 로스가 아닌 비트겐슈타인에 의해 이루어졌다고까지 이야기했다. 실제로 비트겐슈타인이 로스와 교류했고, 이 주택 기본설계의 대부분을 로스의 제자가 수행했으니, 하우스 비트겐슈타인에서 로스를 떠올리는 것은 너무도 당연한 귀결이다. 로스와 비트겐슈타인의 관계는 비트겐슈타인의 철학과 건축의 관계만큼이나 흥미를 불러일으키는 사안이다.

집으로 구현된 논리

하우스 비트겐슈타인과 그의 철학 사이의 연관성에 대해서는 지금까지 많은 논의가 있었다. 앞에서 그의 건축에 대해 살폈으니 이제 철학에 대해 짧게나마 돌아볼 필요가 있다. 비트겐슈타인의 철학은 전기와 후기로 대별해 보는 것이 일반적이다. 전기 철학은 언어의 논리적 형식에 집중한 점이 핵심인데, 1922년 출판한 《논리-철학 논고(Tractatus Logico-Philosophicus)》가 이를 집약적으로 보여 주고 있다.[3] 그의 전기 철학이 비엔나의 논리실증주의자들에게 큰 영향을 미친 것은 잘 알려진 사실이다. 반면, 후기 철학은 전기 철학으로부터 탈피해 정황에 따라 말의 뜻이 달라짐에 주목한다. 그러한 변화에도 불

---

3   독일어 원본은 《자연철학연보(Annalen der Naturphilosophie)》라는 제목으로 1921년 출판되었다.

2.202 A picture represents a possible situation in logical space.

2.203 A picture contains the possibility of the situation that it represents.

2.21 A picture agrees with reality or fails to agree; it is correct or incorrect, true or false.

2.22 What a picture represents it represents independently of its truth or falsity, by means of its pictorial form.

2.221 What a picture represents is its sense.

2.222 The agreement or disagreement of its sense with reality constitutes its truth or falsity.

2.223 In order to tell whether a picture is true or false we must compare it with reality.

2.224 It is impossible to tell from the picture alone whether it is true or false.

2.225 There are no pictures that are true a priori.

3 A logical picture of facts is a thought.

3.001 'A state of affairs is thinkable': what this means is that we can picture it to ourselves.

3.01 The totality of true thoughts is a picture of the world.

3.02 A thought contains the possibility of the situation of which it is the thought. What is thinkable is possible too.

3.03 Thought can never be of anything illogical, since, if it were, we should have to think illogically.

3.031 It used to be said that God could create anything except what would be contrary to the laws of logic.—The truth is that we could not say what an 'illogical' world would look like.

12

3.032 It is as impossible to represent in language anything that 'contradicts logic' as it is in geometry to represent by its co-ordinates a figure that contradicts the laws of space, or to give the co-ordinates of a point that does not exist.

3.0321 Though a state of affairs that would contravene the laws of physics can be represented by us spatially, one that would contravene the laws of geometry cannot.

3.04 If a thought were correct a priori, it would be a thought whose possibility ensured its truth.

3.05 A priori knowledge that a thought was true would be possible only if its truth were recognizable from the thought itself (without anything to compare it with).

3.1 In a proposition a thought finds an expression that can be perceived by the senses.

3.11 We use the perceptible sign of a proposition (spoken or written, etc.) as a projection of a possible situation.
The method of projection is to think of the sense of the proposition.

3.12 I call the sign with which we express a thought a propositional sign.—And a proposition is a propositional sign in its projective relation to the world.

3.13 A proposition includes all that the projection includes, but not what is projected.
Therefore, though what is projected is not itself included, its possibility is.
A proposition, therefore, does not actually contain its sense, but does contain the possibility of expressing it.
('The content of a proposition' means the content of a proposition that has sense.)
A proposition contains the form, but not the content, of its sense.

13

《논리-철학 논고》의 샘플 페이지. 비트겐슈타인은 책 전체를 번호가 매겨진 일곱 개의 명제와 그 하위의 종속명제로 구성했다. 이러한 논리적 명료성과 완벽주의는 건축 작업에도 나타났다.

구하고 어떤 단어가 의미를 가질 수 있는 것은 모든 경우에 공통된 일반성이 존재해서가 아니라 서로 다른 맥락에서도 같은 단어가 중첩된 유사성과 관계성을 갖기 때문이다. 그는 이러한 특성을 "가족유사성(family resemblance)"이라 불렀다. 1930년대 중반부터 집필되어 사후 출판된 《철학적 탐구(Philosophical Investigations)》(1953)가 이 시기의 생각을 대변한다. 그렇게 본다면 비트겐슈타인의 건축과 관계시킬 수 있는 철학적 입장은 역시 전기의 것이다.

《논리-철학 논고》에서 비트겐슈타인은 기존의 철학이 오해한 언어의 논리, 즉 철학이 언어의 논리를 넘어서서 말할 수 없는 부분까지 말하려 한 오류를 문제 삼았다. 그리고 결론적으로, 말할 수 있는 것은 명료히 말하되 "말할 수 없는 것에 대해서는 침묵해야 한다."고 주장한다. 이제 철학의 논점은 언어가 말하려고 하는 바라기보다 그 언어 자체의 논리에 대한 비판으로 기울어진 것이다. 이것이 서두에서 언급했던, 철학에서의 언어적 전회이다. 한편 책 전체를 번호가 매겨진 일곱 개의 명제와 그 하위의 종속 명제들로 구성한 점, 그리고 논리기호를 통해 복합명제를 수학적으로 표현한 점 등도 논리적 명료성을 추구한 그의 완벽주의를 말해 준다. 고작 70여 쪽에 불과한 책이지만 비트겐슈타인은 이를 통해 철학의 모든 문제를 해결했다고 확신하고 철학을 떠났는데, 그 와중에 관여하게 된 것이 바로 이 건축 프로젝트였던 것이다.

비트겐슈타인의 철학과 건축의 관계에 대한 논의를 보건대, 그의 큰 누나인 헤르미네(1945)가 일찌감치 언급했던 "집으로 구현된 논리(hausgewordene Logik)"라는 말은 매우 적확해 보인다. 그의 철학의 논리적 엄밀성이 그 집의 형식논리로 나타났다고 볼 수 있기 때문이다. 이밖에도 철학자 게오르그 헨릭 폰 라이트(Georg Henrik von Wright, 1966)는 하우스 비트겐슈타인의 미학을 《논리-철학 논고》의 문장과 동일한 단순하고 정적인 성질의 것"이라 논평했고, 건축가 콜린 세인트 존 윌슨(2002)은 이 집을 《논리-철학 논고》의 보외삽입(extrapolation)"으로 이해했다. 그리고 나나 라스트(Nana Last, 2008)와 같은 연구자는 역으로 비트겐슈타인의 건축 작업을 후기 철학의 "공간적이고 시각적인 사유"에 대한 징소로 간주하기도 했다. 물론 그의 철학과 건축을 대응시키는 데에 대한 반론도 없지 않다. 특히 이 주택에 대한 실증적 연구를 수행했던 베른하르트 라이트너(Bernhard Leitner, 2000)는 둘 사이의 관계를 극구 부인하며, 건축은 "건축의 언어로" 이해되어야 함을 강조한 바 있다. 꽤 수긍이 가는 주장이다. 하지만 그렇다 하더라도 건축하기와 철학하기가 공유할 수 있는 '논리적 사고'의 존재마저 거부할 수는 없을 것이다.

하우스 비트겐슈타인의 의미

마지막으로 하우스 비트겐슈타인에 관해 반문할 사항이 있다. 그것은 이 집의 어디까지가 엥겔만의 설계이고 어디까지가 비트겐슈타인의 몫인지에 대한 것이다. 앞에서도 언급했듯, 비트겐슈타인의 프로젝트 참여 이전 엥겔만

철제 커튼이 설치된 하우스 비트겐슈타인의 거실. ©Bernard Leitner

은 기본설계를 대부분 진척했었다. 허나 1926년 여름 비트겐슈타인이 개입하면서 설계 마지막 단계의 결정권이 엥겔만으로부터 이 외고집의 철학자에게로 넘겨진 것은 분명한 사실이다. 그해 11월 13일의 공사 허가 도면에는 두 사람 모두의 서명이 있지만, 15일의 실시설계도에는 비트겐슈타인만이 서명자로 남게 되었다. 그러한 과정 속에서 비트겐슈타인의 극단적 객관주의는 엥겔만에게 여전히 남아 있던 고전주의적 디테일의 잔재를 일소해 버렸다. 벽면 하부의 돌림띠나 실내의 이집트식 기둥이 그 예이다. 그리고 건물 각 부분의 비례나 창호 배열 등의 마지막 척도 조정 역시 이 과정에서 이루어졌다. 게다가 각종 기계장치의 진보적 사용은 한때 공학도였던[4] 비트겐슈타인의 개성을 보여 주고 있다. 1층 여러 공간에 도입한 지하로부터 오르내리는 철제 커튼, 창호의 다양한 잠금장치, 바닥 온수파이프와 방열기를 이용한 난방시스템도 그가 직접 설계한 고안물이다. 그중 기계식으로 개폐되는 철제 커튼은 유리 박스의 엘리베이터 못지않게, 이른바 '기계시대'를 상징하는 요소라 할 만하다.

그럼에도 불구하고 비트겐슈타인의 관심사는 건축사적 측면에서 볼 때 다소 주변적이었다고 할 수 있다. 그리고 로스의 외관을 벗기고 본 실내의 공간 구성도 전통 상류 저택의 그것을 근대적으로 축약한 것에 다름 아니다. 현관에서 계단을 거쳐 주층 홀에 이르는 공간은 고전적 축적 구성을 그대로 따르고 있으며, 홀 자체도 비트겐슈타인 부모님 집의 전통적 인테리어를 정화한 유형으로 보인다. 애초에 엥겔만이 스승의 라움플란(Raumplan)을 적용하기에는 집의 규모나 건축주의 생활방식이 극히 부르주아적이었다. 또한 비트겐슈타인은 자유로운 평면과 같은 근대적 공간 개념에 그다지 주의를 기울이지 않았던 듯하다. 고로 비트겐슈타인의 주택 설계는 잠시 (아마추어) 건축가로 역할한 철학자의 흥미로운 작업으로 이해할 수 있다. 그리고 아마도 건축사적

---

4   비엔나의 유복한 집안에서 태어난 비트겐슈타인은 독일의 베를린과 영국의 맨체스터에서 공학을 공부했고, 수학과 철학에 관심을 갖게 되어 1912년부터 캠브리지에서 버트런드 러셀에게 사사했다. 제1차 세계대전 중 오스트리아군에 지원하여 복무하던 중 완성한 것이 《논리-철학 논고》이다.

측면보다는 근대의 문화사적 범주에서 더 큰 의미를 부여할 수 있을 것 같다. 물론 그렇다 하더라도 하우스 비트겐슈타인은 20세기 초 비엔나의 근대적 풍토 속에서 철학과 건축의 직설적 교차를 보여 주는 중요한 사례로서 우리 건축인들에게 여전한 울림을 준다.

김현섭

라움플란

라움플란(Raumplan)은 아돌프 로스의 독특한 3차원적 실내 공간 구성 체계로서 바닥 레벨이 여러 계단에 의해 다양하면서도 밀도 높게 구성된 점이 특징이다. '라움'이 공간(space)을 뜻하므로 용어 자체는 '공간 계획'으로 옮길 수 있지만 평면적 계획을 넘어선 3차원적 공간 구성을 부각시키기 위해 '볼륨 계획'이라 설명되기도 한다. 몰러 하우스(Moller House, 1927~1928)나 뮐러 하우스(Müller House, 1929~1930)에서 보게 되듯, 로스의 주택은 후기로 갈수록 바닥 높이를 달리하고 계단 위치를 분산시키는 경향이 있었다. 이로써 복잡다단하지만 밀도 높고 역동적인 실내 공간이 창출되었는데, 이를 라움플란의 전형으로 볼 수 있다. 앨런 콜훈(Alan Colquhoun, *Modern Architecture*, 2002)은 라움플란을 일종의 "시공간적 미로(a spatio-temporal Labyrinth)"로 여긴다. 그러나 로스 자신이 라움플란이라는 말을 사용한 것은 아니다. 이 말은 그의 제자였던 하인리히 쿨카(Heinrich Kulka, 1900~1971)에 의해 만들어졌고 그 개념도 그에 의해 정립되었다. 쿨카의 설명을 따라가 보자(*Adolf Loos*, 1931).

"로스 덕에 공간에 대한 새롭고 더 정교한 개념이 세상에 알려졌다. 그것은 생각의 공간적 실현으로서 서로 다른 여러 레벨의 평면을 하나로 구성하는 방식이다. 그리고 공간의 경제성에 근거해 서로 다른 부분을 연계시키며 조화로운 구조로 창조하는 구성 방식이다. 그 부분들은 위치와 용도에 따라 크기가 다를 뿐만 아니라 높이도 다르다. 로스는 이런 방식으로 같은 장소의 같은 볼륨 내에, 같은 지붕 아래, 같은 벽들 사이에, 그리고 수많은 개별 공간을 활용함으로써, 수많은 거주 공간을 창조했다. …… 수평적으로만 생각하는 건축가는 그 같은 거주 볼륨을 창조하기 위해 더 큰 공간을 구축할 필요가 있다."

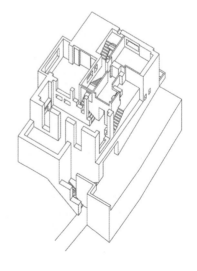

라움플란을 잘 보여 주는 프라하의 뮐러 하우스 실내 공간. 김현섭 재작도. 원본 출처: Max Risselada (ed), *Raumplan versus Plan Libre*, 1987

표현주의자의 또 다른 문화 발전소

에리히 멘델존의 쇼켄 백화점

1927~1929

모든 경향은 목표에 도달할 필요가 있다.
따라서 모든 경향은 새로운 건축을 위한 문제들을 해결할 필요도 있다.
그 문제들은 유리라는 재료를 어떻게 건축에 도입할 것인가, 공간적 요소들의 분석
그리고 재료와 구축 방법을 통한 새로운 형태의 건축의 추구가 그것이다.
에리히 멘델존, 〈독일 예술노동평의회 강연 발표문〉, 1919

독일의 유대인 건축가 에리히 멘델존(Erich Mendelsohn, 1887~1953)은 영화관과 백화점 건축의 전형을 제시한 것으로 알려져 있다. "문화로 사회 통합을 꿈꾼 표현주의 건축"[90쪽 참조]에서 언급했듯이 전후 독일의 암담한 현실을 극복하기 위한 문화의 전당으로서 극장은 건축가 브루노 타우트의 제안이었다. 따라서 표현주의 이념에 공명했던 건축가로서 멘델존이 극장과 유사한 문화적 기능을 수행하는 영화관의 전형을 제시했다는 것은 충분히 이해할 수 있다. 그러나 그가 자본주의의 상징인 백화점 건물의 전형을 제시했다는 사실은 궁금증을 유발한다.[1] 사회를 문화적으로 통합하려는 문화의 전당 극장, 영화관과 상품 자본 만능주의의 신전인 백화점 사이에 어떤 연결점이 있단 말인가?

청기사파와 다리파의 회원이었던 멘델존은 이념적으로 사회주의에 가까웠다. 나치 정권이 들어서자 유대인 박해를 피해 영국으로 망명, 팔레스타인을 거쳐 미국으로 이민해 건축을 계속했지만 동시대 건축가인 미스 반 데어

---

1   사실 그는 백화점을 설계하면서 동시에 소비에트연방공화국에서 사회주의적 성격의 프로젝트들을 수행하고 있었다.

가장 많이 알려진 에리히 멘델존의 작품인 아인슈타인 타워, 포츠담, 1917/1920~1921. ⓒ김현섭

역동적이고 단순한 크로키로
잘 알려진 타워 스케치, 1920.
©Kunstbibliothek der Staatlichen
Museen zu Berlin – Preußischer
Kulturbesitz. Photo: Dietmar Katz

로에나 발터 그로피우스에 비해 그리 순탄한 삶을 살지 못하다가 결국 암으로 불운하게 생을 마감했다.

멘델존에 대한 평가

경제학과에 입학했으나 건축으로 전공을 바꿔 1912년에 뮌헨대학을 졸업한 멘델존은 건축적으로 테오도르 피셔의 영향을 받았다. 피셔는 독일공작연맹의 공동설립자이자 초대 회장이었다. 그는 대칭과 수평성의 고전적 미학을 부인하고 지역적 맥락과 사회문화적 현상을 바탕으로 건축에 접근하려 했다. 지역성과 사회문화적 현상을 바탕에 두는 피셔의 태도는 표현주의 건축 이념과 잘 맞았다. 브루노 타우트, 휴고 헤링, 에리히 멘델존 등 표현주의 계열의 건축가에게 많은 영향을 주었다. 형태에 가치를 두지 않고 수행하는 기능과 맥락을 우선하는 태도로 생성되는 건물의 형태는 자유로웠는데, 이러한 시각적 특징으로 인해 멘델존은 유기적인 형태만을 추구하는 건축가로 오해받아 유기적 건축가로 불리기도 했다.

가장 많이 알려진 멘델존의 작품은 아인슈타인 타워(Einsteinturm, 1917/1919~1921)일 것이다. 아인슈타인 타워는 구불거리는 선으로 이루어진 역동적이고 단순한 크로키 스케치로도 유명하다. 이 때문에 그저 역동적이며 환상적

에리히 멘델존.

인, 다시 말해 표현(?)만 풍부한 건축으로 곡해되어 왔다. 그러나 초기 설계 아이디어를 표현한 듯한, 크로키처럼 단순하고 강한 몇 개의 선과 곡선 그리고 단색으로 이루어진 스케치들은 멘델존이 설계사무실을 열고 수주되는 일이 없어 극장의 무대 디자인이나 포스터 디자인으로 연명했을 때 습득된 기법으로 그려졌으며, 많은 경우 설계 과정에서 생성된 것이라기보다 건물이 준공된후 다시 그려졌다. 사실 멘델존은 아인슈타인 타워를 스케치에서 보이는 이미지와는 다르게 철저히 기능적인 관점에서 접근했다. 천체 물리학 연구를 위해각 실험실은 기능을 고려해 신중히 배치해야 했고, 상대성 원리의 증명을 위한 각종 관측 장비는 정교하게 설치되어야 했다. 치밀한 기능 분석과 정확한설계가 관건이고 상징성보다는 실제적인 접근이 필요한 프로젝트였다. 타워의시각적 이미지는 사실 부차적인 것이었다. 흥미롭게도 피셔의 영향을 받은 독일 표현주의 계열 건축가들은 공통적으로 건물의 기능에 상당히 고심했다.

멘델존은 미스, 헤링과 더불어 초기부터 데어 링의 멤버였다. 그러나 1927년 바이센호프 주택전시회 때 미스와 갈등 상황에서 헤링과 함께 전시를 포기하면서 이성주의자 진영과 대척점에 서게 된다. 이러한 정황은 헤링과 마찬가지로 그에 대한 건축사적 평가가 온전하지 못했다는 것을 의미한다.

도시의 랜드마크, 쇼켄 백화점

표현주의자와 백화점은 뭔가 잘 맞아 떨어지지 않는다. 그러나 멘델존의 백화점은 지향하는 바가 조금 달랐다. 그는 1925년부터 1932년까지 유럽 각지에 6개의 크고 작은 상업 건물을 설계했다. 그중 두 개는 상업 건물(Rudolf Petersdorff Store in Breslau, 1927; Doblouggarden Store in Oslo, 1932)이고 두 개는 백화점 리모델링 프로젝트(Schocken Department Store in Nurnberg, 1925; Cohen & Epstein Department in Duisburg, 1925) 그리고 두 개는 신축 백화점 프로젝트(Schocken Department Store in Stuttgart, 1927~1929; Schocken Department Store in Chemnitz, 1927)이다. 이 중에서 그의 첫 신축 백화점 건물인 슈투트가르트 쇼켄 백화점을 살펴보자.

멘델존의 초기 백화점 디자인을 보여 주는 블레슬라우의 루돌프 페터스도르프 상점. ©Myriam Thyes

쇼켄 백화점 스케치, 1926. ©Kunstbibliothek der Staatlichen Museen zu Berlin – Preußischer Kulturbesitz.
Photo: Dietmar Katz

건축인들의 반대에도 불구하고 1960년에 철거된 이 건물은 슈투트가르트의 오래된 재래시장이 있던 블록의 남측 끝에 있었다. 성곽이 헐리고 생긴 완만한 곡선도로가 대지의 남쪽 전면을 지나가고 대지는 그 블록의 중앙에 위치해 자연스레 블록의 랜드마크가 되었다. 대지의 전면에 새로 생긴 자동차도로와 블록 내부의 오래된 작은 가로들은 이 건물이 두 가지의 상이한 맥락에 반응해야 한다는 것을 의미했고, 멘델존은 덩어리와 입면의 구성으로 그것을 드러냈다. 그는 남쪽 자동차도로 쪽으로 네 개의 층을, 블록을 향해서는 두 개 층으로 구성된 덩어리를 배치하고 그 두 덩어리가 만나는 경계 양 끝에 코어를 놓았다. 전면 도로를 향해 돌출된 남서쪽의 투명한 반원형 코어는 방문자를 위한 수직 동선을 담당했고, 블록 안으로 삽입되어 있는 것은 직원을 위한 것이다. 이 두 코어를 경계로 입면의 요소도 구별된다. 쇼켄백화점은 철골구조를 주 구축 방법으로 콘크리트, 유리, 철 그리고 전기설비 등 당시로 본다면 최신 기술과 재료를 사용한 건물이었다. 멘델존은 이 구축 방법과 재료가 가진 장점이 드러나길 원했다. 남쪽 입면은 창을 안으로 밀어넣어 깊은 그림자를 생기게 해 수평적 육중함이 더욱 잘 드러나게 했으며 벽돌 및 석재 마감으로 주 구조체인 철골이 강조되게 했다. 반면 블록 쪽 입면은 단순한 벽돌쌓기와 요철 없는 창의 마감으로 평면적이고 중립적인 태도를 취했다. 맥락에 반응한 덩어리의 구성은 결과적으로 각 층별 모두 다른 평면을 만들어

에버하르트슈트라세와 에케 히르쉬슈트라세 쪽에서 본 쇼켄 백화점 투시 스케치, 1926~1927. ©Kunstbibliothek der Staatlichen Museen zu Berlin – Preußischer Kulturbesitz. Photo: Dietmar Katz

냈다. 멘델존은 3개 층을 관통하는 빛의 중정을 만들어 채광과 환기의 약점을 보완했다. ㅁ자형의 지상평면은 상층으로 올라가면서 점차 줄어들고 줄어든 곳은 테라스로 사용되어 외부와의 소통을 가능케 했다. 지하층부터 지상 3층까지 각 평면이 만들어 내는 공간의 성격에 맞게 상품이 배치 진열되고 손님은 새로운 방식으로 도시를 경험하며 쇼핑과 휴식이 결합된 새로운 소비를 할 수 있었다. 멘델존이 제시한 백화점은 도시의 새로운 활력을 불어넣는 랜드마크로서 또 하나의 문화적 장치였다. 철 프레임과 유리로 투명성을 강조해 그 블록의 랜드마크가 될 수 있도록 한 모습은 마치 벨기에의 아르누보 건물을 보는 듯하다[38쪽 참조]. 자본도 투명해야 함을 강조하고 싶은 걸까? 비록 자본과 유통의 상징이지만 도시 안에서 문화적 발전소가 되기를 바랐던 것일까?

백화점, 자본의 발전소

우리 주변의 백화점으로 눈을 돌려보자. 빛과 외부로 향하는 시선을 모두 차단당한 채 소비에 집중하도록 설계되어 있다. 안쪽으로는 관대하지만 밖으로는 철저히 폐쇄적인 군건한 소비의 성, 바로 자본의 발전소다. 지금은 거대 마천루와 메가스트럭처가 있어 도시에서 백화점과 같은 건물 형식이 갖는 위상이 20세기 초와는 많이 다르겠지만 여전히 백화점은 도시에서 중요한 집산적 장소이다. 다시 도시에서 문화적 발전소로서 역할을 기대하기는 어려운 걸까?

　백화점 수주 초기 멘델존은 건축주인 잘만 쇼켄(Salman Schocken, 1877~1959)과 설계 과정 중 지독한 논쟁을 해야 했다. 멘델존은 자신의 의도를 포기하지 않았고 쇼켄은 여느 건축주처럼 싸고 빠르게 짓기를 원했다. 그러나 논쟁은 생산적이었다. 비록 이 건물이 이후 사라졌지만 현대적 백화점의 전형이 되었기 때문이다.

강태웅

랜드마크

영어 'Landmark'의 어원은 'land'와 'mearc'의 합성어로, 왕국이나 부동산의 경계 표시를 위한 인공물 또는 자연물을 의미했다. 도시화가 진행된 곳의 랜드마크는 경계나 표식의 의미보다는 도시의 상징물이었다. 대표적인 것이 아테네의 파르테논, 파리의 에펠탑, 뉴욕의 자유의 여신상 등이다. 규모가 크고 높아서 눈에 띄는 건물이 드문 경우에 랜드마크는 그 지역을 상징했겠지만 건물의 규모와 높이가 과거와 달리 거대해지는 20세기 초부터 랜드마크는 거대한 건물의 군집으로서 도시 전체의 인상을 그리기 시작했다. 그 인상은 다시 도시의 윤곽을 만들어 낸다. 대표적인 예로 뉴욕, 맨해튼, 시드니가 있다. 이 도시들은 여전히 원경으로서 랜드마크의 의미를 품고 있다. 랜드마크는 지역의 표식에서 도시의 윤곽으로 진화했다.

도시가 거대해지다 못해 이제 그 경계마저도 가늠할 수 없는 메트로폴리탄의 시대다. 도시를 원경으로 보기는 이제 불가능해지고 있다. 그렇다면 랜드마크는 그 효용을 다 했는가? 현대에 와서 랜드마크는 시각적 상징성과 더불어 장소적 가치가 더해지고 있다. 이제 거대 구조물을 추구하는 개발의 논리에서 사건의 발생을 통한 장소의 기억이 더 강한 공유의 논리로 랜드마크가 진화하고 있다. 이탈리아 시에나의 캄포광장(Piazza del Campo)은 장소성이 랜드마크로 인지되는 좋은 예다. 광장은 도시의 비어 있는 곳이다. 광장에서 일어났던 또는 일어날 수 있는 사건의 기억과 기대감이 장소성을 만들어 내고 그 추상적인 인식이 랜드마크가 된다. 서울시청 앞 광장은 그 좋은 예다. 장소가 랜드마크다.

흐르는 공간의 경계 흐리기

미스 반 데어 로에의 바르셀로나 독일관

1928~1929

©김현섭

건축은 언제나 정신적 결단의 공간적 표현이다.
미스 반 데어 로에, 〈우리는 시대의 전환점에 서 있다〉, 1928

이미 살펴본 발터 그로피우스의 바우하우스 신교사[140쪽 참조]와 뒤에서 보게
될 르코르뷔지에의 빌라 사보아[212쪽 참조] 등은 서양 근대건축의 대표적 상징
물로 여겨진다. 그러나 그 못지않게 자주 거론되는 작품이 루드비히 미스 반
데어 로에(Ludwig Mies van der Rohe, 1886~1969)의 바르셀로나 독일관(Barcelona Pavilion,
1928~1929)이다. 1929년 바르셀로나 국제박람회를 위한 독일관 말이다. 이 건물
은 미스 경력의 전반기, 즉 1938년 미국으로 건너가기 이전 시기의 최고 걸작
일 뿐만 아니라 넓게는 유럽 근대건축운동의 결정체로도 간주된다. 하지만
바르셀로나 독일관은 박람회 건물의 성격상, 그로피우스나 르코르뷔지에의
작품과 달리, 행사 후 곧바로 철거될 수밖에 없는 운명이었다. 그럼에도 불구
하고 그 역사적 상징성은 이 작품을 빛바랜 사진 속의 아련한 기억으로만 남
게 하지 않았다. 바르셀로나 독일관은 흔히들 표현하듯, "재를 털고 다시 솟아
오른 불사조처럼" 1986년 동일한 자리에 고스란히 복원된다.

이 프로젝트를 착수하던 1928년 여름 즈음의 미스는 다양한 실험과 활동
으로 국제무대에서 두각을 나타낸 40대 초반의 건축가였다. 독일 근대건축의

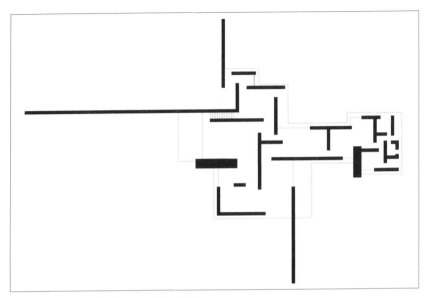
미스 반 데어 로에의 벽돌주택 계획안, 1924. 김현섭 재작도

대부 격인 페터 베렌스에게서 수련한(1908~1912) 미스는[1] (독립 후에도 당분간은 여전히 전통적 방식으로 건물을 설계했지만) 1920년대에 들어서며 근대주의 건축가로의 명백한 전환을 보인다. 1921년과 1922년에 연달아 제안한 유리 외피의 고층건물이 그 신호탄이라고 할까? 두 계획안에서 우리는 그가 훗날 미국에서 실현할 '강철-유리' 마천루의 기원을 찾을 수 있다. 콘크리트건물 계획안(Concrete Office Building Project, 1923)과 벽돌주택 계획안(Brick Country House Project, 1924)은 여러 재료의 가능성을 탐구한 대표적 사례이다. 당시 그는 휴고 헤링을 비롯한 베를린의 진보적 모더니스트들과 교류했고, 노벰버 그룹(Novembergruppe)과 데어 링에서 활동했으며[154쪽 참조], 한스 리히터(Hans Richter, 1888~1976), 테오 판 두스뷔르

---

1   페터 베렌스는 칼 프리드리히 싱켈로부터 이어지는 독일 고전주의적 기조를 공업화된 근대사회의 형태로 표출해
    낸 건축가이다. 대표적인 사례로는 베를린에 설계한 AEG 터빈 공장(1908~1909)을 들 수 있다. 르코르뷔지에와
    그로피우스도 미스와 비슷한 시기에 베렌스 사무실에서 근무했음은 잘 알려진 사실이다.

흐, 엘 리시츠키(El Lissitzky, 1890~1941) 등과 《G》라는 잡지를 발행하기도 했다.[2] 그리고 급기야는 근대건축사의 중요 이벤트였던 1927년 바이센호프 주택전시회의 디렉터로 활약하며 신건축의 선두주자로 나선 것이다. 이러한 새로운 건축을 향한 일련의 노력이 바로 바르셀로나에서 큰 도약을 이루었다.

바르셀로나 독일관의 구축법, 공간성, 재료성

바르셀로나 독일관의 특성은 구축법과 공간성, 재료라는 세 가지 관점에서 파악될 수 있다. 여기에서 구축과 공간의 문제는 비교적 밀접하게 동반되는 반면, 재료성은 꽤 독립된 주제인 듯하다. 재료성을 먼저 보자. 건물 복원 이전에는 남아 있는 흑백사진이 이미지를 보여 주는 사실상의 유일한 매체였는데, 이를 통해서는 그 물성을 제대로 파악하기가 어렵다. 반짝이는 크롬의 금속성과 커다란 유리면이야 흑백의 이미지에서도 대략 추측할 만하니 넘어간다 치자(물론 유리창에도 초록빛, 회색빛, 우윳빛 등의 색조가 가미되었음은 간과할 수 없지만 말이다). 하지만 아이보리 색깔의 석회암과 청록색의 대리석, 그리고 황갈색의 줄마노와 같은 고급 석재가 선사하는 풍부한 미감은 직접 경험하지 않고는 감히 판단하기 힘든 요소이다. 어쩌면 소수의 선택된 이들이 이 작품과 거의 동시에 건축된 체코의 투겐타트 주택(Haus Tugendhat, 1928~1930)에서 그 맛의 일부를 가늠할 수 있었을는지 모른다. 그리고 1950년대 시카고와 뉴욕의 몇몇 작품에서 그 재료의 감성을 잠시나마 상상하는 것도 불가하지 않았을 터이다. 그럼에도 불구하고 바르셀로나의 작은 전시관에 농밀히 집약된 물성의 관능적 체험에는 비할 수 없는 노릇이다. 이러한 재료적 특성이야말로 불사조의 부활이 새로 각인시킨 근대주의 건축의 일면으로서, 통상 떠올리던 백색의 건축이나 신객관주의와 큰 괴리를 보인다. 이러한 괴리는 재료의 감수성이 근대건축의

---

2   이 저널은 '조형'을 뜻하는 'Gestaltung'에서 명칭을 착안했고, 디자인의 'Sachlichkeit', 즉 사물 자체의 객관주의적 입장을 적극 옹호했다.

바르셀로나 독일관 전시실 내의 황갈색 줄마노 벽체. ⓒ김현섭

미스 반 데어 로에의 시그램 빌딩, 뉴욕, 1954~1958. 플랫폼의 수공간과 청록색 대리석은 바르셀로나 독일관의 어휘를 계승한다. ⓒ김현섭

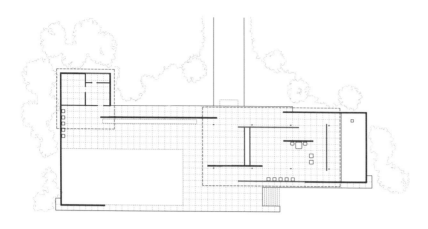

바르셀로나 독일관 평면도. 김현섭 재작도

요점에서 벗어나 있었음을 반증하는 셈이다.

그렇다면 공간성과 더불어 당대의 핵심 의제였던 구축법은 이 작품에서 어떤 방식으로 구현되었던가? 바르셀로나 독일관은 기본적으로 여러 개의 직사각형 판이 기단과 벽면과 지붕을 이루는 형국이다. 전체 영역은 아이보리빛 석회암의 플랫폼 위에 놓이는데, 그 영역은 크게 전시실, 부속실, 그리고 풀(pool)이 있는 옥외공간으로 나눌 수 있다. 물론 이 가운데에서 중심 공간은 전시실이다. 미스는 이를 여러 면의 교차된 판, 즉 석재벽과 유리벽으로 구획했고, 이와 동시에 여덟 개의 기둥을 세움으로써 구조부재와 칸막이벽을 분리했다. 여기에서 우리는 쉬이 르코르뷔지에의 돔이노 골조가 보여 준 여섯 개의 기둥과 자유로운 평면을 떠올리게 된다. 특히 십자단면의 크롬도금 기둥이보 같은 수평부재 없이 천장과 직접 만난다는 점에서 더욱 그러하다. 비록 천장 속에 복잡한 구조의 논리가 감추어져 있지만 외적으로 드러난 기둥과 수평면의 결합은 명징하고 경쾌해 르코르뷔지에의 그것을 뛰어넘는다. 빌라 사보아의 출입구 쪽 필로티가 지지하는 수평재를 보라[216쪽 사진 참조]. 돔이노 골조에서는 없던 바인데, 이상이 현실과 타협한 결과이다.

그러나 바꾸어 생각하면 미스의 기둥은 굳이 없어도 무관한 잉여물일 수

바르셀로나 독일관의 독립 벽체. ©김현섭

도 있다. 석재 벽면을 모두 내력벽으로(하고 천장 속 열개를 조정)한다면 거뜬히 지 붕판을 지지할 수 있기 때문이다. 이 건물을 높이 평가했던 프랭크 로이드 라 이트도 기둥에 대해서만큼은 무척 비판적이었다. 1932년 필립 존슨에게 쓴 편지에서 그는 이렇게 적었다. "나중에 우리 그놈의 철제 기둥 좀 없애 버리라 고 미스를 설득합시다. 그의 멋진 디자인 속에서 그건 너무 위험해 보이고 성 가셔요." 그러나 이 전시관에 기둥이 서 있는 것이 단지 구조의 필요 때문 만 일까? 꼭 그렇지만은 않을 것이다. 프란츠 슐츠(Franz Schulze)가《미스 반 데어 로 에(Mies van der Rohe: A Critical Biography)》(1985)에서 변호하듯, 이는 구조적 이유 때문 이라기보다 질서의 표현을 위해서였다고 이해하는 편이 타당해 보인다.

흐르는 공간의 경계 흐리기

바르셀로나 독일관의 공간이 펼쳐진 것은 이와 같은 구축과 질서의 논리 위 에서였다. 특히 미스의 벽면은 다변화된 공간의 형성을 위한 충실한 봉사자이 다. 전시실은 직사각형의 단순한 지붕면으로 덮여 있지만 아래의 내부공간은

벽면을 따라 외부와 다방향으로 얽히며 좀 더 복잡한 직교체계의 흐름을 이 룬다. 그리고 이 흐르는 공간은 벤치가 있는 기다란 독립 벽으로도 안내되어 무한한 확장성을 암시한다. 이러한 벽면 구성과 공간 흐름에 대한 미스의 개 념은 전술했던 수년 전의 벽돌주택 계획안에 이미 나타났다. 직교체계 속에 구성된 다수의 길고 짧은 벽면을 보자. 이들은 공간을 구획하지만, 결코 완전 히 닫힌 실내를 만들지 않는다. 공간은 이리저리 자유로이 흐르는데, 때때로 길게 연장된 벽면을 만나면 함께 뻗어나가기도 한다. 유사한 아이디어가 더 스테일의 판 두스뷔르흐가 선보인 회화와 다이어그램에서 강조된 바 있다. 그

197

부속실 쪽에서 게오르그 콜베의 조각을 향해 본 모습. "어디부터가 내부이고, 어디까지가 외부인가?" ©김현섭

게오르그 콜베의 조각이 있는 전시실 안쪽 수공간. 위는 지붕이 덮이지 않은 외부 공간이다. ©김현섭

런데 판 두스뷔르흐를 포함한 당대 네덜란드 예술가들 다수가 그러한 공간에 대해 미국의 라이트로부터 빚지고 있었다. 지금 못지않게 이때에도 주도적 아이디어는 전위자들 사이에서 쉽게 유포되고 공유되었던 것 같다. 미스가 베렌스로부터 독립한 후, 라이트뿐만 아니라 네덜란드의 베를라헤에게도[3] 강하게 이끌렸음 역시 기억할 필요가 있다.

---

3   네덜란드 근대건축의 선구자인 베를라헤는 로테르담의 추상적 더 스테일 그룹과 암스테르담의 표현주의적 건축가 모두에게 강한 영향력이 있었다. 그의 1911년 미국의 라이트 방문은 네덜란드와 유럽에 라이트의 건축을 알리는 데에 일조했다.

요컨대, 흐르는 공간과 이를 통한 내외부의 경계 흐리기에 대한 미스의 천착을 우리는 여기에서 명백히 볼 수 있는 것이다. 그런데 무척 흥미로운 사실 하나가 박람회 때의 사진에서 감지된다. 그것은 당시의 사진 대개가 전시실에 있는 두 개소의 출입구 문을 모두 제거한 상태로 (혹은 문을 설치하기 전의 상태에서) 촬영되었다는 점이다. 이로써 독자들은 마치 출입문 자체가 존재하지 않아 실내외의 구분이 원천적으로 불가하다는 인상을 받게 된다. 게다가 대부분의 출판된 평면에도 출입문은 그려져 있지 않다. 어디부터가 내부이고, 어디까지가 외부인가? 내외부의 모호한 경계에 대한 미스의 개념은 어쩌면 그것을 강조하고픈 모더니스트 역사가들의 열망에 의한 산물일는지 모르겠다. 그러나 복원된 건물에서처럼 바르셀로나 독일관에 문은 원래 존재했다. 꼼꼼한 관찰자라면 출입문이 부재한 사진 속에서도 문의 경첩이 놓일 홈을 간파할 수 있으리라. 내외부 공간의 관입이라는 개념은, 사진과 도면의 다소 불명확하지만 은근한 제스처를 통해 실제보다 과도히 강조되었다고 생각된다.

그럼에도 불구하고 바르셀로나 독일관은 여전히 내외부 공간의 교차라는 개념을 매우 강력하게 선사한다. 평상시 활짝 열린 문이 내외부의 구분을 모호하게 하고 있음은 꽤 부수적인 사실일 것이다. 더 중요한 사실은 전시실 안쪽의 수공간 위에 지붕이 덮이지 않았다는 점이다. 게오르그 콜베(Georg Kolbe, 1877~1947)의 조각이 세워진 이곳은 지붕이 없는 까닭에 출입문을 닫더라도 외부임에 틀림없다. 그러나 내부 전시실과 열린 벽 사이로 연통하니 내부이기도 하다. 내부이자 외부이며, 외부이자 내부인 공간. 이러한 공간적 특성이 가능한 이유는 이 건물이 비교적 단순한 기능의 전시관이자 임시시설이었기 때문이리라. 하루 온종일을 복잡한 인간사 속에 부대끼며 살아야 하는 주택이라면 이야기가 좀 달라진다. 이 전시관과 유사한 개념이 다분했던 투겐타트 주택은 그같은 공간의 적용에 제한적일 수밖에 없었음을 유념할 필요가 있다.

미스의 공간 개념의 변화

서두에서 시사했듯, 바르셀로나에서 거둔 미스의 성취는 그의 경력 전반기의 절정을 점하는 것이다. 그런데 이 말은 그 이후 양상의 필연적 변화를 뜻하기도 한다. 가장 주목할 만한 점은 미국으로 건너 간 뒤의 미스가 실내 공간을 직사각형의 중성적 기하체계로 점차 가두게 되었다는 사실이다. 미스의 후반기 경력의 대표적인 작품들을 떠올려 보자. 판스워스 하우스(Farnsworth House, 1945~1951), 레이크쇼어 아파트(860 – 880 Lake Shore Drive Apartments, 1948~1951), IIT 크라운홀(Crown Hall at IIT, 1950~1956), 시그램 빌딩(Seagram Building, 1954~1958), 베를린 신국립박물관(Neue Nationalgalerie, Berlin, 1962~1968) ……. 제각기 우리의 시선을 사로잡는 걸작임에 이의가 없다. 이들은 모두 적음으로써 많아졌고(Less is more!), 정교한 디테일을 통해 그 단순미를 격상시켰다(God lives in the details!). 또한 이들의 강철과 유리 조합은 현대건축을 창조해 낸 전형이기도 하다.

하지만 공간적으로 본다면 바르셀로나에서의 혁신이 이들 가운데에서 재도약을 보였다고 말하기는 좀 힘들 듯하다. 아니, 오히려 그 혁신이 후퇴한 것은 아닐까? 단순미와 보편성을 향한 부단한 행진으로 말미암아 무한 확장의 공간성이 기하학의 굴레 속에 갇히게 되었다고 볼 수도 있으니 말이다. 게다가, 미스와 헤링의 논쟁에서 추론했듯[119쪽 참조], 모든 것을 위한 널찍한 사각형의 보편적 공간은 실은 어느 한 기능에도 부합되지 않을 때가 빈번하지 않나. 이러한 비판이 미스의 위대한 업적을 해하지는 않겠지만, 그에 대한 평가에 작으나마 균형을 잡아 주는 인자가 될 수 있을 것이다. 그래도, 바르셀로나의 불사조는 여전히 날아오른다.

김현섭

국제박람회와 근대건축

국제박람회 전시관은 근대건축의 발전에 결정적인 역할을 해 왔다. 최초의 만국박람회였던 1851년의 런던 대박람회를 위해 조셉 팩스턴(Joseph Paxton, 1803~1865)이 설계한 수정궁은 압도적 규모와 신속한 조립 및 철거, 그리고 유리와 철의 사용이 획기적이었다. 특히 유리라는 재료의 투명성 및 새로운 공간 개념은 과거의 역사주의를 벗어버리고 신기술과 산업사회에 역동적으로 대응한 점에서 미래를 지향했다고 할 수 있다. 당시 혹자는 수정궁을 "건축의 새로운 양식을 알리는 혁명"으로 여겼다.

속속 이어지는 박람회에서도 우리는 건축사적 중요성을 발견하게 된다. 예컨대, 1900년 파리 엑스포는 아르누보의 승리를 잠시나마 확인할 수 있는 계기였다. 당초 벨기에의 국가적 성향을 머금고 시작된 이 양식이 유겐트슈틸, 리버티 스타일 등으로 불리며 유럽 전역으로 확산되었기 때문이다. 민족낭만의 파리 엑스포 핀란드관도 이 계열에 속한다. 비록 만국박람회는 아니지만 1914년 쾰른의 독일공작연맹 전시회도 무척 중요하다. 발터 그로피우스의 독일공작연맹 전시관이 공업사회의 시대정신을 형상화한 것으로 받아들여졌기 때문이다. 이미 서술했듯, 니콜라우스 페프스너는 윌리엄 모리스의 수공예운동에서 시작된 "새로운 양식"이 여기에 이르러 완성되었다고 주장했다. 그러나 유럽 근대건축운동이 절정에 이른 것은 1929년 바르셀로나 박람회를 위해 미스가 설계한 독일관에서였다. 이 건물의 수평판과 수직판이 닫히고 열리며 유도하는 내외부의 공간적 흐름은 그간의 건축적 실험을 융합하고 세련되게 표현한 결과이다. 제1차 세계대전의 전화를 딛고 새롭게 국제사회에 편입하려는 독일의 이상이 여기서 상징적으로 드러난 셈이다. 박람회 후 철거된 이 건물이 건축사적 성취와 전설적 위용으로 인해 1986년 그 자리에 복원되었음을 우리는 앞에서 살펴보았다.

한편, 1930년대의 국제박람회 전시관은 완성된 근대건축의 이상이 외연을 확장하는 장이었다. 군나르 아스플룬드가 주도적이었던 1930년 스톡홀름 박람회는 중부 유럽의 모더니즘을 북유럽에 상륙시킨 계기였고, 알바르 알토가 설계한 1939년 뉴욕 박람회 핀란드관은 근대의 어휘에 지역의 기운을 불어넣은 사례이다. 후자는 파동치는 벽면과 반복적 수직선을 조합해 숲과 호수 그리고 북극광의 핀란드를 표상했다. 요컨대, 국제박람회는 근대건축의 형성에 강한 자극을 준, 그리고 근대건축의 양상을 입증하며 확인할 수 있었던 이벤트였다.

사회적 응축기로 인민을 계몽하려 하다

모이세이 긴즈부르그의 나르콤핀 공동 거주시설

1928~1930

©NVO

진정한 여성 해방과 공동체의 실현은 인민들이
자질구레한 집안 일을 개개인이 아닌
사회적(공동)으로 해결하려는 것에서부터 시작된다.

레닌, 1919

레닌의 이 말은 자본주의가 필연적으로 내포할 수밖에 없는 경제적 구조의 불합리성과 계급간 불평등을 해소하기 위해 가장 작은 사회구조 단위인 가정에서부터 계급과 노동의 평등함을 이루어야 한다는 레닌(V.I. Lenin, 1879~1924)의 선언이다. 이 선언은 러시아의 근대건축운동을 주도한 OSA 그룹(Organisation of Contemporary Architects, 1925~1930)이 제시한 사회적 응축기(Social Condensor)라는 개념의 기원이 되었다. 계급의 해체는 코드의 해체를 의미한다. 러시아의 근대예술운동은 레닌의 혁명이 성공한 1917년부터 꽃을 피우기 시작해 스탈린이 정권을 잡은 1930년대 즈음에 지고 만다. 여느 독재자처럼 스탈린은 기존 코드의 부활을 꿈꾸었고, 1931년 권위주의적이고 기념비적인 소비에트궁전 현상공모전이 그 신호탄이었다[238쪽 참조].

사회적 응축기

1918년 프리 워크숍(Free Workshop)이라는 교육기관으로부터 러시아의 근대예술운동은 시작되었다. 일반적으로 이 예술운동을 통칭해서 러시아 구성주의

타틀린의 제3인터내셔널 기념탑 모형, 1919.

(Russian Consructivism)라고 일컫는다. 우리나라에서 'Consructivism'을 구축주의가 아니라 구성주의로 번역한 것은 일본의 영향일 것이다. 하지만 분명한 것은 러시아의 예술운동에는 '구축'과 '구성'이라는 두 가지의 개념이 존재했다는 사실이다. 네덜란드에서 표현주의 계열의 암스테르담학파와 더 스테일파로 나뉘어 서로 신랄한 비평과 논쟁을 하며 근대예술운동의 새로운 담론을 생산해 냈듯이 러시아에서도 지향점은 같지만 서로 다른 두 가지 태도가 있었다. 하나는 절대주의(Suprematism)의 창시자로 알려진 카시미르 말레비치(Kasimir Malevich, 1878~1935)를 중심으로 한 구성주의자(Compositionist)이다. 다른 하나는 제3인터내셔널 기념탑으로 유명한 블라디미르 타틀린(Vladimir Tatlin, 1885~1953)을 주축으로 한 구축주의자(Constructivist)이다. 이들은 이념적으로는 코드의 해체라는 공통된 지향점이 있지만 그 지향점에 도달하기 위한 태도와 결과는 달랐다.

　구상적인 것으로부터 추상적인 것으로 점진적 변화를 보인 몬드리안과는 다르게 러시아 구성주의자들의 결과는 애초부터 구상적(figurative) 요소를 배제하고 출발했다. 더 스테일보다 코드, 즉 계급과 위계의 해체에서 더 과격했다고 볼 수 있다. 이 태도의 수장격인 말레비치는 더 스테일파의 판 두스뷔르흐처럼 자신의 작업들이 건축의 담론으로 확대되기를 원했다. 소위 "아키텍톤(Arkhitekton)"이라는 연작이 그것이다. "아키텍톤"은 재료와 물성을 알 수 없는 요소들로 구성하고 시간성을 삭제한, 그야말로 순수성을 강조한 작업이다. 말레비치의 작업은 이후 엘 리시츠키의 공동 작업으로 이어진다. "프로운(Proun: Project for the Affirmation of the New)"으로 명명된 이 작업은 엘 리시츠키가 절대주의 회화의 영향을 받아 그만의 스타일로 회화를 발전시키는 과정에서 생산된 연작이다. 절대주의 회화는 경향 면에서 몬드리안의 작업과 비견되는데 시기상으로는 네덜란드의 더 스테일보다 조금 앞선다. 애초에 구상적 요소로부터 출발한 몬드리안보다 더 과격한 추상화 작업을 시도했다. 무채색과 삼원색으로 채색된 2차원 기하학 요소들이 크기와 관계성만을 가지고 구성되어 있다. 엘 리시츠키는 이러한 절대주의의 회화에 축의 개념을 적용하거나, 다중적 투시도법을 이용해서 공간적 깊이를 주는 등 건축적 작업으로 발전시켰다.

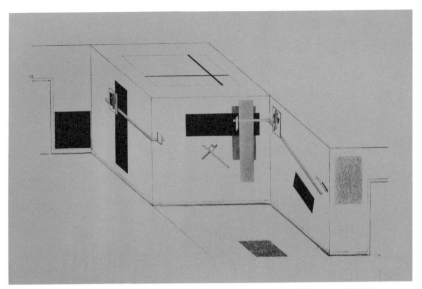

엘 리시츠키, 케스트너마페 프로운(Kestnermappe Proun, Rob. Levnis and Chapman GmbH Hannover #6), 1923.
말레비치의 절대주의 회화에 축의 개념과 투상의 개념을 적용해 공간적 깊이를 부여한다. 출처: Wikipedia Creative Commons

시간성을 삭제하고 순수성을 강조한 말레비치의 아키텍톤, 1929~1931.

구성주의자 측이 코드가 삭제된 순수한 형태를 찾고 그것을 통해 이념의 재현을 추구했다면, 구축주의자들은 물리적인 구축성을 산업·생산품과 사회에 접목하는 현실적인 접근을 강조했다. 이들은 구성주의자의 형태 생산과 구성 원리의 탐구에서 만족하지 않고 그것들이 실제로 구축되는 것에 관심이 많았다.

두 경향은 르코르뷔지에의 건축적 이념과 이탈리아의 미래주의를 골고루 섭취한 유대인 건축가 모이세이 긴즈부르그(Moisei Ginzburg, 1892~1946)에 의해 1925년에 OSA그룹을 중심으로 통합되고, 두 집단의 교집합이던 코드 삭제의 욕망은 앞서 언급한 레닌의 선언을 바탕으로 사회주의적 계발 장치인 사회적 응축기로 건축화되어 등장한다. 응축기는 기체 상태의 물질에서 에너지를 방출시켜 액체 상태로 바꾸는 장치이다. 한마디로 응축기는 같은 물질의 밀도를 높이는 작업을 한다. 강제로 밀도를 높인 물질이 급격하게 밀도가 낮아지면 에너지를 흡수하게 된다. 사회적인 응축기는 산업혁명 이후 전 유럽을 휩쓸고 있었던 자본주의의 흔적들을 방출시킴과 동시에 사회주의 이념과 그 체제에 적합하게 인민의 사회주의적 밀도를 높이는 개혁과 개조의 건축적 의지였다.

공동 거주시설의 기원

이러한 장치는 건축적으로 어떻게 실현되었을까? 인민의 계몽은 그들의 삶의 방식을 바꾸는 것부터 시작했다. 방식의 전환은 노동자 클럽, 탁아소, 공동세탁소, 체육시설 등 집산적 시설로 드러난다. 특히 레닌은 엥겔스(Friedrich Engels, 1820~1895)의 영향으로 여성의 사회적 참여를 장려했는데, 그 중심에 공동의 집이라는 의미의 러시아어인 '돔 코뮤나(Dom-Kommuna)'로 불리는 공동 거주시설이 있었다. 긴즈부르그의 나르콤핀 거주시설(Narkomfin Housing Accomodation, 1928~1930)은 주거공간과 집산적 시설이 복합적으로 구성된 대표적인 돔 코뮤나이다. 이 시설은 두 가지 타입의 평면[1]으로 구성된 약 54호의 단위 주호가 배

---

1 대부분 복층 구조로 2개 층 높이의 거실이 딸리고 두 개의 침실로 구성된 'K'타입이고, 나머지는 원룸 형식의 'F' 타입이다.

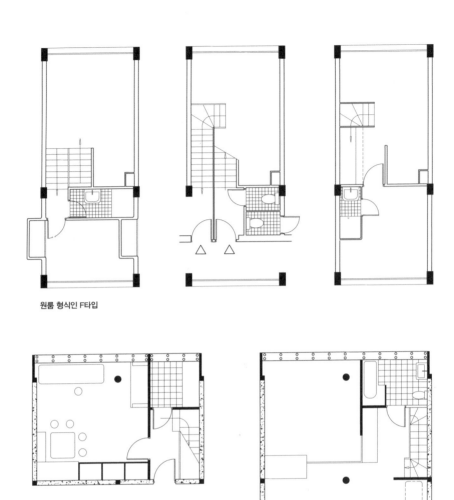

원룸 형식인 F타입

침실 2개인 K타입

나르콤핀 공동 거주시설 평면도. 강태웅 재작도

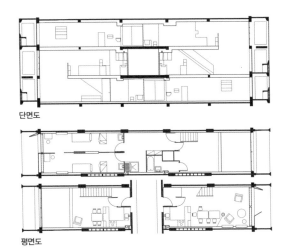

단면도

나르콤핀 공동 거주시설의 영향을
받은 르코르뷔지에의 실험적 공동
거주시설인 위니테 다비타시옹의 도면.
강태웅 재작도

평면도

치된 긴 매스의 본동과 공동 주방, 매점, 탁아소 등과 같은 집산적 시설이 모여
있는 부속동 그리고 이 둘을 연결하는 브리지로 구성되어 있다. 보, 기둥 그리
고 바닥판으로 이루어진 구조적 이점으로 필로티와 입면의 가로로 긴 창이 가
능해지고 옥상은 펜트하우스와 정원으로 구성되어 마치 르코르뷔지에가 주
장한 새로운 건축을 위한 5원칙에 충실한 듯하다. 하지만 오히려 나르콤핀은
르코르뷔지에의 실험적 공동 거주시설인 위니테 다비타시옹(Unite d'Habitation,
1947~1953)에 지대한 영향을 주었다.

긴즈부르그는 실제로 르코르뷔지에가 주장한 기계로부터 유추된 미학
과 기능 등 그의 건축 이념에 공명했다. 그러나 긴즈부르그는 이 같은 이념들
을 르코르뷔지에보다 극단으로 추구했다고 볼 수 있다. 르코르뷔지에가 건축
을 "살기 위한 기계"로 여겼다면, 긴즈부르그는 더 나아가 "살게 하는 기계"로
여겼다. 건축으로 사람을 바꿀 수 있다는 믿음은 문명만으로 문화를 만들 수
있다는 극단의 실증주의(Positivism)이다. 극단의 실증주의는 이탈리아의 미래주
의 운동에서도 보이듯이 자국의 후진성에 대한 피해 의식이 강할 때 등장한
다. 러시아도 예외는 아니었다.

스탈린이 정권을 잡고 고전으로 회귀하는 바람에 이 위험한 실험은 중단

나르콤핀 공동 거주시설의 내부. ©trevor.patt

되었는데, 어찌된 일인지 인민을 사회주의 시스템에 적합하게 계몽하려고 고안한 거주 형식인 공동 거주시설은 자본주의 시스템에 잘 기생했고, 우리나라에서 많은 이들이 선호하는 거주 형식이 되어 버렸다. 그러나 초기 공동 거주시설에 깊숙이 내재한 사회적 응축기의 개념은 거의 희석되었고 아파트는 마당 없는 단독주택을 수직으로 쌓아올린, 부동산 그리고 자산 가치 개념이 반영된 수직 적층 주거일 뿐이다. 오히려 이 적층 주거는 중세의 견고한 성과 같다. 성은 성벽을 경계로 성 안과 성 밖으로 영역을 나누고 성 안측에 우월적 지위를 부여한다. 또 다른 코드의 생성이다. 그러나 최근 우리사회에 등장한 공유주택과 도시와 마을의 재생이라는 이슈가 오래 전에 잊어버린 장소와 공동체의 개념을 형식적으로 재생하려는 움직임이라고 본다면 근대시기의 러시아의 이 건축적 실험이 또 다른 해법을 제시하는 것은 아닐까?

강태웅

도덕적 증기기관, 사회적 응축기, 쾌락적 응축기

철학자 헤겔은 예술의 범주에 건축을
포함시키며 순수함의 정도에 따라 시를
최상위에, 건축을 최하위에 배치했다. 건축이
최하위에 배치된 것은 예술이긴 하나 순수
이성적 작업만으로는 불가하며 사회적
관계와 물리적 상황 등을 고려해야 하는
예술이라는 의미다. 사회적 관계와 물리적
상황 등을 고려한다는 것은 이 행위가 고려
대상에 어느 정도 직접적인 영향을 준다는
의미이기도 하다. 근대 시기에는 건물로
사회를 변화시킬 수 있다고 생각했다.
산업혁명의 발상지인 영국에서는 도덕적
증기기관(moral steam-engine, 1817)이라는
형식이 등장했다. 노동력이 중요했던
영국에서는 자본주의 경제체제에 적합한
신인류의 생산이 필요했다. 당시 아동 노동이
합법이었던 영국에서는 보다 효율적인
생산을 위해 아동의 계몽이 필요했으며
그것은 도덕적 증기기관으로 가능하다고
생각했다. 도덕적 증기기관은 당시 공장의
부속시설로 세워지던 일요학교를 부르던
말이었다. 일요학교는 최초의 공립학교이자
근대적 학교의 기원이다. 이 도덕적
증기기관은 20세기 중반까지 유럽 학교
형식의 전형이었다. 그러나 팀 텐의 구성원
중 하나인 알도 판 에이크에 의해 새로운
개념의 학교 형식이 제안되고 20세기 중반을
기점으로 유럽은 도덕적 증기기관에 대해
의문을 품게 된다.
도덕적 증기기관이 등장하고 몇 년이 지나
러시아에서 사회적 응축기를 제안한다.
사회적 응축기는 공동체적 삶의 극단이다.
비록 이러한 삶의 형식이 기본적으로
집산적이고 금욕적이지만 그 이면에는 공동
목욕탕, 공동 체육시설 그리고 공동 식당과
같은 공동의 쾌락이 자리 잡고 있다. 금욕과
쾌락은 동전의 양면과 같다. 네덜란드의
건축가 렘 콜하스는 모더니즘이 추구해 온
극단의 순수성과 금욕적 태도를 러시아에서
추구한 공동체적 삶과 대비시키며 자본주의
사회에서 증발된 원초적인 욕망이 쾌락적
장치를 통해 응축되어 다시 나타나기를
기대하며 쾌락적 응축기를 제안한다. 이
개념은 그의 책 《광란의 뉴욕(Delirious
New York: A Retroactive Manifesto for
Manhattan)》(1978)에서 등장한다.

순수주의 미학과 현실의 간극

르코르뷔지에의 빌라 사보아

1928~1931

©김현섭

유럽 근대건축운동의 가장 대표적인 아이콘으로 르코르뷔지에의 빌라 사보아(Villa Savoye, 1928~1931)를 꼽는 데에는 큰 이견이 없을 듯하다. 이 집을 동시대 다른 거장들의 작품과 비교해 보아도 그렇다. 발터 그로피우스의 바우하우스 신교사(1925~1926)는 당대 국제건축의 상징이었다[140쪽 참조]. 하지만 빌라 사보아가 내포하는 시적 감수성의 측면에는 다소 초연했다. 미스 반 데어 로에의 바르셀로나 독일관(1928~1929)은 공간과 재료, 그리고 미니멀리즘의 미학을 통해 근대건축의 가능성을 새로운 차원에서 제시한 걸작이다[190쪽 참조]. 그러나 박람회를 위한 전시관이라는 건축 유형은 주택에 비해 기능이 매우 단순하다. 따라서 빌라 사보아의 평면과 단면에 녹아든 수많은 아이디어의 농밀한 응축을 발견하기에는 한계가 있다.

그러하기에 지금까지 대개의 건축사서는 르코르뷔지에의 이 디자인을 근대건축의 표상으로 내세우는 데에 주저하지 않았다. 비록 그러한 역사 서술과 빌라 사보아 모두 현재적 관점에서 여러 비판을 받고 있지만 말이다. 예컨대, 1932년 뉴욕 현대미술관의 "현대건축 국제전"은 빌라 사보아를 핵심 사례로 간주했고, 지그프리트 기디온은 《공간 시간 건축》(1942)에서 이 집을 새로

213

운 시공간 개념을 담는 "정신적인 구축(construction spirituelle)"의 예로 치켜세웠다. 또한 근래의 윌리엄 커티스(William J. R. Curtis)는《1900년 이후의 근대건축(Modern Architecture Since 1900)》(1982)에서 예외적으로 빌라 사보아와 르코르뷔지에의 집합 주거 블록인 위니테 다비타시옹을 각각 독립된 장으로 다룸으로써 중요성을 부각시켰다.

빌라 사보아, 전반기 르코르뷔지에 아이디어의 결정체

파리 북서쪽으로 약 30km 떨어진 푸이시에 위치한 이 빌라는 사보아 가족을 위한 주말 별장으로 계획되었다. 필로티 위에 세워진 백색의 박스형 볼륨은 평면이 정사각형에 가까우며, 한 변의 길이는 20m 가량이다. 규모를 생각하면 가히 저택(villa)으로 불릴 만하다. 1층에서는 필로티 안쪽으로 후퇴한 벽면을 따라 U자형의 평면이 형성되었다. 그리고 그 중심축을 기준으로 대부분의 기둥이 대칭으로 자리해 규칙적인 리듬을 보인다. 원호 끝 중심축 상에 위치한 출입구에 들어서면 같은 축 위에 놓인 경사로를 제일 먼저 대면하게 된다. 1층의 중앙을 호령하는 이 "건축적 산책로(promenade architecturale)"는 2층을 거쳐 3층 최상위 레벨까지 이어진다. 실내의 산보객은 이 경사로를 따라 오름으로써 내부 공간을 다각도로 지각하고 체험할 수 있는 것이다. 그리고 이와는 별개로 서비스 동선을 담당하는 계단실이 경사로 좌측 편에 배치되어 각 층의 부속 공간을 매개한다. 이 계단실은 주택 전체와 마찬가지로 자체로서 하나의 오브제인데, 평면은 (반시계 방향으로 90° 회전했을 뿐) 1층 U자형 평면의 축소판이다.

빌라 사보아의 주층(piano nobile)이 백색의 박스형 볼륨을 자랑하는 2층임은 자명하다. 외적으로 이 볼륨은 기하학적 순도가 높지만, 내적으로는 다양한 형태와 크기의 공간이 퍼즐처럼 직조되어 꽤 복잡하다. 북서쪽에 자리한 살롱은 가장 큰 실내 공간이다. 여기에서는 외벽 전면을 가로지르는 가로로 긴 창을 통해 바깥의 푸른 초장을 조망할 수 있다. 반대편은 침실과 같은 사적 공간이 점한다. 그리고 그 사이의 한편이 큼직한 테라스에 할애되었는데, 이 테

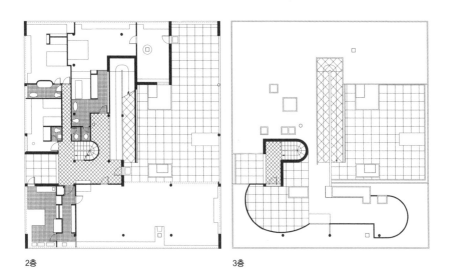

2층

3층

1층

빌라 사보아의 평면도. 김현섭 재작도

빌라 사보아의 1층 필로티와 출입구. ⓒ김현섭

라스는 옥상정원이자 실외화된 하나의 방이기도 하다. 살롱과 테라스는 커다란 통유리창으로만 구분되었기 때문에 실내외의 시각적 경계는 전무하다. 이같은 실내의 연장으로서의 옥외 공간은 빛, 조망, 그리고 신선한 공기에 대한 르코르뷔지에의 열망이 반영된 것으로, 특히 그의 집합주택 계획안에 두드러지게 나타난다.[1] 테라스에서는 곧바로 경사로를 통해 최상층(3층)의 옥상정원에 이를 수 있다. 이곳은 가벽으로 공간이 일부 구획되었고, 곡면의 가벽은 최상층의 조형성을 높인다. 전체적으로 볼 때, 빌라 사보아의 모든 공간과 형태는 평면에 의해 잘 제어되어 있는 셈이다. 정사각형(에 근접한) 외곽선 내에서 1, 2, 3층 평면이 각각 전혀 다른 공간과 기능을 매우 콤팩트하게 담아낸 까닭이다. 평면이야말로 건축의 "발전기(generator)"라는 그의 주장을 여기에서 떠올릴

---

1   그는 《건축을 향하여》(1923)에서 집합주택에 테라스 정원, 공중정원, 옥상정원 등 다양한 유형의 실내외 전이공간을 제시했다.

빌라 사보아의 실내 경사로와 계단실. ⓒ김현섭

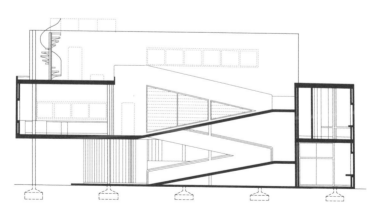

빌라 사보아의 단면도. 김현섭 재작도

만하다. 더불어 이 주택의 평면은 추상화적 구성(composition)을 연상시키기도 한다. 특히 3층 평면을 보라. 이러한 연상 작용은 순수파 화가로서의 그의 경력에 기인한다.

빌라 사보아 프로젝트를 수행할 당시, 르코르뷔지에는 이미 다양한 작품과 출판 등의 활동을 통해 자신만의 아이디어를 벼려온 40대 초반의 야심찬 건축가였다. 예를 들면, 그는 메종 돔이노에서² 엿보였던 새로운 건축을 위한 5원칙(필로티, 자유로운 평면, 자유로운 입면, 가로로 긴 창, 옥상정원)을 확립했고, 바이센호프 주택전시회나 빌라 가르쉐(Villa Garche, 1926~1928) 등 다수의 주택을 실현해 주목받았다. 그리고《건축을 향하여(Vers une architecture)》(1923)와《도시계획(Urbanisme)》(1925)을 통해 건축과 도시 디자인을 위한 강력한 어젠다를 공표한 바 있다. 게다가 1928년 창설된 CIAM에서는 서서히 리더십을 발휘하기 시작했던 상황이었으며, 1918년 아메데 오장팡과 함께 천명한 순수주의(Purisme) 회화의 창작은 여전히 지속되고 있었다. 그에게 주어진 푸아시의 너른 대지와 예산은 이 같은 개념과 야심을 더 확장시킬 절호의 기회였음에 틀림없다. 그리고 그는 이를 놓치지 않았다. 한마디로 말해 빌라 사보아는 르코르뷔지에의 전반기 경력과 아이디어가 응집된 결정체이다.

"살기 위한 기계"의 순수주의 미학

특히 이 집은 앞서 언급했던 새로운 건축을 위한 5원칙이 가장 잘 구현된 예이다. 필로티와 가로로 긴 창은 외관에서 단번에 알아볼 수 있는 요소이고,

---

2   메종 돔이노 혹은 돔이노 골조는 한 주호 단위의 철근콘크리트 골조로서 여러 개를 이어 연립주택을 만들 수 있는 시스템이다. 이 골조에서는 여섯 개의 기둥이 세 개의 슬래브를 지지하는 가운데, 바닥 슬래브가 여섯 개의 블록 위에 놓이고 계단이 세 개의 슬래브를 연결하고 있다. 수직 하중은 모두 받으므로 내부에는 자유로운 평면 구성이 가능하고, 기둥이 슬래브 바깥 면에서 안쪽으로 후퇴했기 때문에 자유로운 입면과 가로로 긴 수평창이 가능하다. 또한 최상층으로 이어진 계단으로 인해 옥상정원을 만들 수 있고, 바닥 슬래브 아래의 블록은 필로티의 단초가 되었다. 이 시스템을 '돔이노'로 명명한 것은 복합적이다. 어원적으로는 돔이노(Dom-ino)가 로마시대 개인주택을 뜻하는 '도무스(Domus)'와 연계되는 한편, 기둥 여섯 개가 슬래브에 표시된 형상이 '도미노' 게임의 점 여섯 개짜리 패를 연상시키기 때문이다. 르코르뷔지에는 1차 세계대전이 발발했을 때 신속한 주택 복구를 위해 돔이노 골조를 고안했는데, 전쟁은 그의 생각보다 광범위했을 뿐만 아니라 훨씬 오래 지속되었다[125쪽 그림 참조].

빌라 사보아의 2층에서 최상층으로 올라가는 경사로. ©김현섭

빌라 사보아의 2층 테라스. ©김현섭

옥상정원은 2층의 테라스와 최상층에 적용되었다. 그리고 자유로운 평면 및 자유로운 입면은 기둥의 전략적 사용으로 가능했다. 즉 기둥이 구조적 역할을 담당함으로써[3] 벽면은 비내력의 칸막이로 평면에 따라 융통성 있게 활용되었고, 입면 역시 구조와 무관하게 자유로운 표정을 지을 수 있었다. 후자는 결국 이 집에서 가로로 긴 창으로 가름된다. 여기에서 기둥이 '전략적으로' 사용되었다 함은 전체적인 기둥 배치가 5×5의 바깥 기둥 배열을 기조로 하되 내부 기둥의 배치는 공간의 필요에 맞게 조정되었음을 뜻한다. 1층의 U자형 내부 공간의 기둥 배치, 무엇보다 정중앙의 출입구와 경사로를 둘러싼 기둥 배치가 그러하다. 이와 같은 다섯 가지 원칙 가운데 필로티와 옥상정원은 르코르뷔지에의 전후 대표작인 위니테 다비타시옹으로도 명백히 이어졌다. 전통적으로 건축이 "장소의 혼"을 섭취하며 "땅에 뿌리 내림"의 신화를 창조했다면[109쪽 참조], 필로티는 건축물을 땅으로부터 들어올림으로써 특정의 지형이나 장소와 무관한 인공적 지반을 형성할 수 있다는 가능성을 내포한다. 이렇게 볼 때, 빌라 사보아와 위니테 다비타시옹 모두에서 필로티는 한 장소에 고착되지 않고 어디에든 옮겨갈 수 있는 건축의 보편적 면모를 나타낸 것에 다름 아니다. 말 그대로 '국제적'이다. 대양을 운항하는 증기선처럼 말이다. 이와 같은 필로티의 함의는 옥상정원에서 확증된다. 상부 구조물이 증기선 갑판 위의 이미지를 암시함으로써(비록 이러한 암시가 빌라 사보아보다 위니테 다비타시옹에서 훨씬 명징하지만) 근대 기계주의 사회의 주거를 상징하기 때문이다.

하지만 빌라 사보아에서 기계시대(machine age)에 대한 고민이 전폭적으로 드러난 것은 자동차와 집과의 관계에 있다. 1층 평면은 파리에서 차를 타고 이 별장에 도착하는 사보아 가족을 위해 고안되었다. 주요 진입 방식을 보자. 우선 사보아의 자동차는 바깥 게이트를 통과해 대지를 가로지른 후 건물 뒤편에 다다라야 한다. 그리고는 집 출입구에 이르기 위해 훨씬 주의를 기울여

---

3   이 집의 1층 출입구 쪽 기둥(필로티) 위에 보가 있는 것은 구조의 논리가 현실적으로 반영된 사례인데, 메종 돔이노의 기둥이 수평재 없이 슬래브를 직접 지지하고 있는 것과 다르다. 하지만 구조적 역할이 덜했던 바르셀로나 독일관의 기둥은 보 없이 천장 슬래브와 직접 만난다[195쪽 참조].

위니테 다비타시옹의 옥상정원. ©김현섭

위니테 다비타시옹의 필로티. ©김현섭

야 하는데, 필로티와 U자형 벽면 사이의 진입로를 반시계 방향으로 반쯤 조심스레 돌아야 하는 이유에서이다. 그리고 가족이 차에서 내리면 자동차는 조금 더 돌아 좌측의 차고로 곧장, 그러나 대각선 방향으로 들어가게 된다. 이와 같은 진입 방식에 건축가가 천착한 탓에 여타의 방식은 그다지 진지하게 고려되지 않았던 듯싶다. 북서측 입면에서 출입구를 가로막고 있는 정중앙의 필로티를 보라! 이로 인해 그 방향에서의 진입은 유예된다. 그가 사모했던 파르테논 신전도 중심축 상에 기둥을 두지 않았다. 더욱이 건물을 둘러싼 차로로 인해 건물과 대지가, 혹은 건축과 자연이 철저히 분리되었음은 주목할 필요가 있다. 이 정도의 대지가 주어졌다면 다른 많은 건축가는 집과 정원을 어떻게 관계시킬 수 있을지 무척 세밀하게 고려했을 것이다. 건물과 대지의 분리는 전술했던 필로티의 효과이기도 한데, 이로써 빌라 사보아에서 자연은 오로지 옥상에서만 향유될 수 있다.

"살기위한 기계"로서 빌라 사보아가 갖는 이러한 특성은 순수주의 화가이기도 했던 그의 미학적 선호도에도 기인했음이 분명하다. 그가 정사각의 기하형태에 모든 공간을 밀도 있게 담아낸 점, 건축적 산책로나 옥상의 조형물 등으로 미학적 가치를 증폭시킨 점, 모든 척도와 시각을 섬세히 조절한 점 등을 높이 평가하자. 그렇지만 아쉽게도 그는 기본적으로 주택을 캔버스 위의 오브제와 동일시했던 것으로 보인다. 우리 삶의 현실은 하나의 화폭으로만 고정될 수 있는 것이 아니라 수많은 사회적 요인들의 상호작용에 의해 형성되는데도 말이다. 이리 생각할 때, 예산이 배가되었다거나 누수로 인해 심각한 문제가 발생했다는 정도의 불평은 더 커다란 구도의 비판 가운데 상당히 지엽적인 일부에 지나지 않을지도 모른다.

그럼에도 불구하고 혹은 그러한 까닭에, 빌라 사보아는 우리에게 이중의 교훈을 제시한다. 근대 건축가의 이상적 꿈이 얼마나 아름답게 그려질 수 있는지를 보여 주었기 때문이며, 그 꿈이 현실과 이루는 간격이 얼마나 큰지도 보여 주었기 때문이다. 푸른 풀밭 위의 하얀 집은 사진 속에서 가장 빛난다.

김 현 섭

건축적 산책로

건축을 움직임(movement)으로 보려 했던 르코르뷔지에의 생각은 경사로를 중심으로 한 "건축적 산책로"로 구현된다. 이것은 빌라 라로쉬(Villa La Roche, 1923~1924)를 비롯한 1920년대의 여러 파리지앵 주택에 도입된 후 빌라 사보아에서 중추적 요소로 자리 잡았으며, 라투레트 수도원(Sainte Marie de La Tourette, 1956~1959)이나 하버드대학교 카펜터센터(Carpenter Center for the Visual Arts at Harvard University, 1959~1963)와 같은 후기 작업에 이르기까지 계속 적용되었다. 이 개념에 직접 영감을 준 것은 아테네의 아크로폴리스로 보인다. 르코르뷔지에는 《건축을 향하여》에 건축사가 오귀스트 수아지(Auguste Choisy, 1841~1909)의 아크로폴리스 배치도를 삽입하며, 대지 레벨의 상승과 하강, 공간과 건물의 비대칭적 구성, 시각의 미묘한 변화 등을 강조했다. 경사로를 올라 프로필레아를 통과하고, 아테나 상을 거쳐 에렉테이온과 파르테논에 이르는 길은 역동적인 시공간의 체험을 선사해 준다. 이러한 건축적 산책에는 수평적 움직임과 수직적 움직임이 동반되는데, 후자는 계단과 경사로를 통해 가능하다. 하지만 호세 발타나스(Jose Baltanás, *Walking through Le Corbusier*, 2005)가 강조하듯 둘 중 "시공간적 연속성"을 보유할 수 있는 것은 경사로이다. 반복적 정지를 전제하는 계단과

달리 경사로는 "방해받지 않는 오름"을 통해 지각적 경험을 강화시킬 수 있기 때문이다. 빌라 사보아를 보자. 여기에서 경사로는 전체적으로는 중심축 상에 놓여 있다. 하지만 이것이 한쌍의 길로 구성되었기 때문에 각각은 모두 중심축에서 살짝 비켜 서 있다. 중앙의 현관을 들어선 방문객은 경사로를 오르기 위해 오른쪽으로 약간 몸을 틀게 된다. 경사로를 오르는 과정에서는 내부 공간의 점진적 변화를 시지각적으로 경험할 수 있는데, 참에 이르러서는 몸의 방향을 완전히 180도 전환해야 한다. 2층에 오른 방문객은 그곳의 실내 공간 돌아본 후, 테라스로 나와 옥외 정원을 거닐게 된다. 산책의 절정은 최상층 정원을 향해 한 번 더 경사로를 오르는 과정이다. 이번의 경사로는 아래층과 달리 옥외에 놓인 까닭에 하늘을 향한 상승을 은유하기도 한다. 르코르뷔지에의 건축적 산책로와 경사로는 이후의 많은 건축가가 도입한다. 뉴욕 파이브(New York 5)의 일원이었던 리처드 마이어(Richard Meier, 1934~)의 경우가 대표적이다. 우리나라에서는 르코르뷔지에 사무실에서 일했던 김중업(1922~1988)이 주한 프랑스 대사관(1959~1962)을 비롯한 여러 건물에 스승의 건축적 산책로를 적용했다.

모더니즘의 현장 , 유럽을 가다

일본 건축가 요시다 테츠로의 구미여행

1931~1932

요시다 테츠로의 도쿄 중앙우체국(1927~1931). 출처: 《요시다 테츠로 작품집(吉田鉄郎建築作品集)》, 1968.

현대건축에서는, 전전(戰前)의 다양한 예술지상주의적
혹은 극도의 개인주의적 색채가 급격히 줄고, 사회의식이 농후하게
퍼지게 되었다. 건축가 전체가 각자의 소아를 희생하고, 공동으로
민중의 생활에 근거한 가장 건강하고, 가장 능률적이며,
또한 가장 경제적인 합리주의 건축을 창조하기 위해 노력하는 것이
명확히 보인다. 따라서 그 표현은 지극히 단순명쾌하다.

요시다 테츠로, 《세계의 현대건축》, 1930

지금까지의 서양 근대건축사 산책이 건축물 하나하나를 방문해 살피는 데에
중점을 두었다면, 이번 여정은 방법을 조금 달리해 보면 어떨까? 일본의 건축
가 요시다 테츠로(吉田鉄郎, 1894~1956)의 구미출장에 동행함으로써 말이다. 서양
근대건축의 숲이 조성되던 당시의 생생한 광경을 목도한 이방인의 눈은 우리
에게 새로운 시각을 줄 수 있고, 그 또한 역사의 현장에서 일획을 담당해 은
근한 영향력을 발휘했다.

일본 체신성 소속의 건축가였던 요시다는 도쿄 중앙우체국(東京中央郵便局,
1927~1931)으로 일본 근대건축사의 한 페이지를 장식한 인물이다. 1894년생으로
르코르뷔지에보다 일곱 살 어리고 알바르 알토보다 네 살 위의 연배이니, 유
럽 근대건축의 거장들과 같은 세대에 속한다. 그는 또한 야마다 마모루(山田守,
1894~1966), 호리구치 스테미(堀口捨己, 1895~1984) 등과 같은 일본 분리파(分離派)[1] 건
축가들의 동경대학교 한 해 선배이기도 하다. 설령 그가 분리파에 참여했던
이들 만큼의 대중적 인기를 얻지는 못했을지 모르지만, 건축가로서 그의 탁

---

1   비엔나의 제체시온에서 이름을 본 딴 이 그룹은 1920년 구성원들이 동경제국대학을 졸업할 즈음에 결성되었다. 이들은
     과거 역사주의로부터 탈피할 것을 선언했고, 건축 디자인에서는 표현주의적 경향을 보였다.

미국행 범선인 브레멘 호에서의 요시다,
1932년 6월. 출처: 《요시다테츠로의
해외여행(吉田鉄郎·海外の旅)》, 1980.

월성은 많은 사람들이 인정한 바이다. 특히 수년간(1933~1936) 일본에 머무르며
일본의 건축을 직접 체험하고 관찰했던 독일의 대표적 모더니스트 브루노 타
우트는 그를 일본 최고의 건축가라 칭송한 바 있다.[2] 요시다는 초기 건축물에
서 표현주의적인 경향과 북유럽의 낭만주의적 성격을 보였지만, 앞서 언급한
도쿄 중앙우체국을 완성함으로써 일본 모더니즘 가운데 자기 위치를 확립한
다. 도쿄 중앙역 바로 옆에 위치한 이 건물은 역사와 지하로 연결되어 신속하
고 효율적으로 우편배달을 할 수 있도록 기능을 추구했다. 또한 흰색 타일로
덮은 합리주의적 철근콘크리트 건물로 근대 도쿄의 이미지를 상징화했다. 그
가 해외 출장길에 오른 것은 바로 이 건물이 완공될 즈음이었다.

---

2   "요시다 씨는 가장 뛰어난 건축가 중의 한 사람 - 아니, 최고로 뛰어난 건축가라 말할 수 있다(1933년 9월 15일 타우트
     일기). "요시다 씨는 우에노 씨와 더불어 일본에서 가장 탁월한 건축가이고, 대단히 친절하다(1934년 2월 8일 타우트
     일기)."

모더니즘의 현장, 유럽대륙으로

요시다의 출장은 서양 선진국의 방송국시설 조사가 명목이었다. 출장 전의 공문서에는 다음과 같은 짤막한 기록이 남아 있다. "프랑스 및 캐나다로 출장명령 체신성[仏國及加奈陀へ出張ヲ命ス (旅費七千圓給与) 遞信省]". 그가 도쿄를 출발한 날이 1931년 7월 29일이고 구미, 즉 유럽과 미국의 순방을 마치고 요코하마에 도착한 날이 이듬해 7월 28일이니, 그의 출장에는 정확히 1년이 소요된 셈이다. 전체 1년의 일정 중 오가는 항해 여정과 20여 일의 미국기행을 빼고도 유럽대륙에서 체류한 기간은 9개월을 넘는다. 그는 일부 나날을 공식적 업무대로 방송국 견학과 보고서 작성에 할애했지만, 나머지 대개의 시간은 당대 유럽건축의 리더를 만나고 그들의 작품을 답사하는 데에 몰두했다. 일본에서 매월 서양의 건축 잡지를 탐독하고 1930년에 이미《세계의 현대건축(世界の現代建築)》을 출간한 요시다였다. 그러한 열정의 30대 젊은이에게 이번 여행은 서양의 모더니즘을 체득할 수 있는 절호의 기회였던 것이다. 게다가 체신성 동료 건축가였던 야마다 마모루가 두 해 전 같은 방식으로 출장을 다녀온 것 역시 자극이 되었다. 야마다는 1920년대 분리파를 결성한 것으로서 뿐만 아니라, 1932년 뉴욕 현대미술관의 건축전시회를 기해 출간된《국제주의 양식: 1922년 이래의 건축》에 작품을 올린 유일한 일본인 건축가라는 사실로도 기억할 만하다.

　요시다는 스위스를 거쳐 베를린에 도착한 후, 그곳을 베이스캠프 삼아 유럽 각국을 방문한다. 여행 중의 일기와 편지에 따르면(向井覺 編,《吉田鉄郎·海外の旅》, 1980), 그는 취리히에서 CIAM의 수장 지그프리트 기디온과 카를 모저(Karl Moser, 1860~1936)를 만난 것을 필두로 유력한 건축인들과 교류했다. 베를린의 모더니스트만 치더라도 그는 수첩에 포엘치히, 그로피우스, 타우트, 헤링, 멘델존, 샤로운, 미스 등의 이름과 주소를 기록해 두고 있었다. 그런데 흥미롭게도, 그가 베를린에 정착하자마자 제일 먼저 향한 곳은 스톡홀름이었다. 전부터 스웨덴의 건축, 특히 20세기 초 그 나라 낭만주의 건축의 대표작으로 꼽히던 랑나르 외스트베리(Ragnar Östberg, 1866~1945)의 스톡홀름시청사(Stockholms Stadshus, 1909~1923)에 크게 매료됐기 때문이다. 그의 벳푸공회당(別府市公会堂, 1926~1928)은

랑나르 외스트베리의
스톡홀름 시청사,
1909~1924, ©김현섭

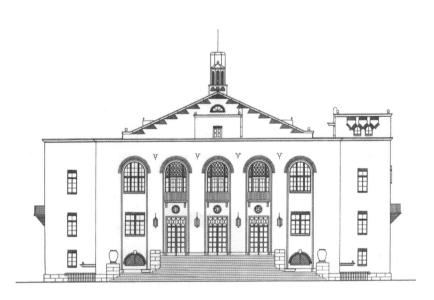

랑나르 외스트베리의 영향을 보이는 요시다 테츠로의 벳푸공회당(1926~1928), 출처: 《요시다테츠로 작품집》, 1968

이 건물의 낭만성의 영향을 받은 작품이다. 스톡홀름에 머물던 10월 어느 날의 일기를 보자. "일본을 떠날 때는 외스트베리도 만날 계획이었는데, 시청사를 실제 본 다음엔 그의 위대함에 압도됐는지 나 자신의 빈약함이 통절하게 느껴져 그를 더 이상 만나고 싶지 않게 됐다. 그러나 …… 다시 한 번 용기 내어 처음 계획대로 그를 만나기로 결심했다." 이러한 스톡홀름에서의 답사와 외스트베리, 군나르 아스플룬드 등의 건축가와의 만남은 말년에《스웨덴의 건축가(スウェーデンの建築家)》(1957)를 저술하게 한 모티브가 되었다.

하지만 유럽 모더니즘에 대한 그의 입장은 슈투트가르트의 바이센호프 주택전시회에 대한 반응에서 더 잘 읽힌다. 1927년 독일공작연맹이 주최하고 미스가 주관했던 이 행사가 근대건축 전개의 중요한 모멘텀으로 간주되어 왔음은 주지의 사실이다[152쪽 참조]. 특히 열여섯 명의 건축가가 스무 채 넘는 건물을 설계했기 때문에, 이에 대한 반응은 요시다의 건축 성향을 파악할 수 있는 지침이 될 수 있다. 그는 슈투트가르트의 건축가 리하르트 되커(Richard Döcker, 1894~1968)의 안내로 이 주택단지를 답사한다. 그에게 이만한 가이드가 또 있었을까? 되커는 요시다와 동갑내기였을 뿐만 아니라 주택전 당시 베를린의 미스를 대신해 현장을 감독했고, 건물 두 동을 설계한 핵심 인물이다. 12월 5일의 일기에 요시다는 다음과 같이 적는다. "르코르뷔지에 것에는 그다지 관심을 두지 않았다. 그로피우스는 역시 좋다. 마트 슈탐도 꽤 좋다. 타우트, 포엘치히에는 관심이 없다. 어쨌건 전체적으로 색깔이 좋은 것에는 변함없이 관심을 가졌다." 요시다가 르코르뷔지에 주택에 무관심했던 것은 다소 의외이다. 그러나 타우트, 포엘치히보다 그로피우스를 선호함은 도쿄 중앙우체국을 통해 표현주의에서 합리주의로 변화된 그의 경향을 보여 준다.《세계의 현대건축》의 서문에서도 그는 개인주의로부터 합리주의 건축으로의 전환을 제1차 세계대전 후의 주요 흐름으로 서술했다. 한편, 건물 색깔에 대한 그의 관심은 주목할 만하다. 그간 흑백사진으로 간과되어 온 근대건축의 중요한 단면을 생생하게 일깨우는 인자이기 때문이다.

바이센호프 주택전시회에서 요시다가 좋아한 네덜란드 건축가 마트 슈탐(Mart Stam, 1899~1986)이 설계한 블록. 벽면 색깔은 흑백사진이 담지 못하는 푸른빛을 띠고 있다. ©김현섭

바이센호프 주택전시회에서 요시다가 크게 관심을 두지 않은 르코르뷔지에의 2호 연립주택. ©김현섭

그럼에도 불구하고 우리가 여기에서 더 눈여겨보아야 할 점은 요시다의 여행

이 일본건축을 서양에 알리는 계기로 작용했다는 사실이다. 그는 유럽대륙에

서 처음 만난 스위스 건축가들을 비롯해 그곳의 모더니스트들이 일본의 주

택건축에 지대한 관심을 보인 것에 크게 놀라게 된다. 그리고 그들과 이에 대

해 논하기도 하고 일본 미닫이창의 디테일을 가르쳐 주기도 했다. 특히 그가

자기 포트폴리오 격으로 제작해 간《신일본주택도집(新日本住宅圖集)》(1931)은 무

척 유용했던 것으로 보인다. 이것은 그의 바우하우스 강연(11월 7일)에서 교재

로 사용되었으며, 무엇보다 스웨덴의 아스플룬드가 즉각 반응을 보였다. 요시

다를 만나고(10월 22일) 얼마 후 스톡홀름왕립공학원 교수가 된 아스플룬드는

취임강의(11월 19일)에서 일본주택의 융통성을 강조했는데, 출판된 강의원고에

이 책자에 있던 요시다의 나스산장(那須山莊, 1927) 사진을 게재했기 때문이다

(Byggmästaren, 1931).

　　이러한 요시다의 행보는 마침내 1935년, 서양에서 일본건축의 고전으로

일컬어지는《일본의 주택(Das japanische Wohnhaus)》을 출간하는 결실을 가져온다.

그런데 흥미로운 점은, 그가 책 서문에서 밝혔듯, 이 저술이 그의 베를린 체재

당시 휴고 헤링과 루드비히 힐버자이머의 권유에서 비롯되었다는 사실이다.

헤링과 힐버자이머는 공히 베를린을 대표하는 모더니스트였지만, 동시에 각

요시다 테츠로의 "일본건축 독일어 삼부작" 표지. 《일본의 주택》(1935), 《일본의 건축》(1952), 《일본의 정원》(1957).

스웨덴의 건축저널〈뷔그메스타렌
(Byggmästaren)〉(1931)에 출판된 군나르
아스플룬드의 스톡홀름왕립공학원 교수 취임
강의 원고. 여기에는 요시다의 나스산장(1927)
사진이 게재되었다.

각 '유기적 기능주의'와 '급진적 이성주의'의 양 극단[119쪽 참조]을 접하고 있는
인물들이다. 이러한 배경 까닭인지 《일본의 주택》은 출판 이래 폭넓은 영향력
을 선보인 듯하다. 요시다를 칭송했던 타우트가 이 책이 일본을 이상화했다고
비판하긴 했지만 말이다.[3] 어떤 이는 요시다의 저서가 "유럽과 미국에 상당한
소요"를 일으켰다고 평했고(Kultermann, 1960), 또 어떤 이는 이를 "30년 걸친 일본
주택에 관한 미스터리의 해답"이라고 추켜세우기까지 했다(Speidel, 2005). 실제로
이 책은 유럽 건축가들의 디자인을 위한 결정적인 참고서로도 역할 한다. 핀
란드 알바르 알토의 빌라 마이레아(Villa Mairea, 1937~1939)[256쪽 참조]나 독일 에곤
아이어만(Egon Eiermann, 1904~1970)의 스튜디오 주택(Wohnhaus und Atelier, 1959~1962) 등

---

3   그밖에도 타우트는 이 책에 대해 몇 가지 더 비판한다. 건축 디테일에 지나치게 많은 지면을 할애한 점이 그렇고, 일반인의
     주택을 주로 다루면서 가츠라 궁과 같은 최고 사례들의 도판을 다수 삽입함으로써 현실과의 차이를 보인 점 등이 그렇다.
     向井覺, 《建築家吉田鉄郎とその周辺》, 相模書房, 東京, 1981, 175쪽.

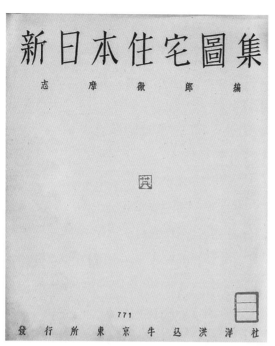

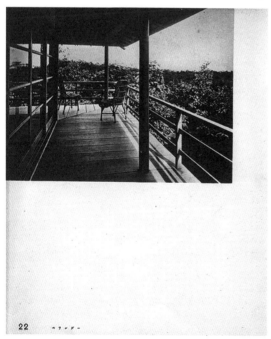

시마 테츠로(志摩徹郎)라는 필명으로
출판된 요시다의 《신일본주택도집》의
안쪽 표지 및 나스산장(1927) 페이지.

이 대표적인 사례이다. 이와 같은 효과는 이 책의 개정판(1954)과 영역본(1955) 을 잇따르게 했다. 또한 1952년과 1957년에는 《일본의 건축(Japanische Architektur)》 과 《일본의 정원(Der japanische Garten)》도 출간됨으로써, 요시다의 "일본건축 독일 어 삼부작"을 이룬다. 요컨대 요시다의 저술은 일본건축을 서양에 알리고 그 에 대한 관심을 증폭시키는 계기가 되었는데, 그 바탕에는 1년간의 구미출장 이라는 중요한 행보가 있었던 것이다.

《일본의 주택》의 성공 요인은 무엇일까? 무엇보다 저자가 일본에서 교육 받고 실무를 경험한 '일본인 건축가'였다는 사실을 꼽을 수 있다. 그 전까지도 서양에 출판된 일본건축 서적이 다수 존재했지만 대개 서양인에 의한 것이었 고, 실무에는 사실 크게 도움이 되지 않았다. 허나 이 책은 일본주택의 역사적 배경으로부터 기술적 디테일에 이르기까지를 종합적으로 서술했고, 문체 역시 정확하고 간결했다는 특징이 있다. 둘째 요인은, 출판 시점이 유럽에서 일본건 축에 대한 관심이 고조에 이르렀을 때였다는 사실인데, 그가 강조한 일본건축 의 합리성과 표준화는 유럽 모더니즘이 추구했던 사안이기도 했다. 마지막으 로, 이 책이 베를린의 유력한 출판사인 바스무스(Verlag Ernst Wasmuth)를 통해 간 행된 점도 지나칠 수 없다. 이 회사는 프랭크 로이드 라이트의 포트폴리오를 출판해(1910/1911) 유럽 건축계에 영향력을 발휘한 바 있었다.[4]

김현섭

---

4   요시다의 이야기는 아주 오래 전 남의 동네 이야기로 다가올 수도 있다. 게다가 일본이라는 가깝고도 먼 나라의 건축은, 때때로 우리에게 터부시될 만한 사안으로 비치기도 한다. 그럼에도 불구하고 그의 활동에서 간접적이나마 곱씹을 교훈을 찾을 수 있지 않을까? 특히 이른바 건축의 '한류(韓流)'를 천명하는 요즘이라면 말이다. 우리 건축이 세계로 뻗어나가는 것을 누가 환영치 않겠느냐마는, 방점은 화려한 전시성의 '겉보기 등급'보다 문화로서의 건축을 향한 사회 전체의 묵직하고 꾸준한 내적 숙성에 찍혀야 할 터이다. 그래야만 건축가와 역사가의 작업이 함께 시너지를 발휘할 수 있으리라. 요시다의 활동 시에 일본은 이미 그랬던가. 다행히도 근래 우리에게는 긍정적인 신호가 다각도에서 울려오고 있는 것 같다.

서양의 일본건축에 대한 관심과 일본건축의 영향

일본이 문호를 개방한 19세기 후반의 유럽에 '자포니즘(Japonisme)'이라 불린 일본 예술에 대한 열풍이 분 것은 주목할 만하다. 마네를 중심으로 한 인상주의 계열의 화가들은 일본의 풍속화에서 서구 아카데미의 진부한 법칙에 구속되지 않은 참신한 전통을 발견했고, 이를 자기 작품의 양분으로 삼았다. 동시대 유럽과 미국의 수공예운동 및 아르누보 건축가들 역시 그러했다. 에드워드 가드윈(Edward W. Godwin, 1833~1886)의 영일양식(Anglo-Japanese Style) 가구 디자인, 빅토르 오르타의 아르누보 곡선 어휘, 캘리포니아 그린 형제(Charles & Henry Greene, 1868~1957 & 1870~1954)의 수공예적 갬블 하우스(Gamble House, 1907~1908) 등에서 일본적 요소를 엿볼 수 있다. 그러나 일본의 영향을 받은 가장 대표적인 건축가는 바로 프랭크 로이드 라이트이다. 일본 목판화의 열렬한 수집가이기도 했고 일본을 여러 차례 방문한 바 있는 그는 다다미 모듈, 깊은 처마, 내외부 공간 전이, 자연과의 친밀성과 공간 구성의 유기성 등을 자기 어휘로 흡수했다. 그리고 일본의 주택을 "진정한 유기적 건축"의 사례로까지 간주한다. 근대건축운동이 절정에 오른 양차 세계대전 사이 유럽에서도 여러 건축가들이 일본의 영향을 선보였는데, 영국의 웰스 코츠(Wells Coates, 1895~1958)와 핀란드의 알바르 알토가 예이다. 코츠는 일본건축에서 가구식 구조, 내외부 공간 전이, 미닫이문, 붙박이장, 도코노마[264쪽 각주 4 참조]의 5원칙을 추출해 자기 디자인에 적용했다. 알토의 빌라 마이레아의 꽃꽂이 실 디자인과 미술 전시 개념 등은 일본의 영향을 받았다[267쪽 참조]. 한편 1954년 일본을 방문한 그로피우스는 르코르뷔지에에게 보낸 엽서에서 그동안 얻고자 싸워왔던 모든 것이 일본의 옛 문화에 있었다고 적는다.

이처럼 서양 건축가들이 일본에 관심을 보이고 영향을 받게 된 데에는 복합적 요인이 있다. 무엇보다 일본인 스스로 자신들의 미학을 잘 정립해 두었던 바가 중요할 것이다. 그리고 문호 개방 이후 서양과의 활발한 교류를 통해 이를 널리 알리려 노력했고, 서양인의 일본건축에 대한 탐구를 자연스레 유도하기도 했다. 특히 출판물의 역할을 간과할 수 없다. 요시다의 《일본의 주택》이 출판되던 1930년대까지, 서양인이 쓴 일본건축 단행본만 해도 상당했다. 에드워드 모스의 《일본의 가정과 환경(Japanese Homes and Their Surrounding)》(1886), 프란츠 발처의 《일본의 주택(Das japanische Haus)》(1903), 랠프 크램의 《일본건축의 인상(Impressions of Japanese Architecture)》(1905), 브루노 타우트의 《일본의 주택과 일본사람(Houses and People of Japan)》(1937) 등이 예이다.

건축은 정치의 시녀인가

주세페 테라니의 카사 델 파쇼

1932~1936

> 인류가 건물을 짓는 동기, 그리고 건축과 권력의 복잡한 관계를
> 이해한다면 우리의 존재에 관한 핵심적인 통찰을 얻을 뿐 아니라
> 건축을 이용한 악의적 조작에 휘둘리지 않을 수 있다.
>
> 데얀 수딕, 《거대건축이라는 욕망》, 2011

사적인 건물일지라도 한 장소에 세워지는 순간부터 공공의 영역이 된다. 불특정 다수의 대중은 그 건물을 수동적으로 경험하게 된다. 수동적 경험은 본인의 의사나 의지와 상관없이 무의식 또는 강제로 경험하는 것을 말한다. 학교나 교도소처럼 교육과 교화를 목적으로 하는 건물일 경우 수동적 경험의 효과는 확실하다. 애초에 공공영역에 공공의 이익을 위해 설계되어 세워지는 건물의 효과는 굳이 말할 필요가 없다. 건축은 인류가 무엇인가를 세우기 시작할 때부터 정치적 도구로 잘 활용되어 왔다. 건축은 태생적으로 순수할 수 없는 행위인 것이다.

제국주의와 건축가

알베르트 슈페어(Albert Speer, 1905~1981)는 히틀러의 욕망을 충실히 드러내 준 건축가다. 그는 신고전주의 양식으로 히틀러가 꿈꾸는 제국을 아주 기가 막히게 드러냈다. 1939년 히틀러의 제국이 전쟁 없이 체코슬로바키아의 항복을 받아 낸 곳도 슈페어가 설계한 나치 총통관저다. 체코슬로바키아의 대통령 에밀

하샤는 총 한 번 쏴 보지 못하고, 제국의 힘과 비전을 공간화한 그곳에서 참
담함을 느끼며 무기력하게 문서에 사인을 하고 말았다.

  스파르타쿠스단(Spartakusbund)[1]의 기념비를 설계하기도 한 근대건축의 거
장 미스 반 데어 로에 역시 히틀러의 제국을 높이는 일에 자신의 추상적 미학
도 봉사할 수 있다고 설득했다. 그러나 다행히 설득이 그다지 매력적이지 않
았다. 조금만 더 매력적이었으면 미스는 역사에서 다르게 평가되었을 것이다.
르코르뷔지에도 참가했던 소비에트궁전 현상공모전에서 스탈린은 우크라이
나 출신 젊은 건축가 보리스 이오판(Boris Iofan, 1891~1976)을 선택했다. 자신의 이
상을 군소리 없이 아주 잘 만들어 줄 건축가라고 판단했기 때문이다. 이오판
은 공모전에서 당선된 이후 스탈린의 꿈을 위해 문화재인 구세주 성당 철거에
앞장서기까지 했다. 구세주 성당은 1931년 소비에트궁전을 위해 다이너마이트
로 처참하게 폭파되었다. 다행히 공사중이던 소비에트궁전은 전쟁 종식으로
지어지지 못했고 구세주 성당은 복원되었다. 이탈리아 건축가 주세페 테라니
(Giuseppe Terragni, 1904~1943)는 파시스트의 본거지를 설계했다. 신실한 파시스트였

---

1   1916년부터 1918년까지 독일에서 활동한 사회민주당 내의 극좌 혁명단체다. 후에 독일공산당으로 개명하고 1919년 1월
     소비에트를 설립하려 했으나 실패했다.

던 테라니는 군인으로서 대 소련 전쟁에 참전하기까지 했다. 포로로 잡혀 수용되어 있다가 풀려났으나 결국 정신적 후유증으로 39세의 젊은 나이로 세상을 등지고 말았다. 건축 인생 처음부터 삶을 마감할 때까지 그는 철저히 파시스트였다. 역사적으로 본다면 이 두 건축가는 독재자의 편에 서서 건축으로 봉사했다는 공통점이 있다. 이 공통점만으로 도덕적 비난을 면치 못하겠지만 여기서 이념을 논하려는 것이 아니니 상식적인 선악의 판단은 접어 두고 일단 테라니의 작품을 보자.

이탈리아 이성주의

테라니가 설계한 파시스트의 집, 카사 델 파쇼(Casa del Fascio, 1932~1936)는 기회주의적 성향이 짙었던 슈페어나 이오판의 과장되고 권위적인 건물하고는 시각적으로 다른 데가 있다. 소박한 규모에 절제되어 있어 뭔가 결연한 듯하며 오히려 드러내기보다 살짝 뒤로 물러서 앉아 있기 때문이다.

카사 델 파쇼는 그루포 세테(Gruppo 7)라고도 불리는 이탈리아 이성주의(Italian Rationalism)를 대표하는 건물이다. 20세기 초 이탈리아의 근대건축운동인 미래주의의 극단의 개인주의와 니힐리즘적 태도 그리고 역사와 전통에 대한 과한 적개심에 대한 트라우마였는지 이탈리아 이성주의자들의 태도는 당시 유럽 다른 지역의 움직임과 좀 달랐다. 이들은 근대주의 건축의 형식과 개념을 수용하지만 근대주의자들이 삭제하려 했던 역사와 전통을 돌아보기 시작했다. 근대주의자들이 이성을 보다 보편적인 가치를 드러내는 도구로 사용했다면 이들은 역사와 전통을 바라보는 냉철한 틀로 이성의 사용을 제시했다. 역사를 스타일의 문제로 환원해 바라본 근대주의자들의 태도와는 다르게 이들은 역사적 기억의 재해석을 통해 도시와 건축의 관계를 근원적으로 접근하려 했다. 스타일의 문제는 아니었다.

파시스트의 본거지, 카사 델 파쇼

카사 델 파쇼는 밀라노 북쪽, 이탈리아와 스위스의 국경에 접한 작은 마을 코모에 자리한다. 신고전주의 양식의 오페라 하우스와 오래된 성당이 지배적인 맥락을 형성하고 있는 광장의 동측에 배경인 듯 조용히 서 있다. 전면 길이 33.2m와 높이 16.6m의 그다지 위압적이지 않은 규모로, 정연한 그리드 라멘조의 구조를 드러낸 채 백색의 대리석으로 마감되어 있다. 외관은 근대주의 건축의 이상적 미학이 보이는 듯하지만 각각 다른 표정을 짓고 있는 네 개의 입면과 평면을 보면 테라니가 단순히 근대주의 건축에 공명하지는 않았음을 알 수 있다. 각 입면은 마치 투명한 유리처럼 내부의 프로그램을 투영하고 있다. 동측 입면은 광장에 모인 시민들과의 교감을 위해 테라스로 비우고 깊은 그림자를 만들어 고대 그리스 건축의 원초적 미학을 드러내는 듯하다. 기둥을 삭제한 중정은 위로부터 채광되어 마치 로마 주택의 아트리움이나 팔라초를 연상케 하며, 중정 주변으로 정당의 사무실과 참전용사 사무실이 위계 없이 배치되어 있다. 4층과 3층은 필요한 사무공간이 기능에 따라 배치되고 2층에는 정당대표의 사무실이 광장을 향해 놓여 있다. 테라니는 평생 르코르뷔지

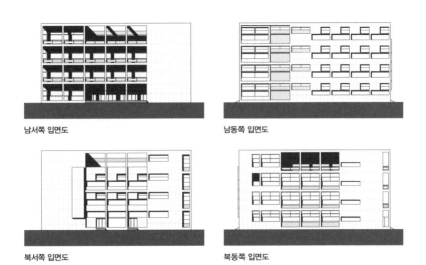

남서쪽 입면도

남동쪽 입면도

북서쪽 입면도

북동쪽 입면도

모두 다른 표정을 짓고 있는 카사 델 파쇼의 입면. 강태웅 재작도

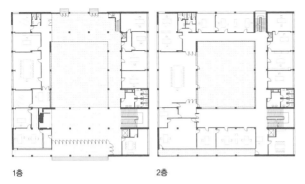

카사 델 파쇼의 평면도.
강태웅 재작도

1층   2층

기둥이 없는 카사 델 파쇼의 중정. ©Guillermo Hevia García

에를 자신의 마스터로 생각했지만 건축적 태도는 그와 같지 않았다. 이상적 미학이 일상의 미학을 압도하지 않았으며 형식은 개념을 현실에 드러내는 도구일 뿐 그것이 건물 전체를 지배하지 않았다. 테라니의 건물은 대지 위에 여전히 굳건히 서 있고 주변에 반응하며 도시 맥락에 스며들어 있다.

이탈리아 이성주의와 장소성

무솔리니는 창당 초기에 이탈리아 이성주의자들의 건축을 잠시 이용하고 마르첼로 피아첸티(Marcello Piacentini, 1881~1960)의 제국적 고전주의 양식으로 선회한다. 분명 그도 건축을 정권을 위해 사용했지만 히틀러나 스탈린과 같이 집착한 것 같지는 않다. 그는 이성주의자의 건축이 파시즘의 이념과 맞지 않는다고 비판했지만 그들의 건축적 행보를 제한하지는 않았다. 반면 슈페어는 전후 전범으로 체포될 당시 연합군을 위해 봉사하려 했으나 재판받아 수감되었고, 출감 후 나치를 부인해야 했다. 나치뿐 아니라 정치적으로 반대편에 있었던 사회주의 건축의 설계도 마다하지 않았던 미스의 경우는 미국으로 망명했고 그 정권을 비판해야 했다. 이들 이탈리아 이성주의자들의 건축적 신념은 분명히 파시스트의 슬로건인 질서, 권위, 평등과 공유되는 부분이 있었다. 카사 델 파쇼는 체온 없는 박제가 되거나 철거되지 않고 여전히 도시 구조의 일부분으로 묵묵히 자신의 역할을 수행하고 있다. 비록 정치적인 목적으로 설계되었지만 고전건축을 재해석한 결과물을 근대주의의 형식을 통해 도시라는 오래된 기억의 적층물에 삽입하는 이성적인 태도가 그 이면에 오롯이 녹아 있기 때문이다. 그렇다고 무솔리니의 파시즘이 히틀러의 나치즘과 스탈린의 사회주의 독재보다 낫다는 것이 아니다. 다른 점이라고 한다면 파시즘에 협조한 이탈리아 이성주의의 건축적 개념 안에 있는 장소성이다. 정권이 바뀌면 시녀도 없어져야 한다. 히틀러와 스탈린이 물러나자 그들의 건축은 파괴되고 방치됐다. 반면 파시즘의 건축은 여전히 새로운 역할을 하고 있다.

시녀도 시녀 나름인 건가? 자국 건축에서 근본적인 것을 찾아내고 재해석해 그것을 시대의 새로운 형식과 결합하고 다시 도시의 구조 안에 발현시키는 것, 이것은 어쩌면 건축계에서 한국성에 대한 논의가 시작되던 십 수 년 전에 우리 건축가들이 심각하게 생각해 봐야 했던 것인지도 모른다.

대한민국의 대표(?) 건축가 김수근이 떠오른다. 당시 정권으로부터 남영동 대공분실(1976)의 설계를 의뢰받았을 때 어떤 마음으로 수락했을까? 그리고 건물이 준공되어 본래의 용도에 충실하게 기능하는 자신의 건물을 보고 무슨 생각했을까?

강태웅

이성주의와 합리주의

영어의 'rationalism'을 우리는 이성주의(理性主意) 또는 합리주의(合理主意)로 번역한다. 이 두 한자는 같은 듯하지만 사실은 큰 차이가 있다.

한자의 나라 중국에서는 '합리'를 7세기 당나라 때부터 사용했다. 성리학에 의하면 세상은 '이(理)'와 '기(氣)'로 이루어져 있는데 '이'는 세상의 원리를 말하고, '기'는 세상을 구성하는 기본적인 요소를 의미한다. 이기론(理氣論)의 창시자 이이(李珥, 1537~1584)의 주장대로 '이'와 '기'는 분리되어 있는 것이 아니라 서로 영향을 주는 유기적 관계다. 따라서 '합리'는 바로 그 세상의 원리에 합당하는 의미다. 반면 '이성'은 조금 다른 의미가 있다. 한자의 '성(性)'은 마음과 생명의 조합, 즉 마음이 있는 생명, 사람을 의미한다. 따라서 '이성'은 사람의 원리를 의미한다. 실제로 우리나라와 일본을 제외하고 한자의 영향을 받은 나라에서는 '합리'는 '잘 맞는다' 또는 '적당하다'는 의미로 사용되며 학문적인 용어보다는 일상의 용어로 사용된다. 반면 '이성'은 말 그대로 '사람의 판단에 근거한' 또는 '이해가 되는'의 의미 'reason'을 의미한다. 따라서 'rationalism'은 'reason'에 기초한 관점과 판단을 의미하므로 이성주의로 번역함이 맞다.

철학에서의 이성주의는 데카르트의 방법론적 회의론에서 출발한다. '이성'을 통한 철저한 의심으로 더 이상 의심할 수 없는 무엇으로부터 모든 논의를 출발하겠다는 거다. 그 출발은 의심하는 주체, 다시 말해 '이성'이다. '이성'의 판단 범위 안에 들어오지 않으면 인정하지 않겠다는 것, 이것이 이성주의의 태도다. 데카르트는 그의 방법론을 쉽게 설명하기 위해 중세도시를 예로 든다. 중세도시는 계획된 도시라기보다 자연발생적으로 성장한 형식에 가깝다. 당연히 건물과 길은 복잡하다. 데카르트는 이러한 중세도시가 당시의 지적 체계라고 규정하고 도시 전체를 철거하기를 주장한다. 그리고 새롭게 길과 대지를 구성하고 일목요연하게 건물을 규칙에 맞게 배치해 새로운 도시를 구성하는 것. 이것이 그가 내세운 방법론적 회의론이라고 한다.

이성주의 건축은 이러한 데카르트의 태도에 공명해 기존의 체계, 역사 그리고 문화적 전통을 삭제하고 그야말로 이성적 힘으로 새로운 체계를 만드는 것이 목적이었다. 그럼 합리주의 건축은 무엇일까? 앞서 언급한 대로 합리가 "잘 맞는다"또는 "적당하다"의 의미라면 잘 맞거나 적당한 건축은 무엇일까? 그것은 건물이 도시, 마을 그리고 대지 등 주변 상황과 잘 맞거나, 건축주의 삶과 생활에 잘 맞는 것일 거다. 이성적 태도와 합리적 태도를 구별하자.

"유소니아"의 꿈이 시작된 곳

프랭크 로이드 라이트의 제이콥스 주택

1936~1937

©김현섭

유럽 모더니즘이 서양 근대건축사의 숲을 이루는 중심축이었지만 대서양 건
너 미국의 발전 역시 간과할 수 없는 노릇이다. 언뜻 보아도 미국 근대건축에
대한 유럽의 영향은 자명하고 복합적이다. 이 책이 다룬 내용 중에서는 영국
수공예운동이 1900년 전후로 미국에서 번성한 일, 1932년 뉴욕 현대미술관의
건축 전시회가 유럽의 모더니스트들을 대대적으로 소개한 일, 그리고 1930년
대 이후 그로피우스와 미스가 미국에서 벌인 활약상 등이 기억할 만하다. 그
러나 사실 따지고 보면 유럽의 모더니즘이 초기부터 미국의 자양분을 갖가
지 섭취했음도 쉬이 발견하게 된다. 예컨대, 리처드스니언 로마네스크 건축이
핀란드 민족낭만주의에 영향을 주었고, 1910년대 미국의 거대한 곡물창고 같
은 실용주의 건물들은 독일의 그로피우스를 고무시켰으며, 뉴욕의 도시구조
와 마천루는 이탈리아 미래파에게 영감을 제공했다. 그리고 무엇보다도 미국
근대건축의 최고봉인 프랭크 로이드 라이트(Frank Lloyd Wright, 1867~1959)가 유럽
의 후배들에게 준 자극은 더 도드라진다(물론 역으로 그의 건축에서는 영국 수공예운동
의 기류를 읽을 수 있다). 특히 1910년과 1911년 베를린의 출판사 바스무스에서 간행
된 그의 포트폴리오는 영향력이 지대했고(*Ausgeführte Bauten und Entwürfe von Frank Lloyd*

1910년 베를린의 바스무스에서
출판된 프랭크 로이드 라이트
포트폴리오 표지.

Wright, 1910; *Ausgeführte Bauten*, 1911), 로테르담의 더 스테일이나 베를린의 미스에게
전수된 '흐르는 공간'은 근대건축 개념의 정수였다[190쪽 참조]. 이러한 사실은
서양 근대건축의 큰 그림 가운데 라이트의 중요성을 재삼 확증해 준다.

프랭크 로이드 라이트의 유기적 건축과 유소니아 주택

라이트의 건축은 우선 그가 내세운 "유기적 건축(organic architecture)"이라는 아이
디어를 통해 이해될 수 있다. 그가 스승 루이스 설리번의 생각을 대거 흡수
하고 있음을 염두에 두자. 설리번은 일찌감치 유기적 건축을 화두로 했고, 유
기적인 것을 "실체에 대한 탐구(searching for realities)"로 규정한 바 있다("Kindergarten
Chats", 1901~1902). 라이트 평생의 작업은 그러한 유기적 건축을 실현하는 과정이
었다고 말할 수 있다. 그는 1910년 바스무스 출판물에서 이를 설명하기 전부
터 이미 "자연에 있는 유기성(a sense of the organic)은 건축가에게 필수이다."와 같
은 유기성의 개념을 표출했는데,[1] 1914년의 글에서는 유기적 건축을 "그 존재
의 조건과 조화를 이루며 안에서부터 밖으로 성장하는 건축"이라 뚜렷이 정
의했다.[2] 이를 여타의 발언들과 종합해 다시 말한다면, 그에게 유기적 건축이
란 건물이 자연과 하나로 통합되어 생명력을 발산하는 것이다. 그리고 그것의

---

1   Frank Lloyd Wright, "In the Cause of Architecture", *Architectural Record*, March 1908.

2   Frank Lloyd Wright, "In the Cause of Architecture", *Architectural Record*, May 1914.

실체는 다름 아닌 공간에 있다. 이러한 개념은 결국 유기적 사회에 바탕을 둔 민주적 건축을 의미하는 데에까지 확장된다(*An Organic Architecture: The Architecture of Democracy*, 1939). 건축이 사회에 존재하기 때문에 그에게 유기적 건축은 곧 유기적 사회를 의미하는데, 유기적 사회란 또한 민주적 사회이기도 하다.

라이트에게 일본의 전통 주택은 유기적 건축의 지표였다. 그는 일본의 주택에서 자연과의 친밀성이나 공간의 유기적 조직을 발견했다. 일본의 열렬한 팬이었던 그가 일본 목판화를 수집하고 일본의 건축과 예술로부터 큰 영향을 받았음은 익히 알려진 사실이다. 그러면서도 라이트 건축의 유기성은 대개가 기하학적 그리드에 근거해 공간의 성장과 분할을 능동적으로 진행시켰다. 이와 같은 그리드 체계는 일본 주택의 다다미 모듈과 연관되기도 하고, 그가 어린 시절 가지고 놀던 프뢰벨 블록의 영향으로 해석되기도 한다. 여기에서 흥미로운 바는 그의 유기적 특성이 흔히 연상되는 곡선이나 비정형과는 사뭇 거리가 있다는 점일 것이다. 특히 휴고 헤링의 유기적 건물에서 보았던 불규

제이콥스 주택의 여러 번 꺾인 벽면과 처마. ©Lawrence J. Cuneo. 출처: Herbert Jacobs, *Frank Lloyd Wright: America's Greatest Architect*, Harcourt, Brace & World, New York, 1965

칙하고 비기하학적인 평면은[110쪽 참조] 라이트의 전형적 형태와 차이가 있다 (그렇다고 라이트의 평면에 곡선형이 없는 것은 아니다). 두 사람은 사물의 실체 혹은 본질을 먼저 발견하고 거기에서부터 바깥으로 공간을 뻗어낸다는 개념을 공유하면서도 물리적으로는 서로 다른 결과를 구현한 셈이다.

조셉 실스비의 사무실을 거쳐 아들러 앤 설리번 사무실에서 여섯 해를 견습한 라이트는 1893년 20대 후반의 나이에 독립한다. 그리고는 1959년 세상을 뜨기까지 600점이 넘는 작품을 남겼는데, 대다수는 개인주택이었다. 그의 긴 경력 가운데에서는 크게 두 시기가 두드러진다. 첫째는 1900년대의 첫 10년에 해당하는 프레리 주택(Prairie House) 시기이다. 그의 바스무스의 포트폴리오는 이때 확립한 명성이 이어진 것이다. 둘째는 대공황에서 벗어나던 1930

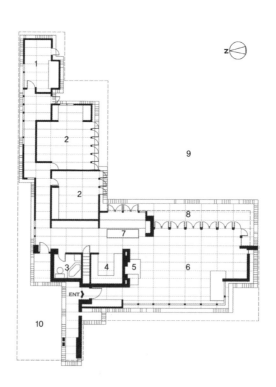

1. 서재
2. 침실
3. 욕실
4. 주방
5. 벽난로
6. 거실
7. 식탁
8. 테라스
9. 정원
10. 주차

제이콥스 주택의 평면도, 김현섭 재작도

248

프랭크 로이드 라이트의 로비 하우스, 시카고, 1908~1910년. 프레리 주택의 대표적 사례로서 처마를 길게 뺀 것이 특징이다.
©김현섭

년대 후반부터의 유소니아 주택(Usonian House) 시기로서, 그의 경력이 다시 꽃
을 피운 때이다. 이때의 시작은 피츠버그의 대부호 에드가 카우프만(Edgar
Kaufmann)을 위한 주말별장인 낙수장(Fallingwater, 1935~1939)의 건축과도 중첩된다.
하지만 세계적 불황기를 거치며 그가 천착했던 주거 유형은 최상류층을 위한
것이 아니었다. 그것은 바로 미국의 일반 중산층을 겨냥한 소규모의 경제적인
주택이었다. 이를 위해 그는 "유소니아(Usonia)"라는 말을 사용한다. 이 어법은
우선 미국에 대한 종래의 'United States' 또는 'America'와 같은 모호한 표현
을 더 명확히 하기 위함이었다.[3] 또한 그와 동시에 민주적으로 개혁된 새로운
미국 사회를 향한 그의 열망을 드러낸다. 결국 유소니아 주택은 그가 꿈꾸었
던 브로드에이커 도시(Broadacre City), 즉 유소니아의 모든 가족이 1에이커의 토
지에 주택을 가지고 생활하는 탈중심적 전원도시에 부합하는 단위 주호이다.
이것은 결국 유기적 건축이 궁극적으로 도달한 지점이라 할 수 있다. 존 서전

---

3   이 말의 출처는 다소 미스터리이다. 라이트는 이것이 사무엘 버틀러의 소설 《에레혼(Erewhon)》에서 왔다고 하지만
     거기에는 이 말이 없다. John Sergeant, *Frank Lloyd Wright's Usonian Houses*, Whitney, New York, 1976, p. 16.

트(1976)는 유소니아라는 말과 유기적이라는 말이 라이트에게 사실상 다를 바 없다고 이야기한다.

"유소니아"의 꿈이 시작된 곳, 제이콥스 주택

라이트가 실현한 첫 번째 유소니아 주택은 위스콘신의 메디슨에 지은 제이콥스 주택(Jacobs House I, 1936~1937)이다.[4] 이 집은 이후 뒤따를 여러 주택의 전범이 되었기 때문에 역사적으로 중요하다. 건축주는 젊은 저널리스트였던 허버트 제이콥스(Herbert Jacobs, 1903~1987)와 그의 가족이었다. 어떻게 하면 비용을 내폭 절감하면서도 새로운 시대의 삶을 반영하는 주거를 창조할 수 있을까? 이 점이 제이콥스 주택에서 라이트가 가장 고심한 바였다. 그의 해결책은 일단 기존 주택에서 불필요한 부분을 과감히 생략하는 것이었다. 이것은 고차원적 관념의 사유가 아닌 제한된 예산을 고려한 매우 실용적이고 기술적인 사안이다. 여기에서 라이트는 가급적 마름된 자재를 반입해 현장시공의 비싼 노임을 줄이고, 난방·조명·위생의 설비를 통합해 단순화시키려 고심했다. 이러한 기술적 방책은 결국 평면 디자인에 반영되어 건축주의 라이프스타일을 만족시켜야 하는 것이었다.

라이트는 124.5m²(37.7평) 면적의 단층집을 최종 결과로 도출한다. 평면은 전체적으로 L자형이다. 이 유형은 도로로부터 프라이버시를 보호하고 정원을 확보하기에 유리하고, 양 날개 공간의 기능적 분리에도 효과적이다. 제이콥스 주택에서는 한쪽 날개에 넓은 거실이, 다른 한쪽에는 두 개의 침실과 하나의 서재가 자리했다. 그리고 두 날개가 교차하는 지점에 현관과 욕실과 부엌이 놓였다. 이전의 프레리 주택과 비교하면, 훨씬 단순하고도 밀도 높은 실내가 창조된 것이다. 특히 별도의 식당을 두지 않은 점은 주시할 만하다. 독립된 식당의 부재가 식모 및 가부장적 식탁의 부재를 동반함으로써 주거공간의 민주

---

4   1943년에 두 번째 제이콥스 주택이 지어졌기 때문에, 이 집은 보통 '제이콥스 1호 주택'으로 불린다.

제이콥스 주택의 거실. ©Pedro E. Guerrero. 출처: John Sergeant, *Frank Lloyd Wright's Usonian Houses*, Whitney, New York, 1976.

성을 암시했던 까닭이다. 이 점은 다음 장에서 보게 될 핀란드의 빌라 마이레
아와 매우 대조적이다[256쪽 참조]. 전통과 현대가 병치된 이 저택은 평면의 축
상에 놓인 식당이 서비스 영역과 연접해 봉사 받는 가운데, 가부장적 식탁을
둠으로써 공간의 위계와 질서를 분명히 나타냈다. 제이콥스 주택이 내포한 민
주적 공간의 가능성은 2×4피트 모듈의 단순 그리드를 균질하게 채택한 데에
서도 읽을 수 있다. 왜냐하면 이것이 프레리 주택이 기준으로 삼았던, 다른 간
격으로 규준선이 교호하는 타탄(tartan) 그리드의 위계성을 탈피한 셈이기 때
문이다.

유소니아의 경제적 구축을 위해 라이트가 확립한 기술적 방법 중에서는
'보드 앤 바텐(Board and Batten)'이라는 목재 판자벽 시공법이 두드러진다. 그는 내
력벽만을 벽돌로 쌓고 나머지 모든 벽을 유리창과 목재 판자벽으로 구성했는
데, 이 방법은 공간의 효율을 높이고 공기를 단축하는 데에 유리하다. 또한 판
자벽에서 반복되는 나무 널의 수평선은 벽면의 수직적 그리드로 작동함으로

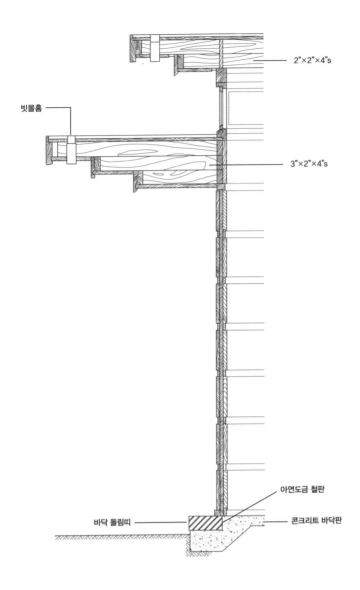

유소니아 주택에 사용된 목재 판자벽 시공법인 보드 앤 바텐 벽 단면 그림. 김현섭 재작도

2"×2"×4"s

3"×2"×4"s

빗물홈

아연도금 철판

바닥 돌림띠

콘크리트 바닥판

써 건물 각 부분의 높이를 가늠하는 척도가 되어 준다. 게다가 여러 겹의 평지붕 레이어와 조응한다는 면에서도 뜻 깊다.

한국 온돌 난방법의 적용

하지만 이보다 우리가 더 주목해야 할 라이트의 신공법은 바닥 난방에 있다. 라이트가 '중력열(gravity heat)'이라 부른 이 난방법은 우리 전통의 온돌에서 차용한 것으로서 서양 근대건축의 발전을 위한 한국의 역할이라는 중요한 의미를 내포한다. 라이트는 1910년대 제국호텔(1913~1923) 프로젝트를 위해 일본을 방문했다가 '한국방(Korean room)'을 경험하고 깊은 인상을 받는다(아이러니하게도 그의 경험은 일본이 훼철해 간 경복궁의 전각인 자선당을 통해서였을 가능성이 높다). 바닥 난방을 통해 그는 거추장스럽던 방열기를 없앨 수 있음과 실내에 완전히 새로운 '기후'를 창조할 수 있음을 깨달았던 것이다. 이에 따라 그는 도쿄의 제국호텔 욕실에 전열을 이용한 바닥 난방을 시도했고, 미국에 돌아와서는 제이콥스 주택에서 온수배관을 깔아 바닥 난방을 성공적으로 실현할 수 있었다. 그리고 이후의 유소니아 주택에 이 난방법을 꾸준히 적용한다. 라이트는 자서전(1943) 등 몇몇 책에 이와 같은 사항을 기록해 두었다. 하지만 그의 온돌 차용은 오랫동안 그다지 주목을 받지 못해 온 듯하며, 근래에야 조명되고 있다.[5] "가정에 한국 난방법을 시도한 최초의 미국인이 되고 싶지 않소?" 제이콥스를 설득하기 위해 라이트가 했던 말이다.

요컨대 제이콥스 주택은 라이트가 유소니아의 꿈을 발진시킨 최초의 장이었다. 그 후 60여 채에 이르게 된 유소니아 주택은 제이콥스에서의 실험을 발판으로 아이디어를 반복, 변형, 확대해 나간다. 서전트는 이들을 올챙이형(Polliwog), 대각선형(Diagonal), 직선형(In-line), 육각형(Hexagonal), 이륙형(Raised)의 다

---

5 아마도 김남응·장재원·임진택의 논문 〈프랭크 로이드 라이트의 온돌체험과 그의 건축 작품에의 적용과정 및 의미에 대한 고찰〉(대한건축학회, 2005. 9)이 라이트의 온돌 경험을 조명한 최초의 연구가 아닐까 싶다. 그리고 필자의 연구는 더 탄탄한 논리와 근거를 바탕으로 국제 학술계에 이 문제를 제기했다. Hyon-Sob Kim, "The appearance of Korean architecture in the modern West", *Architectural Research Quarterly*, vol. 14, no. 4 (December 2010), pp. 349~361.

제이콥스 주택 바닥 난방 테스트 모습. ©Katherine Jacobs. 출처: Herbert Jacobs, *Frank Lloyd Wright: America's Greatest Architect*, Harcourt, Brace & World, New York, 1965

섯 유형으로 분류하기도 했다. 이들은 공히 당시 미국의 '보통' 가정이 목표할 만큼의 경제성을 갖추었고, 근대적 민주사회의 이상도 내비쳤다. 그러한 폭넓은 적용 가능성이야말로 프레리에서 누리지 못한 유소니아만의 유기적 특성이리라. 비록 시공간의 간극이 작지 않지만, 제이콥스를 필두로 한 유소니아 주택들은 아파트를 벗어나 땅집으로의 귀환을 타진하는 현대 한국인에게도 멀리서나마 반향을 준다. 게다가 거기에 우리의 온돌마저 적용되었다니 더 관심을 가져봄직 하지 않겠나.

김현섭

프레리 주택

프랭크 로이드 라이트의 초기 주택 디자인 가운데, 특히 1900년대의 첫 10년에 해당하는 기간에 건축된 것을 보통 프레리 주택(Prairie House)이라 부른다. 이 유형의 시초는 시카고 근교에 건축된 히콕스 하우스(Hickox House, 1900~1901), 토마스 하우스(Thomas House, 1901) 등에서 찾을 수 있는데, 라이트가 《레이디스 홈 저널(Ladies' Home Journal)》에 〈프레리 타운의 가정(A Home in a Prairie Town)〉(1901년 2월)과 같은 글을 출판하며 대중의 관심을 끌게 되었다. 그리고 뉴욕주 버팔로의 마틴 하우스(Martin House, 1903~1905)와 시카고의 로비 하우스(Robie House, 1908~1910)에서 절정을 이루었다.

프레리 주택은 미국의 대초원을 뜻하는 '프레리'라는 말이 암시하듯, 비교적 넓은 대지에 지어진 중상류층을 위한 집이 주를 이룬다. 그리고 건물의 수평성이 두드러져 주변의 자연 환경과 잘 합일되었다는 인상을 갖는다. 우선은 지붕을 수평으로 길게 디자인하고 처마를 길게 빼낸 것이 특징이며, 일련의 창문이 일종의 수평 띠를 형성하기도 한다. 그러나 이보다 중요한 것이 실내 공간의 성격이다. 그는 나름의 기하학적 원리를 유지하는 가운데 방과 방 사이를 내력벽에 가두지 않고 서로 열어 통하게 만들었고, 건물 모서리도 개폐 가능한 창문으로 처리한 경우가 많았다. 이로써 이른바 흐르는 공간이 가능하게 된 것이다. 실내의 중심은 거실의 벽난로인데, 공간은 벽난로를 중심으로 뻗어나가 결국은 외부로까지 확장된다. 이러한 공간 개념은 그의 유기적 건축의 근간이라 할 수 있으며, 첫 번째 제이콥스 주택(1936~1937) 이래의 유소니아 주택으로 고스란히 이어진다. 유소니아 주택은 프레리 주택을 훨씬 단순화하고 체계화해 경제성과 대중성을 확보한 유형에 다름 아니다.

라이트는 1910년 독일에서의 전시회와 작품집 출간으로 국제적 명성을 확고히 했다. 독일과 네덜란드를 비롯한 유럽 여러 나라의 많은 건축가가 프레리 주택을 비롯한 라이트의 건축 디자인에 매료되었다. 자연과의 친밀성, 유기적 건축관, 그리고 무엇보다도 흐르는 공간이라는 개념은 유럽 모더니즘의 발전에 지대한 영향을 미쳤다고 할 수 있다.

사랑의 시, 다성악을 연주하다

알바르 알토의 빌라 마이레아

1937~1939

©김현섭

19세기 후반 영국의 레드하우스에서 출발해 유럽과 미국의 구석구석을 답사해 온 서양 근대건축사의 산책길을 이제 마무리할 때가 되었다. 마지막 방문지는 북유럽의 한 자락에 자리한, 알바르 알토(Alvar Aalto, 1898~1976) 디자인의 빌라 마이레아(Villa Mairea, 1937~1939)이다. 유럽의 근대건축운동은 미스의 바르셀로나 독일관[190쪽 참조]에 이어 르코르뷔지에의 빌라 사보아[212쪽 참조]가 건축되던 1930년을 전후해 절정에 올랐고, 수년 후 나치의 등장으로 급격히 경색되었으며, 제2차 세계대전이 발발한 1939년을 기점으로는 사실상 소멸해 버렸다고 할 수 있다. 이렇게 볼 때 빌라 마이레아는 그 시기를 마감하며 화려하게 타올랐던 불꽃이었다. 《공간 시간 건축》의 확장본(1949)에 알토의 챕터를 새로 넣은 지그프리트 기디온은 1948년 빌라 마이레아를 방문하고는 이를 크게 칭송한다. "그런데 알바르, 이건 집이 아니라 사랑의 시군요(Aber Alvar, es ist kein Haus, es ist ein Liebesgedicht)."

기디온이 알토에 주목한 까닭은 무엇일까? 국제 건축계의 정치공학적 관계나 인간적 교분도 요인으로 작용했겠지만, 아마도 지나치게 기능주의와 이성주의에 경도된 근대건축사 서술에 유기적이고 인간적인 면모를 추가함으로써 그간의 불균형을 다소나마 해소하기 위함이었으리라. 그는 말한다, 알토의 건축이 "'이성적-기능적'인 것으로부터 '비이성적-유기적'인 것으로의 도약"을 보였다고. 이러한 이분법적 논리는 문제의 소지가 크지만 알토 건축의 의미를 단적으로 제시해 주는 것이 사실이다. 특히 알토가 북구의 핀란드에서 나고 자라 활동한 점은 그의 건축을 규정하는 결정적인 인자이다. 어디에서든 만나게 되는 침엽수림과 수많은 호수, 그리고 겨울밤을 수놓는 북극광과 같은 그 땅의 조건을 생각해 보자. 그것은 알토가 어려서부터 자연과 친밀히 교유할 수 있는 배경이었고, 결국 그의 자연주의적 디자인으로 반영되었다. 예컨대 그의 디자인에서 곡선은 매우 돋보이는 요소이다. 우연히도 'aalto'라는 핀란드어가 '파도'를 뜻해 그에게서 출렁이는 파도의 곡선이 떠오르기도 한다. 알토의 곡선은 핀란드 호수의 해안선이나 오로라의 '빛의 커튼'과 빈번히 연관되어 왔다. 비퓨리 시립도서관(Viipuri Municipal Library, 1927~1935)의 천장과 뉴욕박람회 핀란드관(Finnish Pavilion, New York World's Fair, 1938~1939)의 벽면, 그리고 파이미오 의자와 유리 화병을 보라. 다시 기디온의 말을 빌자면, "알토는 어딜 가든 핀란드와 함께 한다."

건축 실험실로서의 빌라 마이레아

마이레아 프로젝트를 진행할 당시 마흔이었던 알토는 이미 다양한 경력으로 입지를 탄탄히 해 오던 터였다. 1921년 헬싱키 폴리테크닉(이후 헬싱키공대, 현 알토대학)을 졸업한 후 위바스퀼라와 투루쿠를 거쳐 1933년 수도 헬싱키로 사무실을 옮겨왔다. 그리고 그 사이 비퓨리 시립도서관, 투루쿠 신문사(Turun Sanomat Newspaper Offices, 1928~1930), 파이미오 결핵요양병원(1929~1933) 등의 작품으로 명성을 얻었으며, 1929년 프랑크푸르트에서 열린 제2차 CIAM에 참석하면서부터는 국제 건축계의 거물들과 교분을 나누게 된다. 게다가 그의 투루쿠 신문사는 1932년 뉴욕 현대미술관의 전시회를 계기로 출판된《국제주의 양식: 1922년 이래의 건축》에 포함되었고, 1938년에는 같은 곳에서 건축과 가구를 단독

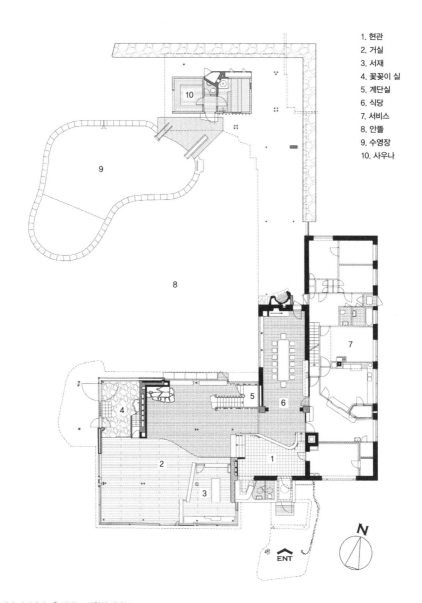

1. 현관
2. 거실
3. 서재
4. 꽃꽂이 실
5. 계단실
6. 식당
7. 서비스
8. 안뜰
9. 수영장
10. 사우나

ENT

N

빌라 마이레아 1층 평면도. 김현섭 재작도

으로 전시하는 영예를 얻기도 했던 것이다. 그러나 여기에서 잊지 말아야 할 사실은 알토의 디자인, 특히 인테리어와 가구, 소품 등에서 아내 아이노의 역할이 컸다는 점이다. 사실 그의 초창기 국제적 명성은 건축보다 오히려 해외로 수출한 가구 덕을 크게 보았는데, 1935년에 이미 알토 부부의 가구를 프로모션하기 위한 아르텍(artek)이라는 회사가 설립되어 상당한 역할을 했다. 이 회사는 젊은 대부호 커플이었던 마이레와 해리 굴릭센 부부(Maire and Harry Gullichsen)가 알토 부부와 의기투합한 결과였다. 그리고 빌라 마이레아는 바로 그 굴릭센 가족을 위해 설계된 집이다.

　이 집이 세워진 핀란드 서부의 노르마르쿠(Noormarkku)라는 마을은 마이레의 할아버지와 아버지가 목재 및 제지산업을 근간으로 알스트룀(Alström) 그룹을 일으킨 지역이다. 알스트룀은 그들의 성(姓)인데, 마이레가 해리와 결혼하며 굴릭센이라는 성을 얻었고, 회사는 해리 굴릭센에게 승계되었다. 노르마르쿠에는 지역 유지였던 마이레의 할아버지와 아버지로 인해 그 두 세대를 대변하는 신고전주의식 목조주택과 아르누보식 저택이 자리하고 있었다. 알토는 이들을 능가하며 새 시대의 비전을 담아낼 이상적 건축을 꿈꾸었고, 마이레는 그에게 디자인과 예산의 자유를 부여한다. 이 작품에 대한 알토의 아이디어는 800여 점에 달하는 도면에서 독해가 가능하다. 하지만 건축가의 생각을 더 직접적으로 보여 주는 자료로 1939년 5월에 있었던 이 집에 대한 알토의 예일대학교 강의록이나 건물 완공 시에 출판한 프로젝트 개요("Mairea", arkitekten, no. 9, 1939) 등도 있다.[1] 그는 여기에서 이 부르주아 저택이 일종의 '실험실'임을 강조한다. 대량생산의 소규모 주택에서 불가능한 다양한 시도가 이런 고급 프로젝트에서는 가능한데, 종국에는 그 결과로부터 모든 사람이 영위할 수 있는 건축 방법론을 얻어낼 수 있다는 것이다. 이러한 주장은 타당하고 매우 바람직하다. 그러나 일면, 한때 사회주의 성향의 친구들과 가까이했고 여기에 깊

1　두 글 모두 요란 쉴트(Göran Schildt)가 편집한 《알바르 알토의 말(Alvar Aalto In His Own Words)》(1997)에 출판되었다.

이 동조한 바 있던 자신에 대한 변호로도 읽힌다.[2]

알토가 내세운 실험에는 여러 가지가 있다. 예를 들면 건물의 프레임을 단일한 방식이 아닌 기둥식과 벽식의 여러 구법이 결합된 구조체로 만든 것이 그렇고, 거실 천장 나무판에 52,000개의 에어컨 통기구를 뚫어 분산시켜 둔 것, 미닫이창에 특수 재료로 단열을 한 것 등이 실험적이다. 그런데 그의 실험은 이처럼 매우 테크니컬한 측면으로부터 감각적·개념적 디자인 요소에 이르기까지 아주 폭넓다. 앞에 언급한 구조 요소로서의 기둥은 단독으로 서 있기도 하지만, 두 개나 세 개가 한 쌍이 되어 서 있기도 하다. 그리고 외면을 흰색이나 검정색 페인트로 마감하기도 했고, 소나무 쪽널이나 등나무 껍질로 둘러싸기도 했다. 마이레아 실내에서는 한마디로 관능미 넘치는 기둥들의 패션쇼를 감상할 수 있다. 기둥 디자인의 다양성은 건물 전체의 내외부 마감재의 다양성으로 확장된다. 이는 곧 서로 이질적인, 그리고 종종 상충하기까지 하는, 건축 요소의 조합이라 말할 수 있다. 그러한 까닭에 리처드 웨스턴(Richard Weston, 1995)과 유하니 팔라스마(Juhani Pallasmaa, 1998) 등 여러 평자들은 마이레아 저택의 두드러진 특성으로 '콜라주 기법'을 꼽아 왔다. 피카소나 브라크와 같은 입체파 예술가가 서로 다른 재료를 무작위로 조합해 작품을 만든 것을 떠올려 보자. 수긍할 만하다.

마이레아의 콜라주는 아주 현대적인 본채 건물에 토속적 사우나가 부속채로 딸린 점에서 일단 그 구도의 대강이 파악된다. 건물 본채가 백색의 벽면과 철제 핸드레일과 나선형 계단으로 국제적 모더니즘을 보여 준다면, 사우나는 목조 건물, 돌담, 잔디 지붕 등으로 토착의 전통을 상징하고 있다. 그러나 그와 같은 비동질적 요소는 각자의 영역에만 머무는 것이 아니다. 이들은 서로를 넘나들고 침범함으로써 진정한 콜라주를 이룬다. 위 두 영역이 만나는 정원 쪽 식당 모서리의 경우가 대표적이다. 벽면은 흰색 마감이 주조였는데, 이 모서리에 난데없이 윤이 나는 남색 타일이 부착되었다. 이로써 매우 강

---

2   알토는 1930년 전후로 마르크스주의자들과 친밀했고, 대중을 위한 주택 문제에 큰 관심을 가지고 있었다.

빌라 마이레아 본채 반대편의 사우나, 돌담, 나무 울타리. ⓒ김현섭

이질적 재료가 병치된 빌라 마이레아의 식당 모서리. ⓒ김현섭

렬한 인상을 발산한다. 그런데 그 대비가 더욱 부각되는 이유는 그 옆의 계단이 또 다른 질감의 거칠게 쌓은 돌로 형성되었기 때문이다. 서로 다른 마티에르(matiere)의 무차별적 병치이다. 이질성의 충돌과 대비를 선명하게 보여 주고 있지 않은가.

예술과 삶을 융합하는 공간

하지만 알토가 빌라 마이레아에서 가장 크게 천착한 실험은 따로 있었다. 그것은 예술과 삶을 융합하는 공간의 창조였다. 우선 1층 평면을 개괄하자. 실내 공간은 커다란 정사각형의 거실과 직사각형의 서비스 영역으로 나뉘며, 그 사이에는 둘을 중재하는 식당이 놓여 있다. 식당은 남측의 현관과 북측의 사우나 쪽 테라스와 함께 평면 전체의 중심축을 이루는데, 그곳의 기다란 식탁이 가부장적 위계를 강조한다. 하지만 여기에서 우리의 관심은 거실 공간에 있다. 이곳이 알토가 강조한 예술과 삶을 융합하는 대표적 처소이기 때문이다.

건축주였던 마이레는 화가이자 미술품 수집가였다. 따라서 그녀에게는 자신의 창작활동을 위한 스튜디오뿐만 아니라(2층에 배치된 스튜디오는 위치, 형태, 마감재, 크기 등 어느 면으로 보나 건물 전체에서 가장 도드라진다) 수집한 다량의 미술품을 전시할 공간이 필요했다. 이를 위해 알토는 여러 초기안을 구상하며 고심한다. 그리고 고심 끝에 본체에 별동의 갤러리가 딸린 설계안을 확정하고 공사를 시작했다. 이 단계의 설계안은 요란 쉴트(Göran Schildt, 1986)에 의해 "프로토 마이레아(Proto-Mairea)"라 명명된다. 하지만 알토는 여전히 확신이 서지 않았다. 별동의 갤러리가 오히려 예술과 삶을 분리하는 결과를 가져올지 모른다고 우려했기 때문이다. 결국 그는 공사가 시작되었음에도 불구하고 한 번 더 설계를 변경한다. 해결책은 거실 크기를 확대해(약 14×14m) 갤러리의 기능까지 통합하는 것이었다.[3] 거실이 갤러리라면 자연스레 삶과 예술이 함께 하는 것 아닌가. 그

---

3 거실 한 변의 길이가 약 14m이니 그것만 해도 200㎡(60평)에 가까운 면적이다. 르코르뷔지에의 빌라 사보아 2층은 한 변이 20m인 정사각형에 근접하므로 그 면적은 마이레아 거실의 약 두 배이다. 반면 라이트의 제이콥스 주택은 전체 면적이 124.5㎡(37.7평)이었음을 이미 보았다.

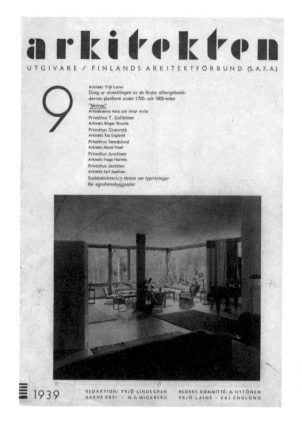

미술품의 수납과 전시를 위한 이동식 벽면이 설치된 초기의 거실. 핀란드의 건축 잡지 《아르키텍텐(arkitekten)》 1939년도 9호의 표지를 장식했다.

러나 여기에는 최소한의 장치가 필요했다. 그것은 실내 공간을 분할하는 파티션인데, 이 파티션은 이동식 수장고임과 동시에 벽면에 회화를 전시하는 전시대이기도 하다. 벽면에 빼곡히 수많은 그림이 걸리면 제대로 된 작품 감상을 할 수 없다. 소수의 선택된 그림만 전시하고, 때에 맞게 전시물을 바꿔 주어야 한다. 이것은 마치 책장에 다수의 책이 꽂혀 있되 한 번에 한두 권의 책만을 꺼내 읽는 것과 같은 개념이다.

흥미롭게도 알토는 예일대학교 강의에서 이와 같은 아이디어를 일본 주택의 전통과 연관시켰다. "일본주택이 많은 그림을 한 번에 전시하지 않는다는 것을 우리는 알고 있다. 그들은 그림을 매주 혹은 매월 교체한다." 알토가

일본풍 요소가 가장 눈에 잘 띄는 꽃꽂이 실. 디자인 디테일은 요시다 테츠로의 《일본의 주택》(1935)을 참조했다. ⓒ김현섭

현관 홀에서 거실 쪽을 바라본 빌라 마이레아 실내 모습. ⓒ김현섭

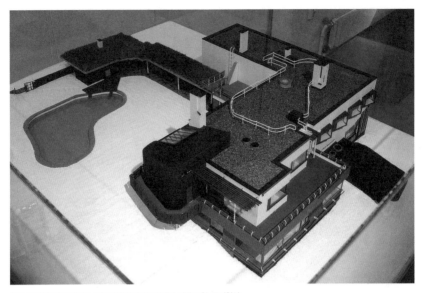

위바스퀼라의 알바르 알토 박물관에 전시된 마이레아 저택 모형. ©김현섭

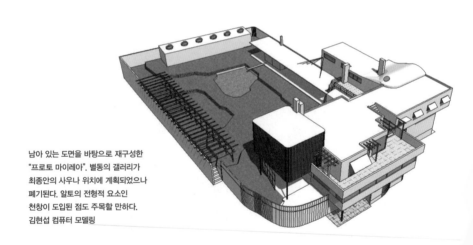

남아 있는 도면을 바탕으로 재구성한
"프로토 마이레아". 별동의 갤러리가
최종안의 사우나 위치에 계획되었으나
폐기된다. 알토의 전형적 요소인
천창이 도입된 점도 주목할 만하다.
김현섭 컴퓨터 모델링

266

설명하는 내용은 일본인이 주택 실내의 도코노마(床の間)라는[4] 공간에 화병이나 족자를 전시하는 관습과 일치한다. 프랭크 로이드 라이트처럼 일본 문화에 매료되었던 그는 마이레아 프로젝트에서 일본적 디자인 요소를 다수 차용했다. 거실 한편의 꽃꽂이 실에 도입한 일본풍의 미닫이문과 격자 패턴, 다다미 재질의 벽면, 종이 전등갓, 선반 등이 일례이다. 그런데 알토가 이러한 디자인의 디테일을 위해 참고한 책은 다름 아닌 요시다 테츠로의《일본의 주택》이었다[231쪽 참조]. 따라서 알토의 미술 전시 아이디어 역시 여기에서 왔거나, 적어도 이를 통해 확정되었을 것이다. 요시다는 이 책에서 도코노마에서의 전시 관습에 대해 다음과 같이 적는다. "가케모노라 불리는 그림은 화병이나 다른 장식물과 마찬가지로 자주 교체된다. 그림의 선택은 절기를 따르며, 그때의 분위기에 맞게 채택된다. 가케모노가 진열되지 않으면 그것은 말아서 상자에 보관된다."

비록 마이레아 거실의 이동식 파티션이 얼마 후 고정되긴 했지만, 수장고와 전시대의 기능은 여전히 유효했다. 마이레 부부가 얼마나 자주 그림을 교체했고, 수장고가 얼마나 충분한 역할을 했는지, 그리고 이로써 예술과 삶이 얼마나 합치되었는지는 측정하기 어렵지만 말이다. 그러고 보니 예술과 삶을 융합코자 했던 실내 공간 역시 동서양의 이질적 문화 요소가 만나 콜라주된 장이기도 하다.

모더니즘을 끌어안고, 모더니즘 이후를 움틔우다

서양의 근대건축이 단일한 흐름으로만 전개되지 않았음은 잘 알려진 사실이며, 이 사실은 우리가 이 책에서 산책하며 방문했던 사례를 통해서도 한층 명확해졌다. 그런데 건축의 모더니즘은 한때 너무도 쉽게 기능주의나 국제주

---

4   도코노마는 일본 주택의 전통 화실(和室) 내에 한쪽 벽면을 움푹 들여 만든 공간이다. 보통 바닥을 한층 높게 만들고 화병이나 족자로 장식하는데, 이 장식물을 때에 따라 교체하는 것은 종교적 의례(儀禮)와의 관계성도 내포한다. 따라서 도코노마는 일본 주택의 가장 상징적인 공간으로 간주되어 왔다.

의로 축약되어 이해되어 왔던 것 같다.[5] 그렇다면 찰스 젱크스(The Language of Post-Modern Architecture, 1977)가 선포한 "근대건축의 죽음"은 협의의 기능주의나 일반화된 국제주의 건축에 대한 이야기일 뿐이다. 1930년대 전반 국제주의의 선포이후 모더니즘은 한편에서는 교조적으로 변모하는 경향이 있었다. 그러나 다른 한편에서는 지역의 전통과 만나 다양한 변이를 이루어 낸다. 알토의 경우는 후자를 대표하는 예이다. 특히 그는 이질성의 적극적 수용을 통해 반대편건축의 교착상태를 타개할 새로운 실마리를 엿보인 것으로 볼 수 있다. 2차대전 직전, 마이레아라는 '사랑의 시'가 연주한 다성악(polyphony)으로 말이다. 디메트리 포피리오스(1982)가 알토 건축의 다중성에서 미셸 푸코의 "헤테로토피아(heterotopia)"를 간파했던 것도[6] 그러한 연유에서였을 터이다. 모리스의 레드하우스가 과거를 돌아보며 앞길을 열어 두었듯, 알토의 마이레아 저택은 모더니즘을 끌어안고 모더니즘 이후의 세계를 움틔웠다고 볼 수 있지 않을까?

김 현 섭

---

5   사실 기능주의에 대한 일반적 이해는 충분하지 않다. 일찌감치 아돌프 베네가 '기능주의'와 '이성주의'를 구별한 것을
     보라[112쪽 참조]. 또한 히치콕과 존슨(1932)의 국제주의 양식의 사례에도 개별 건축가의 다양성이 여전하다. 그런데
     그들이 이 양식의 특성으로 추출한 세 가지 원칙(매스보다 볼륨, 대칭성보다 규칙성, 장식 제거)은 시각적 특성에 치중되어
     극히 단순한 양식을 보급하는 결과를 낳았다.

6   호모토피아(homotopia)가 차이를 배제하고 단일성의 질서를 추구한다면, 헤테로토피아는 단일한 규칙 없이 사물의
     다중성이 분포된 독특한 질서의 상태이다.

유기적 건축과 알바르 알토

"유기적 건축"을 말의 뜻에 따라 정의하면, 자연 속 유기체의 원리를 반영한 건축이라 할 수 있다. 지그프리트 기디온과 브루노 제비 이래의 역사가들 대부분은 알바르 알토의 건축에서 유기적 특성을 거론해 왔다. 그에게서 즉각 연상되는 자유 곡선이나 비직각의 형태, 혹은 자연 재료가 그 까닭일 것이다. 알토 건축의 유기성은 다른 건축가의 개념과 어떻게 비교될 수 있을까? 앞서 서술했던 프랭크 로이드 라이트의 "유기적 건축"과 휴고 헤링의 "유기적 건물"을 다시 돌아보자[115, 246쪽 참조].

라이트에게 유기적 건축이란 "그 존재의 조건과 조화를 이루며 안에서부터 밖으로 성장하는 건축"이며, 이로써 건물이 자연과 하나로 통합되어 생명력을 발산하는 것이다. 그리고 그 건축의 실체는 공간에 있었다. 이러한 건축은 유기적 사회에 바탕을 둔 민주적 건축을 의미하는 데에까지 확장된다. 한편 헤링의 유기적 개념에 따르면 우리는 처음부터 추상적 기하 형태를 외적으로 강요해서는 안 되며 "사물의 본질을 발견하고 그것이 스스로의 형태를 펼쳐나가도록 허용해야 한다." 그래야만 형태는 자연의 원리에 따라 생명력 있게 기능할 수 있기 때문이다. 이렇게 볼 때, 두 사람은 사물의 실체 혹은 본질을 먼저 발견하고

거기에서부터 바깥으로 공간을 뻗어낸다는 개념을 공유한 셈이다. 그러나 흥미롭게도 각 건축가는 유사한 생각 속에서도 물리적으로는 서로 다른 결과를 구현한다. 라이트가 대개 기하학적 그리드에 근거해 공간의 성장과 분할을 능동적으로 진행시킨 반면, 헤링은 기하학적 형태의 선험적 부여를 터부시하고 내적 필요에 따른 불규칙한 공간을 도출했기 때문이다.

알토의 유기적 성격은 그들과 비교하면 좀 더 직관적 측면이 강했던 듯하다. 어려서부터 있었던 핀란드 자연과의 친밀한 교유는 그의 자연주의적 디자인의 바탕이다. 또한 그는 "직관이 때로는 놀라울 정도로 합리적"임을 말하며, 모든 예술에 내재한 "유희(play)"를 강조하기도 했다. 따라서 그의 자유 곡선이나 비직각 형태를 굳이 '안에서 밖으로의 성장'이라는 개념과 연계시킬 필요는 없다. 그가 라이트 및 헤링과 명백히 다른 점은 아마도 스스로 "유기적 건축"과 같은 어떤 명칭 아래 자기 건축을 내세우거나 얽매지 않았다는 사실일 것이다. 말년의 알토는 건축 이론을 묻는 사람들의 질문에 이렇게 말한다. "나는 건물로 답하겠습니다." 이 말은 건축가의 수사적 침묵이기도하지만, 알토 건축의 직관성을 보여 주는 일면이다.

참고문헌

"역사상 첫 번째 근대주택"
윌리엄 모리스와 필립 웨브의 레드하우스, 1859~1860

A. Welby Pugin, *The True Principles and Revival of Christian Architecture*, John Grant, Edinburgh, 1895(original 1841).

Edward Hollamby, *Architecture in Detail: Red House*, Phaidon, London, 1991.

Elizabeth Cumming and Wendy Kaplan, *The Arts and Crafts Movement*, Thames & Hudson, London, 1991.

Hermann Muthesius, *The English House*, Rizzoli, New York, 1987(original German 1904/1905).

Hyon-Sob Kim, "Fusion of Architecture, Art and Life: Red House and Villa Mairea", in: *Four Faces – The Dynamics of Architectural Knowledge: Proceedings of the 20th EAAE Conference*, Stockholm-Helsinki, 8~11 May 2003, pp.83~86.

John Ruskin, *The Stones of Venice*, Penguin, London, 2001(original 1853).

John William Mackail, *The Life of William Morris*, Longmans, Green and Co., London, 1901.

Kenneth Frampton, *Modern Architecture: A Critical History*, Thames & Hudson, London, 1992.

Nikokaus Pevsner, *Pioneers of Modern Design: from William Morris to Walter Gropius*, Penguin, London, 1991(original 1960).

Peter Blundell Jones, "Red House", *Architects' Journal*, 15 January 1986.

William J. R. Curtis, *Modern Architecture Since 1900*, Phaidon, London, 1996.

거대 구조물이 도시와 공존하는 방법
베를라헤의 암스테르담 거래소, 1885~1904

Eric Mumford, *The CIAM Discourse on Urbanism*, 1928~1960, The MIT Press, Cambridge MA, 2000.

Kees Somer, *The Functional City: The CIAM and Corneils van Eesteren*, 1928~1960, NAi Publishers, Rotteram, 2007.

Sigfried Giedion, *Space, Time and Architecture*, 5th ed., Harvard University Press, Cambridge MA, 1967(1st ed., 1941).

강태웅, 〈암스테르담 거래소에서 보이는 근대성에 관한 연구〉, 《한국실내디자인학회 논문집》, 제15권 3호(2006년 6월), 14~24쪽.

강태웅, 〈근대주의 도시건축 이론의 감춰진 근원〉, 《대한건축학회논문집》, 제25권 11호(2009년 11월), 283~291쪽.

강태웅·김태선, 〈근대주의 도시건축 이론의 프리즘〉, 《대한건축학회논문집》, 제30권 3호(2014년 3월), 175~183쪽.

사회주의 이념의 발현
빅토르 오르타의 민중의 집, 1895~1900

Alan Colquhoun, *Modern Architecture*, Oxford University Press, Oxford, 2002.

Corneils van de Ven, *Space in architecture*, Van Gorcum, Assen, 1987.

David Watkin, *A History of Western Architecture*, 3rd ed., Laurence King, London, 2000.

Kenneth Frampton, *Modern Architecture: A Critical History*, Thames & Hudson, London, 2000(1st ed., 1980).

임석재, 《불어권 아르누보건축 I》, 발언, 서울, 1997.

임석재, 《불어권 아르누보건축 II》, 발언, 서울, 1997.

"형태는 기능을 따른다"와 "장식과 범죄"
루이스 설리번의 카슨스피리스콧 백화점, 1898~1904 / 아돌프 로스의 골드만과 잘라취 스토어, 1909~1911

Adrian Forty, *Words and Buildings: A Vocabulary of Modern Architecture*, Thames & Hudson, London, 2000.

Hans Frei, *Louis Henry Sullivan*, Artemis Verlags, Zürich, 1992.

Hugh Morrison, *Louis Sullivan: Prophet of Modern Architecture*, W. W. Norton & Company, New York, 2001.

John Szarkowski, *The Idea of Louis Sullivan*, Bulfinch Press, London, 2000.

Nikolaus Pevsner, J. M. Richards, Dennis Sharp(ed.), *Anti-Rationalists and the Rationalists*, Architectural Press, Oxford, 2000.

Mario Manieri Elia, *Louis Henry Sullivan*, Princeton Architectural Press, New York, 1999.

Panayotis Tournikotis, *Adolf Loos*, Princeton Architectural Press, New York, 2002.

Wim de Wit(ed.), *Louis Sullivan: The Function of Ornament*, W. W. Norton & Company, New York, 1986.

강태웅, 〈루이스 설리반과 아돌프 로스의 '기능'과 '장식'의 진의(眞意)와 그 연관성에 관한 고찰〉, 《건축역사연구》, 제17권 5호(2008년 10월), 55~70쪽.

아돌프 로스 지음, 현미정 옮김, 《장식과 범죄》, 소호건축, 서울, 2006.

민족의 낭만을 건축으로
게젤리우스+린드그렌+사리넨의 포흐욜라 보험회사, 1899~1901

Barbara Miller Lane, *National Romanticism and Modern Architecture in Germany and the*

Scandinavian Countries, Cambridge University Press, Cambridge, 2000.

Björn Linn, "The transition from classicism to functionalism in Scandinavia", Classical Tradition and the Modern Movement, The 2nd Alvar Aalto Symposium, Finnish Association of Architects, Helsinki, 1982, pp.74~105.

Elias Lönnrot, *The Kalevala*, trans. by Keith Bosley, Oxford University Press, Oxford, 1989.

Fred Singleton, *A Short History of Finland*, Cambridge University Press, Cambridge, 1998.

James Maude Richards, *A Guide to Finnish Architecture*, Hugh Evelyn, London, 1966.

Leonard K. Eaton, *American Architecture Comes of Age: European Reaction to H. H. Richardson and Louis Sullivan*, The MIT Press, Cambridge MA, 1972.

Malcolm Quantrill, *Finnish Architecture and the Modern Tradition*, E & FN SPON, London, 1995.

Ranulph Glanville, 'Finnish Vernacular Farmhouses', *AAQ*, vol. 9, no. 1(March 1977), pp.36~52.

Richard Weston, *Alvar Aalto*, Phaidon, London, 1995.

Roger Connah, *Finland: modern architectures in history*, Reaktion Book, London, 2005.

Sixten Ringbom, *Stone, Style & Truth: The Vogue for Natural Stone in Nordic Architecture 1880-1910*, Vammala, Helsinki, 1987.

김현섭, 〈민족 정체성의 건축적 구현: 1900년 전후 핀란드 민족낭만주의 건축에 관한 고찰〉, 《건축역사연구》 제14권 4호(2005년 12월), 59~72쪽.

진정한 지속가능 건축
안토니 가우디의 콜로니아 구엘 성당, 1899~1918(미완성)

Alan Colquhoun, *Modern Architecture*, Oxford University Press, Oxford, 2002.

Hanno Walter Kruft, *A History of Architectural Theory from Vitruvius to the Present*, Princeton Architectural Press, New York, 1994.

안토니 가우디 지음, 이병기 옮김, 《장식》, 아키트윈스, 2014.

하이스 반 헨스베르헌 지음, 양성혜 옮김, 《어머니 품을 설계한 건축가 가우디》, 현암사, 2002.

https://en.wikipedia.org/wiki/Antoni_Gaud%C3%AD, 2016. 10. 3.

미래파 신도시를 꿈꾸다
안토니오 산텔리아의 라 치타 누오바, 1914

Alan Colquhoun, *Modern Architecture*, Oxford University Press, Oxford, 2002.

Didier Ottinger(ed.), *Futurism*, Centre Pompidou, Paris, 2009.

Kenneth Frampton, *Modern Architecture: A Critical History*, Thames & Hudson, London, 1992.

Reyner Banham, *Theory and Design in the First Machine Age*, Architectural Press, London, 1960.

Ulrich Conrads(ed.), *Programs and manifestoes on 20th-century architecture*, The MIT Press, Cambridge MA, 1970.

William J. R. Curtis, *Modern Architecture Since 1900*, Phaidon, London, 1996.

문화로 사회 통합을 꿈꾼 표현주의 건축
브루노 타우트의 글라스 파빌리온, 1914

Frederic J. Schwartz, *The Werkbund: Design Theory & Mass Culture before the First World War*, Yale University Press, New Haven and London, 1996.

Peter Blundell Jones, *Modern Architecture Through Case Studies*, Architectural Press, Oxford, 2002.

토착 낭만의 신화가 깃든 북구 고전주의의 기념비
군나르 아스플룬드의 우드랜드 채플, 1918~1920

Alan Colquhoun, *Modernity and the Classical Tradition: Architectural Essays 1980-1987*, The MIT Press, Cambridge MA, 1989.

Caroline Constant, *The Woodland Cemetery: Toward a Spiritual Landscape*, Byggförlaget, Stockholm, 1994.

Claes Caldenby & Olof Hultin(ed.), *Asplund*, Rizzoli, New York, 1986.

David Watkin, *A History of Western Architecture*, 3rd ed., Laurence King, London, 2000.

Demetri Porphyrios(ed.), *Classicism is Not a Style*, Architectural Design & Academy Editions, London, 1982.

Gustav Holmdahl, et al., *Gunnar Asplund Architect 1885-1940: Plans, sketches, and photographs*, Tidskriften Byggmästaren, Stockholm, 1950.

Neil Leach(ed.), *Rethinking Architecture: A Reader in Cultural Theory*, Routledge, London, 1997.

Nikolaus Pevsner, *An Outline of European Architecture*, Penguin, London, 1972.

Peter Blundell Jones, *Gunnar Asplund*, Phaidon, London, 2006.

Simo Paavilainen(ed.), *Nordic Classicism: 1910-1930*, Museum of Finnish Architecture, Helsinki, 1982.

Stewart Wrede, *The Architect of Erik Gunnar Asplund*, The MIT Press, Cambridge MA, 1980.

김현섭, 〈고전주의의 재토착화와 구축적 논리의 문제: 군너 아스플룬트의 우드랜드 채플(1918–20)에 관한 연구〉, 《건축역사연구》, 제20권 4호(2011년 8월), 45~60쪽.

"형태에 이르는 길"
휴고 헤링의 가르카우 농장 외양간, 1922~1925

Adolf Behne, *The Modern Functional Building*, Getty Research Institute, Santa Monica, 1996(translated from *Der moderne Zweckbau*, Drei Masken, Munich, 1926).

Colin St John Wilson, *The Other Tradition of Modern Architecture*, Academy Edition, London, 1995.

Heinrich Klotz, *The History of Postmodern Architecture*, The MIT Press, Cambridge MA, 1988.

Hugo Häring, "Wege zur Form", *Die Form*, no. 1(1925), republished in English as "Approaches to Form", trans. by Peter Blundell Jones in *AAQ*, vol. 10, no. 1(1978).

Julius Posener, *From Schinkel to the Bauhaus*, Lund Humphries, London, 1972.

Peter Blundell Jones, *Hans Scharoun*, Phaidon, London, 1995.

Peter Blundell Jones, *Hugo Häring*, Axel Menges, Stuttgart, 1999.

Peter Blundell Jones, *Modern Architecture Through Case Studies*, Architectural Press, Oxford, 2002.

근대주의 건축의 원시 오두막
르코르뷔지에의 빌라 르 락, 1923~1924

Alan Colquhoun, *Modern Architecture*, Oxford University Press, Oxford, 2002.

Noel Brady, "Villa le Lac: Une Petit Maison", Select Architecture(Ireland), 2006, pp.58~62.

Kenneth Frampton, *A Critical History: Modern Architecture*, Thames & Hudson, London, 2000(1st edition 1980).

Nikolaus Pevsner, J. M. Richards, Dennis Sharp(ed.), *Anti-Rationalists and the Rationalists*, Architectural Press, Oxford, 2000.

르코르뷔지에 지음, 이관석 옮김, 《작은집》, 열화당, 2012.

http://www.designventurer.com/prefab/?p=420, 2016. 10. 1.

https://en.wikiarquitectura.com/index.php/Villa_Le_Lac, 2016. 10. 1.

가구처럼 만들어 자유로운 집
헤리트 리트벨트의 슈뢰더 하우스, 1923~1924

Alan Colquhoun, *Modern Architecture*, Oxford University Press, Oxford, 2002.

최재석, 《네덜란드 근대건축》, 도서출판 서우, 2004.

최재석, 《더 스테일: 두스브르흐의 역사와 이념》, 도서출판 서우, 2008.

근대주의 디자인과 국제건축의 요람
발터 그로피우스의 바우하우스 신교사, 1925~1926

Bauhaus archiv, *Bauhaus 1919-1933*, Taschen, Cologne, 1990.

Frank Whitford, *Bauhaus*, Thames & Hudson, London, 1984.

Henry-Russell Hitchcock and Philip Johnson, *The International Style: Architecture Since 1922*, Norton, New York, 1932.

Kenneth Frampton, *Modern Architecture: A Critical History*, Thames & Hudson, London, 1992.

Nikokaus Pevsner, *Pioneers of Modern Design: from William Morris to Walter Gropius*, Penguin, London, 1991(original 1960).

Peter Blundell Jones, *Modern Architecture Through Case Studies*, Architectural Press, Oxford, 2002.

Reginald Isaacs, *Walter Gropius*, Bulfinch, Boston, 1991.

Reyner Banham, *Theory and Design in the First Machine Age*, Architectural Press, London, 1960.

Sigfried Giedion, *Space, Time and Architecture*, 5th ed., Harvard University Press, Cambridge MA, 1967(1st ed. 1941).

Ulrich Conrads(ed.), *Programs and manifestoes on 20th-century architecture*, The MIT Press, Cambridge MA, 1970.

Walter Gropius, *Internationale Architektur, Bauhausbücher 1*, 2nd ed., Albert Langen, München, 1927(1st ed., 1925)

William J. R. Curtis, *Modern Architecture Since 1900*, Phaidon, London, 1996.

유럽 근대건축 흐름의 분기점
바이센호프 주택전시회, 1925~1927

Colin St. John Wilson, *The Other Tradition of Modern Architecture*, Academy Edition, London, 1995.

Eric Mumford, *The CIAM Discourse on Urbanism, 1928~1960*, The MIT Press, Cambridge MA, 2000.

Frederic J. Schwartz, *The Werkbund: Design Theory & Mass Culture before the First World War*, Yale University Press, New Haven and London, 1996.

Karin Kirsch, *The Weissenhofsiedlung, Stuttgart: Experimental Housing Built for the Deutscher Werkbund, Stuttgart, 1927*, Edition Axel Menges, London, 2013.

Peter Blundell Jones, *Modern Architecture Through Case Studies*, Architectural Press, Oxford, 2002.

근대적 이념의 결정체
얀 다이커와 베르나르드 베이푸트의 조네스트랄 결핵요양병원, 1926~1928

Jan Molema, *Jan Duiker*, 010, Rotterdam, 1989.

Peter Blundell Jones, *Modern Architecture Through Case Studies*, Architectural Press, Oxford, 2002.

강태웅, 〈학교형식의 재인식을 위한 네 가지 구조적 틀〉, 《한국문화공간건축학회 눈문집》, 통권 제53호(2016년 2월), 189~197쪽.

철학자가 설계한 집
루드비히 비트겐슈타인의 하우스 비트겐슈타인, 1926~1928

Adolf Loos, *Spoken Into the Void: Collected Essays 1897-1900*, The MIT Press, Cambridge MA, 1982.

Benedetto Gravagnuolo, *Adolf Loos: Theory and Works, Art Data*, London, 1995.

Bernhard Leitner, *The Architecture of Ludwig Wittgenstein*, Academy Edition, London, 1995.

Bernhard Leitner, *The Wittgenstein House*, Princeton Architectural Press, New York, 2000.

Colin St John Wilson, *Architectural Reflections*, Manchester University Press, Manchester, 2000.

Hanno–Walter Kruft, *A History of Architectural Theory from Vitruvius to the Present*, Princeton Architectural Press, New York, 1994.

Hyon–Sob Kim, "Reading the Wittgenstein House", in: *Philosophy of Architecture and Architecture of Philosophy: Congress CATH 2004*, Bradford, 9~11 July 2004.

Ludwig Wittgenstein, *Tractatus Logico-Philosophicus*, Routledge, London, 2001.

Ludwig Wittgenstein, *Philosophical Investigations*, Blackwell, Oxford, 2001.

Nana Last, *Wittgenstein's House: Language, Space & Architecture*, Fordham University Press, New York, 2008.

Paul Wijdeveld, *Ludwig Wittgenstein: Architect*, Pepin, Amsterdam, 1993.

앨런 재닉·스티븐 툴민 지음, 석기용 옮김, 《비트겐슈타인과 세기말 빈(*Wittgenstein's Vienna*)》, 필로소픽, 2013.

칼 쇼르스케 지음, 김병화 옮김, 《세기말 비엔나(*Fin-de-siècle Vienna: Politics and Culture*)》, 생각의 나무, 서울, 2006.

표현주의자의 또 다른 문화 발전소
에리히 멘델존의 쇼켄 백화점, 1927~1929

Kenneth Frampton, *A Critical History: Modern Architecture*, Thames & Hudson, London, 2000(1st ed., 1980).

Peter Blundell Jones, *Modern Architecture Through Case Studies*, Architectural Press, Oxford, 2002.

https://en.wikipedia.org/wiki/Erich_Mendelsohn, 2016. 10.3

http://www.smb–digital.de

흐르는 공간의 경계 흐리기
미스 반 데어 로에의 바르셀로나 독일관, 1928~1929

Franz Schulze, *Mies van der Rohe: A Critical Biography*, University of Chicago Press, Chicago, 1985.

Henry–Russell Hitchcock and Philip Johnson, *The International Style: Architecture Since 1922*, Norton, New York, 1932.

Kenneth Frampton, *Modern Architecture: A Critical History*, Thames & Hudson, London, 1992.

Peter Blundell Jones, *Modern Architecture Through Case Studies*, Architectural Press, Oxford, 2002.

Peter Carter, *Mies van der Rohe at Work*, Phaidon, London, 1999.

Sigfried Giedion, *Space, Time and Architecture*, 5th ed., Harvard University Press, Cambridge MA, 1967(1st ed. 1941).

William J. R. Curtis, *Modern Architecture Since 1900*, Phaidon, London, 1996.

프리츠 노이마이어 지음, 김영철·김무열 옮김, 《꾸밈없는 언어: 미스 반 데어 로에의 건축》, 동녘, 2009.

사회적 응축기로 인민을 계몽하려 하다
모이세이 긴즈부르그의 나르콤핀 공동 거주시설, 1928~1930

Alan Colquhoun, *Modern Architecture*, Oxford University Press, Oxford, 2002.

김원갑, 《제2 기계시대 현대성의 건축적 구현: 렘콜하스의 건축》, Spacetime, 서울, 2009.

아나톨 콥 지음, 건축운동연구회 옮김, 《소비에트 건축: 구성주의 건축운동(Constructivist Architecture in the USSR)》, 발언, 1993.

순수주의 미학과 현실의 간극
르코르뷔지에의 빌라 사보아, 1928~1931

Henry-Russell Hitchcock and Philip Johnson, *The International Style: Architecture Since 1922*, Norton, New York, 1932.

Kenneth Frampton, *Modern Architecture: A Critical History*, Thames & Hudson, London, 1992.

Le Corbusier, *The City of To-morrow and Its Planning*, Dover, New York, 1987 (original, *Urbanisme*, 1925).

Le Corbusier, *Towards a New Architecture*, Architectural Press, Oxford, 1989(original, *Vers une Architecure*, 1923).

Peter Blundell Jones, *Modern Architecture Through Case Studies*, Architectural Press, Oxford, 2002.

Sigfried Giedion, *Space, Time and Architecture*, 5th ed., Harvard University Press, Cambridge MA, 1967(1st ed. 1941).

William J. R. Curtis, *Le Corbusier: Ideas and Forms*, Phaidon, London, 1986.

William J. R. Curtis, *Modern Architecture Since 1900*, Phaidon, London, 1996.

모더니즘의 현장, 유럽을 가다
일본 건축가 요시다 테츠로의 구미여행, 1931~1932

David B. Stewart, *The Making of a Modern Japanese Architecture*, Kodansha, Tokyo, 1987.

Hyon-Sob Kim, "Tetsuro Yoshida(1894~1956) and architectural exchange between East and West", *Architectural Research Quarterly*, vol. 12, no. 1(March 2008), pp.43~57.

Manfred Speidel, "The Presence of Japanese Architecture in German Magazines and Books 1900-1950"(Germany-Japan Exchange Symposium, Kobe, Sept. 2005).

Tetsuro Yoshida, *Das japanische Wohnhaus*, Verlag Ernst Wasmuth, Berlin, 1935.

Udo Kultermann, *New Japanese Architecture*, Architectural Press, London, 1960.

김현섭, 〈建築家 吉田鐵郎의 海外出張이 갖는 建築史的 意義〉, 《대한건축학회논문집: 계획계》, 제23권 7호(2007년 7월), 199~206쪽.

志摩徹郎(吉田鉄郎), 《世界の現代建築》, 洪洋社, 東京, 1930.

志摩徹郎(吉田鉄郎), 《新日本住宅圖集》, 洪洋社, 東京, 1931.

吉田鉄郎, 《スウェ-デンの建築家》, 彰國社, 東京, 1957.

向井覺·內田祥哉 編, 《建築家·吉田鉄郎の手紙》, 鹿島出版会, 東京, 1969.

向井覺 編, 《吉田鉄郎·海外の旅》, 通信建築研究所, 東京, 1980.

向井覺, 《建築家吉田鉄郎とその周辺》, 相模書房, 東京, 1981.

藥師寺厚 等, 《吉田鉄郎建築作品集》, 東海大學出版会, 東京, 1968.

藤森照信, 《日本の近代建築 上·下》, 岩波書店, 東京, 1993.

건축은 정치의 시녀인가
주세페 테라니의 카사 델 파쇼, 1932~1936

Alan Colquhoun, *Modern Architecture*, Oxford University Press, Oxford, 2002.

Kenneth Frampton, *Modern Architecture: A Critical History*, Thames & Hudson, London, 2000(1st ed., 1980).

Nikolaus Pevsner, J. M. Richards, Dennis Sharp(ed.), *Anti-Rationalists and the Rationalists*, Architectural Press, Oxford, 2000.

Peter Blundell Jones, *Modern Architecture Through Case Studies*, Architectural Press, Oxford, 2002.

데얀 수딕 지음, 안진이 옮김, 《거대건축이라는 욕망(The Architecture of Power)》, 작가정신, 2011.

"유소니아"의 꿈이 시작된 곳
프랭크 로이드 라이트의 제이콥스 주택, 1936~1937

Bruno Zevi, *Towards an Organic Architecture*, Faber & Faber, London, 1950(original Italian, *Verso un'architettura organica*, 1945).

Frank Lloyd Wright, *An Autobiography*, Pomegranate, San Francisco, 1943.

Frank Lloyd Wright, *An Organic Architecture: The Architecture of Democracy*, Lund Humphries, London, 1939.

Frank Lloyd Wright, *Ausgeführte Bauten*, Wasmuth, Berlin, 1911, reprinted in English in: *Frank Lloyd Wright: Early Visions*, Bramercy, New York, 1995.

Frank Lloyd Wright, *Frank Lloyd Wright: The Complete 1925 "Wendingen" Series*, Dover, New York, 1992.

Frank Lloyd Wright, *The Disappearing City*, William Farquhar Payson, New York, 1932.

Frank Lloyd Wright, *The Natural House*, Horizon Press, New York, 1954.

Herbert Jacobs, *Frank Lloyd Wright: America's Greatest Architect*, Harcourt, Brace & World, New York, 1965.

Hyon-Sob Kim, "The appearance of Korean architecture in the modern West", *Architectural Research Quarterly*, vol. 14, no. 4(December 2010), pp.349~361.

John Sergeant, *Frank Lloyd Wright's Usonian Houses*, Whitney, New York, 1976.

Peter Blundell Jones, *Modern Architecture Through Case Studies*, Architectural Press, Oxford, 2002.

Ulrich Conrads (ed.), *Programs and manifestoes on 20th-century architecture*, The MIT Press, Cambridge MA, 1970.

사랑의 시, 다성악을 연주하다
알바르 알토의 빌라 마이레아, 1937~1939

Alvar Aalto, "Mairea", *arkitekten*, no. 9, 1939.

Alvar Aalto, "The Home of a Rich Collector", Yale University lecture, May 9, 1939.

Demetri Porphyrios, *Sources of Modern Eclecticism*, Academy Editions, London, 1982.

Göran Schildt, *Alvar Aalto: The Decisive Years*, Rizzoli, New York, 1986.

Göran Schildt (ed.), *Alvar Aalto In His Own Words*, Otava, Helsinki, 1997.

Hyon-Sob Kim, "Villa Mairea, The Lost Memories", *ptah*, 2004:1, Alvar Aalto Academy, Helsinki, pp.17~28.

Hyon-Sob Kim, "In search of the forgotten wall in the early Mairea", *ptah*, 2006:2, Alvar Aalto Academy, Helsinki, pp.23~28.

Hyon-Sob Kim, "Alvar Aalto and Humanizing of Architecture", *Journal of Asian Architecture and Building Engineering*, vol. 8, no. 1 (May 2009), pp.9~16.

Juhani Pallasmaa (ed.), *Alvar Aalto: Villa Mairea*, 1938–39, Alvar Aalto Foundation, Helsinki, 1998.

Richard Weston, *Villa Mairea*, Phaidon, London, 1992.

Richard Weston, *Alvar Aalto*, Phaidon, London, 1995.

Sigfried Giedion, *Space, Time and Architecture*, 5th ed., Harvard University Press, Cambridge MA, 1967(1st ed. 1941).

Tetsuro Yoshida, *Das japanische Wohnhaus*, Verlag Ernst Wasmuth, Berlin, 1935.

김현섭, 〈알토의 마이레아 저택 미술전시개념에 나타난 일본주택 도꼬노마의 영향에 관한 연구〉, 《건축역사연구》, 제15권 3호(2006년 8월), 43~57쪽.

김현섭, 〈알바 알토의 마이레아 주택에 나타난 기하학적 체계에 관한 고찰〉, 《대한건축학회논문집: 계획계》, 제29권 10호(2013년 10월), 169~176쪽.

찾아보기